스토리 프레젠테이션

유창한 영어실력보다 10배 더 주목받는

Carl Pullein · 임랑경 지음

Presentation Story in English

Acknowledgements

There are many people who I would like to thank for their help in making this book possible. In particular I would like to thank my wife for translating my poor writing style into Korean—not an easy task and I admit led to many arguments about the meaning of phrases and expressions.

I would also like to thank Guy Kawasaki and Garr Reynolds for allowing me to use some of their material in our book. People like Guy and Garr are wonderful people who have a real passion to help others to communicate better and more effectively.

Thank you also should go to Vedad Obradovic of Conway Stewart for allowing us to use Conway Stewart as a sample company introduction as well as for sending me a lot of fantastic images of their pens, factories and founders.

Another thank you must go out to my BCM Saturday morning business class. These guys have been with me for over two years now and they have allowed me to experiment my ideas on them and have made numerous suggestions on how to make the methods in this book better. These guys, 홍지은, 정보미 and 나경철 have been wonderful and deserve a special thanks.

Thank you also to Hyeonjin Kim for making this book possible. Without her phone call in the first place this book would never have happened.

Finally, I must thank the staff at the Judy's Pretzel Coffee Shop in 석촌동—they were always so helpful and allowed me to write most of this book in their coffee shop.

Carl Pullein

감사의 말

먼저, 십여 년 전으로 돌아가 높은 취업의 문턱을 넘으려면 이공계도 영어를 잘해야 한다며, 당시 TOEIC 500점을 겨우 넘기고 있던 내게 무작정 900점을 만들어 오라고 채찍질해주셨던 이봉규 교수님께 감사드린다. 교수님 덕분에, 그저 취업을 위해 무식하게 영어를 공부했던 내가 영어에 재미를 느끼고 외국인과의 소통에 즐거움을 느낄 수 있었고, 내 인생의 영원한 "Mr Darcy"가 되어준 칼 풀린 선생님을 만날 수 있었다.

다시 시간을 한참 더 거꾸로 돌려, 고등학교 시절 세상과 담을 쌓고 힘겨운 시간을 보내던 나를 일으켜 세워 나 또한 가치 있는 존재임을 일깨우기 위해 아낌없이 사랑을 베풀어 주셨던 김철준 선생님께 더 깊은 감사의 말씀을 드리고 싶다. "고맙습니다 선생님. 그때 선생님을 만나지 못했다면 지금의 저는 존재하지 않았을 겁니다."

그리고, 이 책을 출간할 수 있도록 발판을 마련해 주신 김현진 팀장님과, 나에게 새로운 세상을 알려주시고 출간에 많은 용기와 도움을 주신 다산북스 관계자 여러분께 감사드린다.

또, 이 책에 나오는 많은 예문에 이름을 빌려준 나의 소중한 친구들과 십여 년을 함께 해온 사랑스러운 '어글리' 멤버들에게도 고마움을 전하고 싶다.

마지막으로, 나를 이 세상에 있게 해 주신 세상 무엇과도 바꿀 수 없는 소중한 나의 부모님께 무한한 감사를 드리며, 내게 늘 큰 힘이 되어주는 남동생에게 사랑한다는 말을 전하고 싶다.

And last but not least, I would like to say "thank you" to my "Mr Darcy" for writing this book together with the unlimited endurance and dedication to me. And to my little son Barney, "thank you sweetie for staying with me on those long lonely nights in the office while I was working on this book."

임랑경

 차례

Introduction 서론

1 미션 · 16
2 기존 프레젠테이션의 기본 구조 · 20

I. Plan in Analogue 아날로그식 기획

1 아날로그식 기획이란? · 42
2 아이디어를 시각화해서 정리하라 · 44
3 슬라이드 디자인 아이디어를 스토리보드화 하라 · 50
4 발표 내용에 따라 프레젠테이션 매체의 종류를 결정하라 · 54
5 질의 · 응답에 대비하라 · 60
6 기본기를 넘어서 · 62
7 한눈에 정리하기 · 69

II. Design 디자인

1 왜 디자인이 중요한 것일까? · 76
2 디자인의 기본 요소 · 82
3 색상 선택 · 90
4 슬라이드 테마 · 98
5 이미지와 동영상 사용하기 · 102
6 슬라이드 Before & After 샘플 · 108
7 한눈에 정리하기 · 114
Case Study: Visual Resumes · 116

III. Story Telling 스토리 텔링

1 스토리 텔링을 하라 · 122
2 어디에서 스토리 소재를 얻을 수 있을까? · 130
3 스토리 만들기 · 136
4 스토리 전개법 · 158
5 한눈에 정리하기 · 166

IV. The Language Of Presenting 언어 표현

1 들어가기 전에 · 170
2 발음의 어려움 · 172
3 힘을 실어주는 표현 · 176
4 프레젠테이션 준비 노트 · 185
5 유용한 표현 · 188

V. The Delivery-Beginning 도입부

1 소개하기 · 204
2 프레젠테이션 시작하기 · 208
3 규칙 정하기 · 226
4 한눈에 정리하기 · 230
Case Study: Guy Kawasaki · 232

VI. The Delivery-Body 본론

1 화제 전환하기 · 242
2 프레젠테이션 프로그램 활용하기 · 244
3 스토리 전달하기 · 250
4 화법 · 262
5 시연 · 268
6 데이터 발표하기 · 274
7 한눈에 정리하기 · 284
Case Study: 2007년 iPhone 출시 기조연설 · 287

VII. The Delivery-The Ending 결말

1 결론 짓기 · 292
2 프레젠테이션 끝내기 · 296
3 프레젠테이션 끝맺음을 위한 팁 · 298
4 질의 · 응답 · 302
5 한눈에 정리하기 · 308

VIII. Practical Tips 프레젠테이션 실전 팁

1. 일찍 도착하라! · 312
2. 영어를 잘 못하는 것에 대해 꼭 사과해야 할까? · 315
3. 농담을 해야 할까 말아야 할까? · 318
4. 문화적 차이 이해하기 · 321
5. 한눈에 정리하기 · 336

IX. Resources 참고자료

1. 한국인이 생각하는 최고와 최악의 프레젠테이션 · 340
2. 프레젠테이션 예: 회사 소개 · 342
3. 프레젠테이션 실습 1: Conway Stewart · 352
4. 프레젠테이션 실습 2: IBS Company Introduction · 372

Preface

대중 앞에서 "말"을 한다는 것은 누구에게나 두려운 일이다.

특히 수많은 사람들 앞에서 이야기해야 한다거나 프레젠테이션이라도 하게 되는 경우, 식은땀이 흐르고 눈앞이 캄캄해지는 경험을 한 번씩은 해 보았을 것이다.

우리말로 하는 것도 이렇게 어려운데, 외국어로 프레젠테이션한다는 것은 어찌 보면 불가능한 일처럼 느껴질 수도 있다. 한 번도 보지 못한 낯선 사람들 앞에서 발표를 하는 것도 모자라 외국어로 진행해야 한다는 압박감은 모국어로 진행하는 프레젠테이션에 비해 훨씬 더 많은 두려움을 주는 것이 당연하다.

이 책만으로 영어 프레젠테이션에 대한 모든 두려움을 말끔히 없앨 수 있는 것은 아니다. 그러나 책을 읽고 나면, 독자들은 영어 프레젠테이션에 관한 모든 것을 알게 됨으로써 영어 프레젠테이션에서 오는 온갖 스트레스와 두려움이 눈에 띄게 줄어들 거라고 확신한다.

또한 이 책을 통해 영어 프레젠테이션에 참석하는 청중이 기대하는 게 무엇인지, 어떻게 하면 프레젠테이션을 효과적으로 전달할 수 있는지, 청중이 이해하기 쉬울 뿐 아니라 그들의 기억 속에 오래 남을 수 있도록 메시지를 전달하는 노하우가 무엇인지를 확실하게 배우게 될 것이다.

홍콩, 싱가포르, 일본과 더불어 아시아의 허브로 자리 잡은 한국은, 기업들의 해외진

출도가 매년 빠른 속도로 증가하고 있다. 따라서 효과적인 영어 말하기뿐만 아니라 영어 프레젠테이션에 대한 인식도 날로 중요해지고 있다.

하지만 안타깝게도 현재 한국의 영어교육 커리큘럼에는 대중 앞에서 효과적으로 영어 프레젠테이션을 할 수 있도록 도와주는 복합적인 정보나 팁이 매우 부족하다. 또한 프레젠테이션 관련 서적들을 조사해본 결과, 프레젠테이션 작업의 일부분을 상세하게 다룬 좋은 책들은 시중에 이미 많이 나와 있었지만, 제작 단계부터 마무리까지 프레젠테이션의 전반적인 과정을 다루는 책은 거의 없었다. 그래서 우리는 제작부터 마무리까지 전체 프로세스를 빠짐없이 다룬 영어 프레젠테이션 기획서로서, 발표자들에게 실질적으로 도움이 되는 참고자료를 제공하고자 이 책을 집필하게 되었다. 또, 책의 완성도를 높이기 위해 프레젠테이션 세부 분야에 관련된 훌륭한 도서들의 유용한 아이디어와 팁을 일부 인용하였다. 특히, 가르 레이놀즈(Garr Reynolds)의 〈프리젠테이션 젠〉, 〈프리젠테이션 젠 디자인〉과 낸시 두아르떼(Nancy Duarte)의 〈slide:ology〉는 프레젠테이션 디자인에 관한 한 최고의 도서라고 해도 과언이 아닐 만큼 유익한 내용을 많이 담고 있는데, 그 중 일부 내용을 이 책에서도 발췌하여 다루었다. 또 히스(Heath) 형제의 〈스틱〉도 청중의 이목을 사로잡는 스토리 텔링 기법에 관한 뛰어난 콘텐츠를 담아내고 있어 그 중 일부를 인용하였다.

우리는 이 책을 읽은 독자들이 수십 명에서 수천 명에 이르는 전 세계의 다양한 청중 앞에서 어떻게 영어 프레젠테이션을 하는지를 완벽하게 숙지할 수 있기를 희망한다. 프레젠테이션의 기본 원리는 변함이 없으므로, 이 책 속의 원칙과 과정들은 모든 형태의 커뮤니케이션에서 적용 가능하다. 그러므로 이 책을 다 읽고 나면, 훌륭한 영어 프레젠테이션을 완성하는 기술을 익힐 수 있을 뿐 아니라, 한국어로 진행하는 프레젠테이션 또한 최고로 잘할 수 있는 노하우도 함께 터득하게 될 것이라 자신한다.

오늘날의 청중은 단순히 우수한 수준을 넘어 전례 없이 특별한 프레젠테이션까지 요구하고 있다. 이를 위해 발표자는 모든 사항을 준비하고 기획해야 하며 자신감에 차있어야 한다. 또 발표자는 가치 있는 정보 전달의 주체로써 청중을 그 누구보다 중요한 사람으로 여기고, 그들을 위해 전문적이면서도 흥미를 유발하는 메시지를 전달할 책임이 있다.

단순히 좋은 프레젠테이션을 넘어 뛰어난 프레젠테이션이 되기 위해서는, 청중에게 스토리를 전달하고, 적절한 말투와 억양, 그리고 "power word"(청중에게 집중을 유도하고, 흥미를 유발하며, 효과적으로 정보를 전달할 수 있도록 보조해주는 어휘)를 사용해야 한다. 스티브 잡스(Steve Jobs)의 기조연설을 보면, 60여 분의 '쇼타임' 동안 하나의 스토리가 프레젠테이션을 통해 서서히 펼쳐지고, 청중의 감성을 자극하는 power word가 끊임없이 언급되면서 기억에 남는 메시지로 프레젠테이션이 끝난다는 것을 알 수 있다. 이것이 바로 현시대에 어떻게 프레젠테이션을 진행해야 하는가를 보여주는 훌륭한 예이다. 또한, 이것이 바로 이 책에서 독자들에게 알려주고자 하는 바이다.

그래서 우리는 이 책을 통해 영어로 프레젠테이션할 때 필요한 중요한 언어 스킬과, 그와 더불어 자신의 프레젠테이션을 좀 더 전문적이고 효과적이며 한층 더 흥미롭게 만들 수 있는 기교와 방법들을 알려주고자 한다.

　원래는 기업에서 프레젠테이션해야 하는 비즈니스맨들을 염두에 두고 만든 책이지만, 이 책을 읽는 독자가 수업 중에 영어 프레젠테이션을 해야 하는 학생이건, 숙련된 프레젠테이션 경험으로 매년 기조연설을 진행해야 하는 사업가이건 상관없다. 중요한 것은 프레젠테이션을 철저하게 기획하고 준비해서 잘 전달한다는 것이 어떤 것인지 이 책을 통해 정확하게 이해하게 될 거라는 점이다.

　최고의 프레젠터로 손꼽히는 스티브 잡스만큼, 때로는 그보다 더 뛰어나게 영어 프레젠테이션을 잘할 수 있는 스킬과 노하우를 독자들에게 전하는 것이 바로 이 책의 목적이다. 불가능해 보일 수도 있겠지만, 실제로는 충분히 가능한 일이다. 스티브 잡스의 인상적인 프레젠테이션 비결은 기획(Planning)과 준비(Preparation), 그리고 연습(Practice)에서 나오는 것이다. (이 세 가지를 묶어 3P라고 한다.) 프레젠테이션을 철저하게 기획하고 열심히 준비한 후 충분한 연습을 거친다면 누구든 스티브 잡스처럼 멋진 프레젠테이션을 할 수 있다. 당신 또한 예외는 아니다. 물론 이 모든 것을 철저하게 준비하려면 많은 어려움이 따를 것이다. 하지만 세상에 공짜는 없다. 남들에게 찬사받는 프레젠테이션을 해내고 싶다면, 그만큼 열심히 노력해야 한다는 것을 기억하자.

＊ 이 책에 나오는 스크립트나 원문에 대한 한글 번역은 저자가 전달하고자 하는 이야기의 느낌을 최대한 살리기 위해 의역한 것으로, 직역으로 말미암은 오해가 없기를 바란다.

INTRODUCTION
서론

1 미션

The Mission

어느 날, 상사가 당신에게 아일랜드에서 온 매우 중요한 고객들을 위해 프레젠테이션을 하라고 지시한다. 상사가 당신에게 영어 프레젠테이션을 지시한 이유는 두 가지다. 첫째, 상사는 영어에 자신이 없고 둘째, 당신이 이력서에 자신의 영어실력을 "상"이라고 썼기 때문이다. 당신이 회사에 채용된 이유도 바로 이 영어실력 때문이다. 자! 이제 당신의 실력을 보여줄 좋은 기회가 온 것이다.

하지만 당신은 이력서에 영어실력을 상이라고 쓴 것을 후회하기 시작하고, 영어에 대해 너무 자만했다며 자책하더니, 천재지변이 일어나 회사가 당분간 문을 닫는다거나 심지어 회사를 그만둘까라는 어처구니없는 생각마저 하게 된다.

그러나 꼭 그런 식으로 자신을 책망해야 할까? 당신의 영어실력이 정말 자신이 생각하는 것만큼 그렇게 형편없었던가? 그래도 당신은 영어로 기본적인 의사소통이 가능하지 않았던가? 또 그만큼의 영어실력을 쌓기 위해 그동안 얼마나 많은 시간과 돈을 쏟아 부었던가? 이제 당신이 투자했던 그 시간과 돈을 보상받고, 상사에게 당신이 얼마나 가치 있는 사람인지 보여줄 기회가 온 것이다.

그렇다면 이제 무엇부터 시작해야 할까? 사람들은 프레젠테이션을 준비한다고 하면 먼저 컴퓨터부터 켜고, 프레젠테이션 프로그램을 연다. 하지만 진정한 준비는 프레젠테이션을 기획하는 것에서 시작된다.

자, 당신은 이미 청중이 누구인지 안다. 그들은 아일랜드에서 온 고객들이므로 당연히 영어가 모국어인 사람들이다. 또한 상사가 프레젠테이션에서 자신이 하고 싶은 말들을 당신에게 미리 알려주었으므로 주제가 무엇인지도 안다. 그렇다면 시작이 나쁘지는 않은 셈이다. 이제 당신이 알아야 할 또 다른 것들은 무엇이 있을까?

먼저, 상사가 얼마나 긴 프레젠테이션을 원하는지 아는 게 좋을 것이다. 10분가량의 간단한 아웃라인만을 원하는지, 혹은 장시간의 제품 출시 프레젠테이션을 원하는지 말이다. 또, 프레젠테이션 장소도 알아두어야 한다. 10명 정도의 사람들이 편안하게 앉을 수 있는 회의실에서 하는 것인지, 혹은 2,000여 명의 청중을 수용할 수 있는 대규모 컨퍼런스 홀에서 진행되는 것인지 미리 알아두는 게 좋을 것이다.

만약 상사가 장시간의 제품 출시 프레젠테이션을 원하는 것이라면, 상사가 어떤 제품을 논하기를 원하는지, 당신은 그 제품에 관한 정보를 모두 알고 있는지, 그렇지 않다면 그 정보를 어디에서 얻을 수 있는 것인지, 제품 안내서는 가졌는지, 제품 사진이나 영상물은 있는지, 혹은 제품 시연이 가능한지, 또 개발팀의 지원이 필요하지는 않은지 사전에 조사해 두는 것이 좋을 것이다.

컴퓨터 앞에 앉기 전, 당신은 위 질문들에 대한 모든 답을 가지고 있어야 한다. 그래야만 방향을 제대로 잡고 프레젠테이션 준비를 시작할 수 있다.

자, 이렇게 모든 정보를 갖추었다. 이 과정은 프레젠테이션을 준비하기 전에 반드시 이루어져야 하는 단계이다. 정보 수집이 모두 끝났다면, 이제 무엇을 시작해야 할까?

다음 장에서는 지금부터 당신에게 필요한 전체 기획 과정을 상세하게 다룰 것이다. 그에 앞서 주의해야 할 점이 있다. 프레젠테이션 바로 전날 컴퓨터 앞에 앉아 슬라이드에 들어갈 내용을 입력하거나 사전에 미리 준비조차 하지 않는 자세는 반드시 버려야 한다는 것이다. 당신은 청중을 존중한다는 것을 보여주어야 한다. 청중은 왕이며, 당신이 시간과 노력을 쏟아부어야 마땅한 사람들이다. 사전에 완벽한 준비 없이 하루 전에 급하게 작성한 프레젠테이션 자료는 청중들이 알아챌 수밖에 없고, 당연히 외면받게 된다. 이런 식으로 준비한다면 결국 따분하고 산만한 프레젠테이션이 될 것이고 청중은 당신이 전문가답지 못하다고 느끼는 것은 물론, 발표자가 자신들을 전혀 배려하지 않았다고 생각하게 될 것이다.

오늘날 비즈니스 세계는 아이디어를 전달하는 가장 효과적인 방법으로 프레젠테이션을 꼽는다. 그러나 아직 세계의 많은 사람들이 이것을 제대로 해내지 못하고 있는 것이 현실이다. 이들은 기획 단계를 전혀 거치지 않거나 매우 적은 시간을 할애하여 기획하는 등, 준비조차 제대로 하지 않으면서 프레젠테이션이 끝나고 난 후 청중이 왜 자신에게 호응해주지 않는지 의아해한다. 고작 4~5시간 준비해 온 슬라이드를 청중 앞에서 죽죽 읽어 내려가는 프레젠테이션은 결코 성공할 수 없다는 것을 당신은 알아야 한다. 이렇게 짧고 허술하게 준비된 프레젠테이션은 청중에게 자신의 메시지를 정확하게 전달할 수 없을 뿐 아니라, 앞으로 당신의 일자리마저도 불투명하게 만들 수 있다.

철저한 기획과 준비는 영어 프레젠테이션에 자신감을 불어넣어 줄 뿐 아니라, 청중에게 기억에 남는 메시지를 전달하기 위해 발표자가 얼마나 많은 시간을 공들여 준비하고 연습했는지를 보여줄 수 있게 한다.

필자도 '프레젠테이션을 준비하기엔 다른 일이 너무 많다'부터 시작해서 '상사가 겨우 이틀 전에야 지시를 주었다' 등, 충분한 준비를 하지 못한 것에 대한 갖가지 변명들을 참 많이 들어왔다. 하지만, 자신을 한번 되돌아보자. 정말 다른 일 때문에 준비할 시간이 전혀 없었는지, 주어진 짧은 시간 동안 정말 최선을 다해 준비했는지 말이다. 이곳에서는 어떠한 변명도 통하지 않는다. 정말 멋진 프레젠테이션을 만들고 싶다면 휴식 시간을 쪼개서라도, 밤을 새워서라도 준비하라. 그만큼 프레젠테이션의 성공 여부는 준비에 달려 있다.

//

2 기존 프레젠테이션의 기본 구조

제대로 된 기획을 위해, 먼저 프레젠테이션의 기본 구성에 대한 체계적인 이해가 필요하다.

   그동안 우리가 학교와 회사에서 배워 온 기존 프레젠테이션의 구성을 살펴보면 오른쪽 표와 같다. 기존 프레젠테이션의 구성 요소들을 하나씩 자세히 들여다보면서, 이 책을 통해 만들어질 프레젠테이션과는 어떤 차이점이 있는지도 함께 살펴보자.

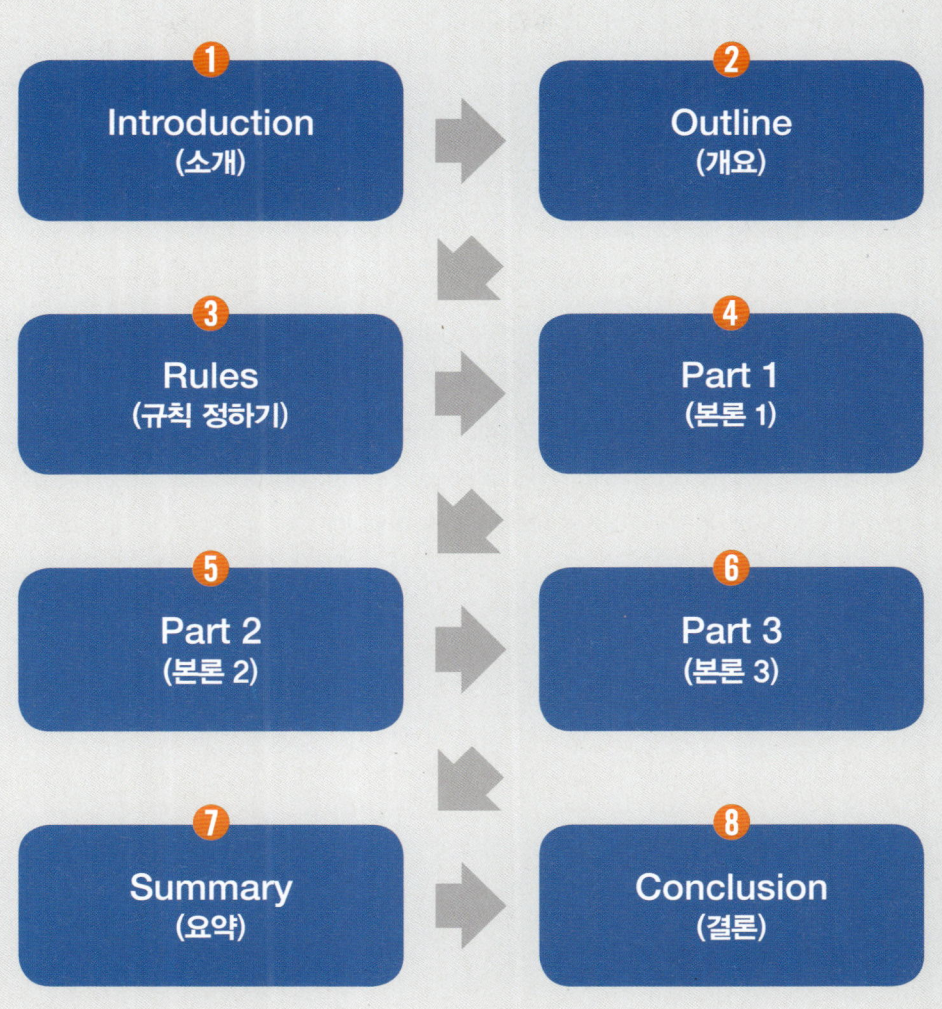

소개
The Introduction

| SAMPLE |

"Good morning and thank you for coming today. My name's Eujin Son and I am here to talk to you about how English education has been changing and how we at Fandcorp English Solutions are at the front of this change in an innovative and effective way."

안녕하십니까? 오늘 이렇게 와주셔서 감사합니다. 제 이름은 손유진입니다. 오늘은 여러분께 영어교육이 어떻게 변하고 있고, 또 저희 Fandcorp English Solutions에서 혁신적이고 효과적인 방법으로 어떻게 이 변화에 앞장서고 있는지를 말씀드리고자 합니다.

'소개'란, 앞서 그림에서 보았듯이 프레젠테이션을 시작하는 제일 첫 부분이다. 발표자 자신을 스스로 소개하는 부분으로, 이름부터 시작해서 발표자인 당신과 청중이 왜 이곳에 와 있는지를 알려주는 시간이다. 그러므로 여기서는 발표자가 자신 없이 머뭇거리는 모습을 보이면 안 되고 확신에 찬 긍정적인 모습을 보여줘야 한다.

왼쪽 샘플에서 발표자는 자신의 이름과 회사 이름, 그리고 청중이 왜 이곳에 오게 되었는지를 이야기하고 있다. 어떠한 머뭇거림도 없이 자신감이 넘치며 짧고 명료하다.

훌륭한 소개는 발표자인 당신에게 자신감을 북돋워 주며, 청중에게는 편안함과 안정감을 준다. 이러한 소개는 프레젠테이션을 좋은 분위기로 유도하여 청중에게 전하고자 하는 메시지를 명확히 전달할 수 있도록 돕는다.

개요
The Outline

Sex And The City
캐리와 빅의 좌충우돌 결혼 이야기

- ✓ 캐리와 빅의 행복한 연인 생활
- ✓ 집을 옮기면서 서로 결혼을 생각하게 됨
- ✓ 드디어 결혼 준비
- ✓ 당초 소규모의 결혼 계획이 캐리로 인해 점점 커지게 됨
- ✓ 빅은 두 번의 결혼 실패로 갑자기 두려움을 느낌…

INTRODUCTION

기존의 프레젠테이션 관련 서적들을 보면, 대부분 앞으로 다루게 될 내용에 관한 개요(프레젠테이션에 나올 내용을 전부 요약한 리스트 또는 다이어그램)를 보여주는 것이 청중의 이해를 높이기 위해 꼭 필요하다고 말한다. 그러나 필자는 개인적으로 청중에게 개요를 설명해 주는 것은 그다지 좋은 방법이 아니라고 생각한다. 그보다는 스티브 잡스처럼 앞으로 어떤 이야기를 하게 될 것인지 청중에게 궁금증을 유발하고 기대하게끔 하는 것이 더욱 더 나은 방법이라 할 수 있겠다.

우리가 이런 방식을 선호하는 이유는 바로 서스펜스(긴장감) 때문이다. 구성이 탄탄한 영화들을 보면, 그 안에는 관객을 흥분시키고 자극하는 서스펜스적인 요소를 하나 이상씩은 모두 가지고 있다. 영화가 시작되기 전 주연 배우가 등장해서 프레젠테이션의 개요처럼 앞으로 일어날 내용을 목차별로 설명해 주는 그런 영화는 세상 어디에도 없다. 정말 그런 영화가 있다면 관객들은 첫 설명 부분을 보고 재미없다고 판단하고는 즉시 자리에서 일어날 것이다. 이렇게 되면 영화관 입구는 환불을 요청하는 관객들로 넘쳐날지도 모르겠다. 상상만 해도 웃기지 않은가?

실제 영화에서는 오프닝이 시작된 후 스토리가 서서히 펼쳐지면서 주요 사건이 발생하고, 청중은 이 사건이 앞으로 어떻게 전개될지 궁금해하면서 점점 빠져들게 된다. 프레젠테이션도 이와 마찬가지이다. 당신이 참석했던 프레젠테이션 중 가장 훌륭했던 것을 떠올려보라. 그 프레젠테이션이 훌륭했던 이유는 당신이 좋아하는

SAMPLE 1 | 스티브 잡스의 2007년 iPhone 출시 기조연설 中

"Good morning, and thank you for coming. Today, we're going to make some history …"

안녕하십니까? 와주셔서 감사합니다. 오늘, 우리는 역사를 만들 것입니다.

SAMPLE 2 | 시작의 좋은 예

"Good morning and thank you for coming. Today, I am really excited, and have been looking forward to being able to talk to you about something really special that we have been developing over the last twelve months. But before I do that, I'd like to tell you about …"

안녕하십니까? 이렇게 와주셔서 감사합니다. 저희가 지난 1년간 개발해 온 정말 특별한 프로젝트를 여러분께 보여드릴 날만을 기다려 왔습니다. 오늘 바로 그날이 되어 몹시 흥분됩니다. 하지만 그에 앞서, 먼저 여러분들께 …에 관한 이야기를 먼저 해드리고 싶습니다.

SAMPLE 3 | 시작의 나쁜 예

"Hello, my name is Youngsoo In and I am from ABC computers. I am going to talk to you first about our company's history, then secondly I will tell you about our products and finally I will conclude what we have talked about today."

안녕하십니까? ABC 컴퓨터의 인영수입니다. 먼저 저희 회사 연혁에 대해 말씀드리겠습니다. 그러고 나서 저희 회사 제품을 소개해 드리고, 마지막으로 오늘 전해 드릴 이야기의 결론을 알려 드리겠습니다.

영화처럼 발표자가 앞으로 무슨 이야기를 할지 궁금해지면서, 내용이 자연스럽게 전개되고 서서히 스토리가 드러나 마지막에는 강렬한 메시지로 끝을 맺기 때문이다. 그러므로 프레젠테이션을 시작할 때에는 이처럼 청중의 관심과 흥미를 유발하기 위해 약간의 서스펜스를 제공할 필요가 있다. 왼쪽의 세 가지 샘플을 통해 어떤 식으로 프레젠테이션을 시작하면 좋을지 참고하길 바란다.

C 규칙 정하기
Rules

INTRODUCTION

프레젠테이션 본론으로 들어가기에 앞서 일부 규칙을 정하는 것은, 발표자가 프레젠테이션 분위기를 주도하기 위한 가장 좋은 방법이 될 수 있다. 대부분의 서구 문화에서는 프레젠테이션 도중에 질의·응답이 가능하므로 발표자의 진행의 흐름을 종종 끊는 경우가 있다.

그런데 문제는 영어가 완벽하지 않은 당신이 이렇게 급작스럽게 영어 질문을 받으면 프레젠테이션의 흐름과 리듬이 모두 끊길 수 있다는 것이다. 이렇게 흐름이 끊기게 되면 당황하게 되고, 진행하던 내용을 잊어버리게 될 뿐 아니라, 놀란 마음에 스크립트를 뒤적거리게 마련이다. 이렇게 된다면 당신은 전문가답지 못하게 보일 뿐 아니라 실제로 숙련되지 않은 아마추어가 되고 만다. 그러므로 프레젠테이션을 시작하면서 청중에게 질문은 맨 마지막에 해 달라고 정중히 요청하는 것이 이런 상황에 대비하는 가장 좋은 방법이라 하겠다.

프레젠테이션 시작 부분에 정하게 될 또 다른 규칙 중 하나는, 청중에게 휴대폰을 무음으로 전환하거나 전원을 꺼 달라고 요청하는 것이다. 프레젠테이션하다가 정말 중요한 시점에서 다른 이의 휴대폰 벨 소리에 방해받는 것처럼 끔찍한 상황은 없기 때문이다.

몇 년 전에 참석한 프레젠테이션에서 시작 전 청중에게 약간 색다른 방법으로 규칙을 말해주는 발표자를 본 적이 있다.

"Does anyone have a wife, or girlfriend, expecting a baby today?"
혹시 오늘이 출산 예정일이신 부인이나 여자친구를 두신 분 계십니까?
"Does anyone have any stock in a collapsing company?"
폭락하고 있는 회사의 주식을 보유한 분이 있으십니까?
"Then, could you please turn your cell phones off for the next 45 minutes or so?"
자, 그러면 앞으로 45분 정도만 휴대폰을 꺼주실 수 있겠습니까?

이처럼 발표자는 매우 기발한 질문으로 청중에게 휴대폰 전원을 꺼 달라고 요청했다. 이것은 기존의 규칙 정하기 방식과 그의 기발한 유머가 한데 어우러져 프레젠테이션에 좋은 출발을 선사한 셈이다.

우리가 모두 이처럼 재치있게 규칙을 정할 수 있으면 좋겠지만, 그렇다고 해서 무조건 기발한 방식으로 규칙을 정할 필요는 없다. 우리가 할 일은 그저 질의 · 응답시간은 프레젠테이션이 끝난 후 가지겠다는 것을 알려주는 것이고, 그것만으로도 충분하다.
  이렇게 몇 가지 기본 규칙을 정함으로써 발표자가 주도권을 쥘 수 있게 되고, 프레젠테이션이 진행되는 동안 방해를 받으면 어쩌나 하는 걱정에서 벗어날 수 있다.

D 본론 1, 2, 3
Parts 1, 2 and 3

| SAMPLE |

"OK, let's begin. First, I want to tell you where our story begins …"

자, 그럼 시작해 볼까요? 먼저, 우리의 이야기가 어디서 시작되는지 알려 드릴까 합니다.

INTRODUCTION

　여기서부터는 발표자인 당신이 하고자 하는 이야기가 본격적으로 시작된다. 이곳이 바로 당신의 스토리를 담아내고 전개해 나가는 부분이 된 것이다.

　왼쪽 샘플은 본론을 어떻게 시작하는지 보여주고 있다.

　만약 발표자가 앞서 소개와 개요 부분에서 회사의 신제품에 대한 '이야기'를 하겠다고 말했다면, 이와 같은 본론 소개와 함께 이 신제품을 만들기 시작한 이유나 이전 제품들에서의 불편함 등으로 '이야기'를 시작하게 될 것이다.

　본론의 내용을 몇 부분으로 나눠서 이야기해야 하는지는 발표 시간과 양에 따라 달라질 수 있다. 그러나 일반적으로 본론의 내용을 세 파트로 나누는 것이 가장 이상적이다. 그 이유는 바로 사람의 뇌가 세 가지를 기억하고 처리하는 것을 좋아하기 때문이다. 자세히 살펴보면, 그동안 우리가 들어왔던 많은 이야기들은 모두 3을 포함하고 있다. "삼총사", "아기돼지 삼 형제", "세 가지 소원" 등. 비단 이런 동화에서뿐만 아니라 변호사 또한 변론을 세 가지로 제시하는 것이 판사와 배심원에게 가장 잘 어필할 수 있다고 교육받는다. 3은 많지도 적지도 않은 숫자로 항상 사람들에게 '적당하다'는 느낌을 주기 때문이다.

　그러므로 프레젠테이션의 본론은 가능한 한 세 가지 내용으로 압축하여 나타내도록 해보자. 발표자 자신도 내용 전달이 쉬울 뿐 아니라 청중 역시 기억하기 쉬우므로 모두에게 윈윈(win-win)이 될 수 있는 전략이라 할 수 있다.

요약
Summary

▌SAMPLE ▌

"So, our new English program has been developed using the best teaching professionals, the best technology and is based on the best learning platform available today ..."

이렇게, 우리회사의 새 영어 프로그램은 현재 제공될 수 있는 최고의 학습 플랫폼에 기초하여 최고의 교수법 전문가들과 최고의 기술을 투입하여 개발되었습니다.

＊ learning platform(학습 플랫폼): 학습이 이루어질 수 있는 환경을 의미하며, 여기서는 멀티미디어를 기반으로 하는 양 방향 학습법 등을 뜻함.

기존의 프레젠테이션 관련 서적에서는 실제 프레젠테이션에 요약을 넣는 것이 반드시 필요한 사항은 아니라고 말한다. 필자 역시 자신이 하고자 하는 이야기를 본론에서 잘 전달했다면 요약이 꼭 필요하지는 않다고 생각한다. 뒤에 나올 결론 부분에서 스토리를 요약할 것이므로 중복된 요약이 효과적인 메시지 전달을 방해할 수 있기 때문이다.

그러나 프레젠테이션 요약을 꼭 해야겠다고 생각한다면 요약 사항들을 최대한 간단하게 만들어야 한다. 프레젠테이션이 끝날 때쯤이면 청중은 당연히 지치게 마련이라는 것을 반드시 기억하자. 발표자인 당신이 최대한 간단하게 요약한다면 청중의 집중력을 끝까지 흐트러뜨리지 않을 수 있을 것이다.

왼쪽 샘플처럼 앞서 언급한 '3의 전달법'을 응용하여 최대한 간단하게 요약해보도록 한다.

결론
Conclusion

SAMPLE

"We think that our new English language program, developed over the last two years, will give you and your students the best learning experience available today and not only will you have extremely satisfied students, you will also see a significant increase in both your student numbers and profits.

Thank you very much, and if there are any questions I will be happy to answer them now."

우리는 지난 2년 동안 개발해 온 새 영어 프로그램이 여러분과 여러분의 학생들에게 최고의 학습 경험을 선사할 것으로 생각합니다. 이 프로그램으로 여러분의 학생들은 최상의 만족을 얻게 될 것이고, 여러분은 학생 수와 수익 면에서 모두 눈에 띄는 증진 효과를 보게 될 것입니다.

감사합니다. 질문이 있으시면 지금부터 성심껏 답변해 드리겠습니다.

'결론'은 청중에게 프레젠테이션의 목적을 요약해주고 불필요한 부분을 제외한 핵심 사항을 전달하는 데 필요하다. 또 전하고자 했던 메시지를 다시 한번 강조할 기회이자 자신의 프레젠테이션을 오래 기억할 수 있도록 강한 임팩트를 줄 기회이기도 하다. 프레젠테이션을 마무리 지을 때가 바로 당신의 메시지를 전달할 수 있는 마지막 기회라는 것을 꼭 기억하기 바란다.

왼쪽 샘플은 이 책에서 계속 다루어질 프레젠테이션 "Learning English in Modern World"에서 결론 부분을 발췌한 내용이다. 참고하기 바란다.

G 규칙은 언제든지 깨질 수 있다!
However Rules Can Be Broken!

지금껏 보아온 프레젠테이션 중 가장 신선하고 획기적이었던 것들을 살펴보면, 발표자가 자기소개 전에 제품 시연을 먼저 보여주는 등 기존의 프레젠테이션 방식을 탈피한 경우가 많다.

우리가 그동안 배운 프레젠테이션 방식에서 벗어나 새로운 것들을 시도함으로써, 이 신선한 충격이 관객들로 하여금 당신의 프레젠테이션에 흥미를 느끼게 해줄 뿐 아니라 좀 더 기억에 남을 수 있도록 도와줄 것이다.

기존의 전형적인 프레젠테이션 형식은 시대에 점점 뒤처지고 있다. 이제는 이런 프레젠테이션에 한 단계 업그레이드가 필요한 때이다. 프레젠테이션은 발표자가 원하는 대로, 자신만의 스타일로 언제든지 변

Breaking the rules

화를 줄 수 있다. 실례로 비즈니스와 관련된 많은 책을 집필해온 가이 가와사키(Guy Kawasaki)는 프레젠테이션에서 항상 청중에게 10가지의 내용을 말하겠다고

INTRODUCTION

알려준다. 이렇게 하면 프레젠테이션을 진행하는 동안 청중은 그가 어느 부분을 이야기하고 있는지 정확히 알 수 있기 때문이다. 예를 들어 그가 다섯 번째를 이야기하고 있으면, 청중은 그 프레젠테이션이 중반까지 왔다는 것을 알게 된다. 이것은 청중의 참여도를 높이는 데 좋은 방법이긴 하지만, 일반 발표자에게 10가지는 좀 많게 느껴질 수도 있다. 또 〈프리젠테이션 젠〉의 저자 가르 레이놀즈는 얼마 동안 프레젠테이션을 진행할 것인지 항상 청중에게 미리 알리고, 질의·응답 시간은 꼭 프레젠테이션 마지막 부분에 가진다.

프레젠테이션에서 기준이나 표준 방식이 존재하는 것은 사실이지만, 그렇다고 해서 꼭 그 '기준'을 따라야 할 필요는 없다. 발표자에게는 자신이 좋아하고 즐길 수 있는 방식으로 프레젠테이션할 자유가 얼마든지 있다. 발표자 자신이 좀 더 즐길 수 있는 프레젠테이션을 만듦으로써 청중 또한 한층 더 흥미를 느낄 수 있다. 당신이 재미있다면 청중도 당신의 프레젠테이션을 재미있어할 것이기 때문이다. 그리고 항상 이것을 목표로 삼아야 한다.

PLAN IN ANALOGUE
아날로그식 기획

1 아날로그식 기획이란?

Planning

가르 레이놀즈의 〈프리젠테이션 젠〉에는 아날로그(analogue)라는 말이 등장하는데, 이 말의 의미는 펜과 종이로 프레젠테이션을 기획한다는 것이다. 프레젠테이션을 준비하면서 필요한 가장 중요한 사항이 바로 아이디어 초안을 잡는 것인데, 이 아이디어 초안은 컴퓨터가 아니라 종이 위에서 더 잘 그려지기 때문이다. 조용히 자리에 앉아 떠오르는 모든 생각을 종이 위에 적은 후 관련 없는 내용을 하나하나 지워가다 보면, 프레젠테이션에서 전달할 핵심 메시지와 주제에 관한 아이디어를 얻을 수 있게 된다.

프레젠테이션을 면밀히 기획할 때에는 무수히 많은 사항을 고찰해야 한다. 떠오르는 모든 아이디어를 종이 위에 적다 보면 프레젠테이션에 필요한 것과 불필요한 것을 쉽게 구분하여 정렬할 수 있다. 만약 이 작업을 파워포인트나 키노트로 하게 되면, 전체의 큰 그림을 보지 못해 결국 전달하고자 하는 핵심 메시지에 대한 판단력도 흐려지게 된다.

아날로그식 기획 중에서 한 가지 좋은 방법은, 빈 종이 한가운데에 원을 그리고, 그 원 안에 프레젠테이션 타이틀을 적은 후 생각나는 것들을 모두 써내려가는 것이다. 이 단계에서 무엇을 써야 하는지에 관해서는 걱정하지 마라. 중요한 것은 당신 머릿속에 있는 모든 아이디어와 생각들을 종이 위에 적는 것이다. 이런 기획 방식을 마인드 매핑(mind mapping)이라고 하며, 이 방법은 머릿속의 아이디어를 끄집어내는 데 매우 효과적이다.

2 아이디어를 시각화해서 정리하라

A. 떠오르는 생각을 먼저 한글로 정리하기

* 〈Learning English in Modern World〉라는 주제에 대한 마인드맵 샘플

인간은 누구나 모국어로 훨씬 더 깊고 다양하게 사고할 수 있기 때문에 처음에 생각나는 아이디어들을 한글로 정리하면 더욱 자유롭게 자신의 생각을 펼칠 수 있다. 본질적으로 중요한 것은 프레젠테이션과 관련이 있건 없건 당신이 생각해낼 수 있는 모든 것들을 끄집어내는 것이다. 이 단계에서 영어는 문제가 되지 않는다. 중요한 것은 바로 자신의 아이디어를 종이에 기록하는 것이다. 프레젠테이션 내용을 번역하는 것은 나중에도 할 수 있다. 지금은 당신이 생각해낼 수 있는 모든 생각을 종이 위에 쏟아내야 하는 시간이다.

마인드맵에 기초 사항들을 적고 그에 따른 세부 내용들을 채워 넣었다면 이제 당신이 기획한 내용을 편집할 시간이 되었다. 마인드맵 과정을 거쳐 모든 것을 충분히 생각해낸 다음에 아이디어들을 살펴보면, 주제에 맞지 않아 편집해야 할 내용들이 많이 눈에 띌 것이다. 그런 것들은 맵에서 줄을 긋던지 지워버린다. 최종적으로는 당신이 청중에게 전달하고자 하는 정보들만 종이 위에 남아 있어야 한다.

자신이 원하는 주요 부분만을 맵에 남겼다면, 프레젠테이션에서 소개하고 싶은 순서를 정해 번호를 매긴다. 이것은 전달하고자 하는 메시지들의 우선순위를 파악하게 해주며, 또 그 메시지에 맞는 스토리를 전개할 수 있도록 도와줄 것이다. 이렇게 자신이 정리한 것을 살펴보면서 프레젠테이션의 시작과 중반, 그리고 끝 부분에 하고자 하는 이야기들을 결정해야 한다.

이렇게 먼저 종이 위에 모든 것을 적음으로써 프레젠테이션 전체를 큰 그림으로 볼 수 있고, 자신이 말하고자 하는 내용들을 순서에 맞게 체크하고 각 부분들을 연결시켜 자연스럽게 전개할 수 있다. 그렇기 때문에 종이에 적는 것은 파워포인트나 키노트 같은 슬라이드 전용 프로그램을 사용해 기획하는 것보다 훨씬 효과적이라고 할 수 있다.

B. 전하고자 하는 메시지에 초점 맞추기

프레젠테이션의 핵심은 바로 당신이 전달하고자 하는 메시지이다. 또 이것은 프레젠테이션이 끝나고도 청중의 머릿속에 오랫동안 남아있기를 바라는 것이기도 하다. 그러므로 프레젠테이션에서 내용을 전개하기 시작할 때 당신이 전하고자 하는 핵심 메시지에 초점을 맞추는 것이 가장 중요하다.

왼쪽 그림에서 파란색으로 표시된 부분은 앞에서 다루었던 "Learning English in the Modern World"의 마인드맵에서 뽑아낸 핵심 메시지이다.

❶ 하루에 10시간씩 일하는 사람에게 몰입 학습 방식은 불가능하다.
❷ 영어는 즐기면서 배우는 것이다.
❸ 기존의 언어 학습 방식은 직장인에게 적합하지 않다.

이렇게 핵심 메시지를 뽑은 후에는 이 세 가지 사항에 초점을 맞춰서 내용을 준비해야 한다. 핵심 메시지 ❶의 경우, 하루 종일 업무에 시달리면서 영어공부까지 완벽하게 해내려는 바쁜 회사원을 가상의 캐릭터로 만들어 하나의 스토리로 이야기할 수 있을 것이다. 그리고 핵심 메시지 ❷의 내용을 다룰 때는, 무언가를 배울 때 재미라는 요소가 중요하다는 것을 강조할 수 있을 것이다. 또 재미없는 강사나 재미없는 내용으로 지겨워 죽을 것 같았던 수업을 떠올리게 해서, 즐겁게 들었던 수업과 비교해보도록 해볼 수도 있을 것이다. 이렇게 핵심 메시지에 초점을 맞춤으로써 어떻게 이 메시지들을 전달할 것인지, 또 어떤 스토리를 이야기할 것인지 등을 정할 수 있다.

스토리 소재를 얻고 스토리를 만들고 전달하는 방법에 관해서는 "스토리 텔링" 챕터에서 자세하게 다루겠지만, 이처럼 어느 부분에 어떤 스토리를 넣을지에 관한 대략적인 아이디어 작업은 마인드맵을 작성하면서 함께 이루어져야 한다.

C. 핵심 사항부터 먼저 번역하기

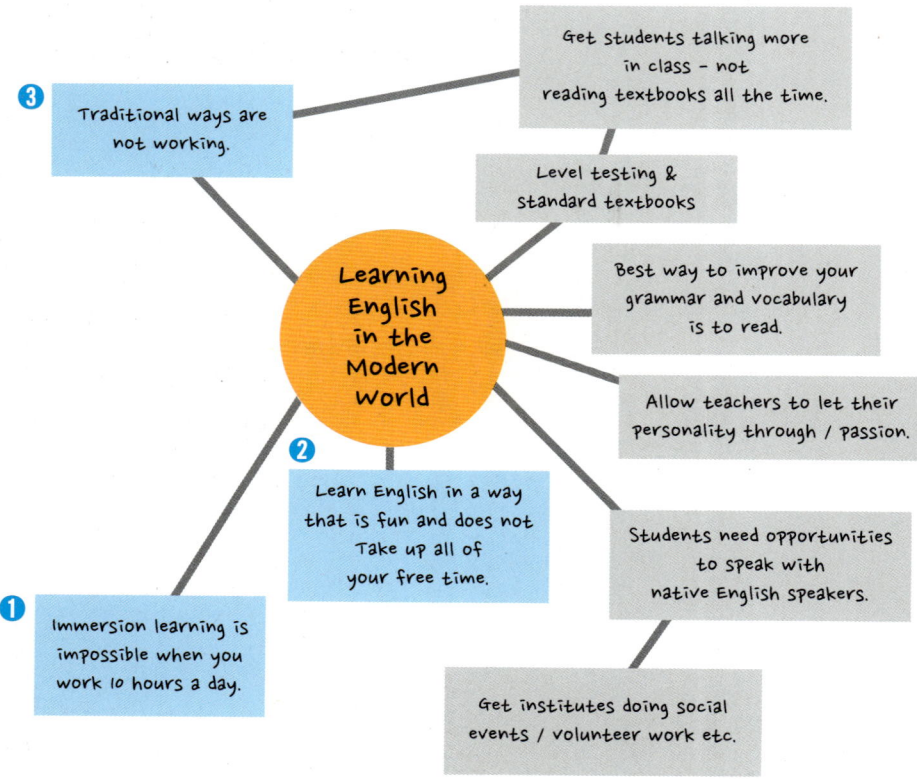

* 위는 이해를 돕고자 한글로 작성한 마인드맵을 번역해서 보여주는 것이지, 반드시 마인드맵을 영어로 번역할 필요는 없다. 한글로 적은 마인드맵을 통해 얻어진 생각들은 발표자가 원하는 방식대로 번역하면 된다.

모든 생각이 정리되고 필요한 정보가 전부 갖춰졌다면 이제는 영어로 번역해야 한다. 먼저 핵심 사항(이것들이 모여 각 슬라이드의 표제가 될 것이다)부터 번역한다. 이렇게 함으로써 자신의 프레젠테이션이 영어로 어떻게 들릴지 큰 윤곽을 잡을 수 있다. 핵심 부분의 번역을 마친 후에는 나머지 세부 내용들도 전부 번역한다. 모국어로 생각하고 기획하는 단계를 거쳤다면 다음 단계는 각각의 내용들을 영어로 바꾸는 것이다.

    영어단어를 선택할 때는 신중해야 한다. 프레젠테이션에서 사용할 단어와 "power word"에 관해서는 "언어 표현" 챕터에서 더 자세하게 다루겠지만, 일단 이해하기 쉽고 간단한 단어들이어야 한다. 그래야 발표자가 자신 있으면서도 자연스럽게 프레젠테이션을 진행할 수 있고 다양한 부류의 청중 모두가 쉽게 이해할 수 있기 때문이다.

3 슬라이드 디자인 아이디어를 스토리보드화 하라

| Presentation Title: **Modern English** | Date: | Author: |
| | Venue: | Length: |

❶ Main title
MODERN ENGLISH

___

❷ We have a few problems

문제점 알림

❸ LIMITED TIME
(시계 사진)

청중에게 퇴근 후 영어학원에 다닐 수 있는 사람은 몇 명인지 직접 질문

❺ No opportunities to practice
(혼란스러워하고 있는 남자 사진)

한국에서는 영어를 연습할 수 있는 기회가 너무 적음

❻ Poor teaching methods create boring classes
(졸고 있는 학생들 사진)

강사 트레이닝이 부족함
교재에만 집중하는 강사

❼ WHAT CAN WE DO?

___

* 〈Learning English in Modern World〉의 슬라이드 스토리보드 샘플

프레젠테이션의 전체 윤곽과 주제, 그리고 아이디어 구성이 다 됐다면 이제 프레젠테이션에서 사용할 슬라이드 디자인을 스케치할 차례이다. 디자인에 관한 더 자세한 내용은 "디자인" 챕터에서 다룰 것이다.

아날로그식 기획 단계는 단순히 프레젠테이션의 주제와 핵심 메시지만을 기획하는 단계가 아니다. 프레젠테이션에 쓰일 슬라이드에 관한 아이디어도 대략 윤곽이 나와야 한다. "스토리보드"는 슬라이드 디자인의 테마와 사용할 이미지에 관한 아이디어를 얻을 수 있는 매우 좋은 방법이다. 슬라이드 디자인에 관한 아이디어를 종이에 쓰다 보면 총체적인 프레젠테이션 디자인과 관련해서 더 좋은 생각들을 얻을 수 있다. 또한 프레젠테이션 프로그램을 사용할 때 디자인 작업에 드는 시간을 훨씬 줄일 수 있어 실제 발표 연습에 더 많은 시간을 할애할 수 있게 된다.

만약 디자인에 자신이 없다면 다른 사람들에게 도움을 요청해보자. 주위에는 자신만의 디자인 아이디어를 즐기는 사람들이 많다. 필자 또한 디자인 교육을 받은 적은 없지만, slideshare.net이나 다른 프레젠테이션 웹 사이트에서 많은 도움을 받았다. 당신도 이런 곳을 통해 자신이 원하는 디자인과 좋은 아이디어를 얻을 수 있을 것이다. 하지만 그대로 베껴 쓰라는 이야기는 아니다. 이런 사이트를 통해 색상 설정이나 텍스트 사이즈, 그리고 위치 선정과 관련된 것들을 참고하라는 뜻이다. (현재 Google Docs는 좋은 서식을 많이 보유하고 있다. 물론 공짜로 내려받을 수도 있다.)

프레젠테이션 준비의 첫 단계로 아날로그식 기획을 시행하게 되면, 초기에 생각했던 아이디어 중 불필요한 부분들을 손쉽게 제거할 수 있어 프레젠테이션의 흐름과 리듬이 원활해지고, 머릿속에 프레젠테이션 전체에 대한 명확한 그림을 그릴 수 있어 마지막에 있을 질의·응답에서도 자신 있게 답변할 수 있도록 해주는 이점이 있다.

이러한 아날로그식 기획을 거치지 않고 곧바로 프레젠테이션 프로그램부터 연다면 사람들은 으레 슬라이드가 얼마나 많이 필요할지부터 생각하게 된다. 그러고 나서 슬라이드마다 최대한 많은 내용을 집어넣으려고 머리를 쥐어짜기 시작한다. 이렇게 되면 당신의 프레젠테이션은 쓸모없는 정보로 넘쳐나고, 지나치게 많은 블릿 포인트(글머리 기호: 내용을 강조하기 위해 문장 앞에 사용하는 도형 서식으로 ▶ ● ※ 등)에 너무 많은 텍스트와 지침들이 담긴, 정말 보기 싫은 디자인의 슬라이드를 갖게 될 것이다. 그러나 종이 위에 먼저 생각을 정리하게 되면 이런 문제점을 피할 수 있고 훌륭하면서도 매우 특별한 프레젠테이션을 완성할 수 있다.

그러므로 첫 단계에서는 먼저 아날로그식으로 프레젠테이션을 준비하고 그 후에 컴퓨터를 사용하기를 바란다. 이 방법은 슬라이드를 쓰고 지우는 데 허비하는 시간을 줄여줘 발표를 연습할 시간을 더 많이 확보할 수 있다.

4 발표 내용에 따라 프레젠테이션 매체의 종류를 결정하라

〈상황에 따라 사용할 수 있는 프레젠테이션 매체의 종류〉

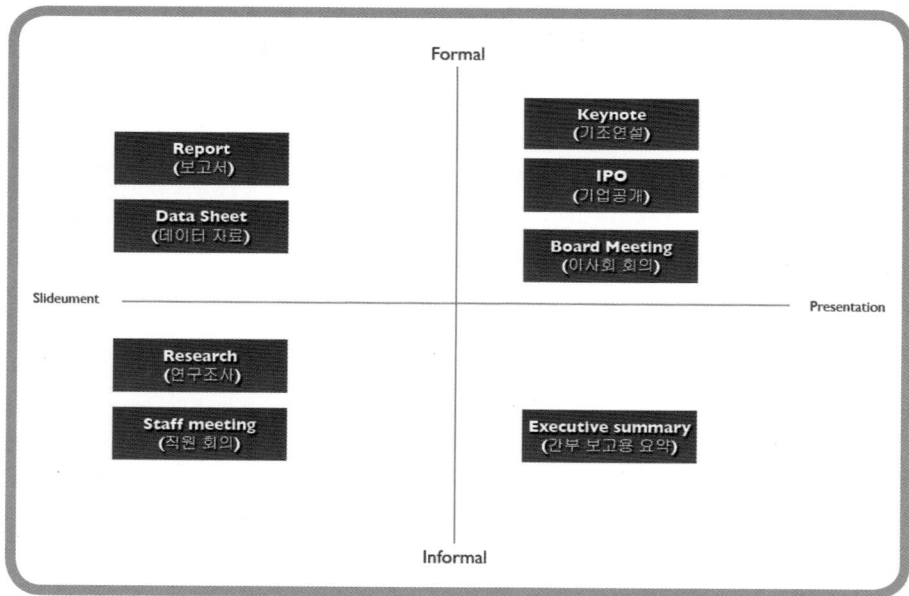

* 위의 다이어그램은 일반적인 프레젠테이션에 필요한 내용만을 간추려 필자가 다시 제작한 것으로, 원래의 다이어그램을 확인하고자 한다면 낸시 두아르떼의 블로그를 방문하기 바란다.
* Slideument: 〈프리젠테이션 젠〉의 저자인 가르 레이놀즈가 탄생시킨 단어로 프레젠테이션 소프트웨어를 사용하여 만든 슬라이드 보고서를 말한다.

왼쪽 표는 〈slide:ology〉의 저자 낸시 두아르떼가 자신의 블로그(slide:ology.com)에 각기 다른 상황에 따라 사용할 수 있는 프레젠테이션의 종류들을 구분해 놓은 다이어그램이다.

기조연설 IPO(기업공개: Initial Public Offerings), 이사회 회의와 같은 공식적인 프레젠테이션에서는 파워포인트나 키노트를 사용하게 될 것이다. 그러나 직원들간의 미팅에서 처음부터 끝까지 파워포인트를 사용해 프레젠테이션을 진행하는 것은 그다지 효율적이지 못하다.

그러므로 앞으로 하게 될 프레젠테이션의 성격에 맞게, 또 청중의 성격에 가장 적합한 프레젠테이션 스타일을 결정해야 한다. 만약 비즈니스 차원에서 해외에서 방문한 몇 사람을 만나는 자리라면 꼭 파워포인트로 프레젠테이션을 해야 하는지 다시 한번 생각해 보자. 모두가 커피 테이블에 둘러앉아 프린트한 자료를 보면서 진행하는 캐주얼한 프레젠테이션은 어떨까?

"프레젠테이션"이라는 단어를 들으면, 많은 사람들이 가장 먼저 파워포인트나 키노트를 떠올린다. 하지만 명심하자! 파워포인트나 키노트는 프레젠테이션이 아니다. 메시지를 전달하는 발표자인 당신이 바로 프레젠테이션이다. 파워포인트나 키노트는 단지 당신이 프레젠테이션을 잘 진행할 수 있도록 도와주는 도구일 뿐이다. 그러므로 이런 도구들을 "프레젠테이션" 자체로 생각해서는 안 된다.

실제로, 단 한 장의 슬라이드도 사용하지 않은 채 진행하는 프레젠테이션도 꽤 많다. TED의 웹 사이트(ted.com)를 방문하면 이런 프레젠테이션을 찾아볼 수 있는데, 그 중 켄 로빈슨(Ken Robinson)의 2007년 TED 연설은 슬라이드를 전혀 사용하지 않고도 청중의 눈과 귀를 사로잡는 인상적인 프레젠테이션이 무엇인지 잘 보여주고 있다.

〈프레젠테이션 매체의 종류〉

프레젠테이션 종류

파워포인트 / 키노트

화이트 보드

플립 차트
(강연 등에서 사용하는 한 장씩 넘기는 도해용 카드)

프로젝터

청중과 마주서기
(슬라이드 없이 무대 앞 중앙에서 청중과 마주하기)

앞서 말했듯이 파워포인트나 키노트는 당신의 프레젠테이션을 도와주는 도구일 뿐 프레젠테이션 자체가 될 수 없다. 그러니 프로그램을 열기 전, 신중하게 생각하기 바란다. "어떻게 하면 내 메시지를 가장 효과적으로 전달할 수 있을까?" 프레젠테이션의 주체인 당신이 전하고자 하는 메시지를 들을 청중을 떠올리면서 말이다.

청중의 관점에서 "프레젠테이션"이라는 단어는 이따금 "제발! 또 그 지겨운 프레젠테이션!"이라는 느낌을 준다. 그러므로 프레젠테이션을 흥미롭고 유익한 정보가 가득하게 만드는 것이 발표자인 당신의 의무이다.

수년간 파워포인트를 사용한 프레젠테이션들이 난무했다. 슬라이드 안에 엄청난 양의 정보들을 욱여넣고, 프레젠테이션 내내 발표자는 청중은 전혀 고려하지 않은 채 슬라이드 내용만 죽죽 읽어내려가는 식으로 말이다. 이제 청중은 이런 프레젠테이션에 신물이 났다. 그들은 흥미롭고 기억에 오래 남을 수 있는 그런 프레젠테이션을 원한다. 이것이 바로 발표자인 당신이 책임져야 할 부분이다. "디자인" 챕터에서 파워포인트와 키노트의 역할에 대해 좀 더 자세하게 다루겠지만, 프레젠테이션에 슬라이드를 쓸 것이라면 청중의 이해를 돕고 흥미를 유발하기 위해 명확하고 깔끔하면서도 간결하게 만들어야 한다.

그러면 파워포인트나 키노트뿐 아니라 그 외에도 사용할 수 있는 프레젠테이션 전달 방식에는 무엇이 있는지 살펴보자. 가장 일반적으로 쓰이는 종류는 왼쪽 표와 같다.

상황에 따라, 또는 발표자가 편하게 느끼는 정도에 따라 프레젠테이션을 어떤 방식으로 전달할 것인지 정할 수 있다. 1,000명 이상의 청중 앞에서 진행하는 장시간의 기조연설이라면 파워포인트나 키노트가, 팀원들에게 새로운 마케팅 플랜을 설명하는 경우라면 플립 차트나 화이트 보드가 적당하다.

B. 프레젠테이션 매체의 종류를 결정하는 방법

"메시지를 가장 효과적으로 전달할 방법은 무엇일까?"

이것은 당신이 프레젠테이션 준비를 시작하면서 자문해보아야 할 가장 중요한 질문이다. 프레젠테이션은 전달하고자 하는 메시지를 청중에게 잘 전달하는 데 의의가 있는 것이지, 상사에게 좋은 인상을 심어주는 게 목적은 아니라는 것을 명심하자. 그러므로 항상 마음속에서는 청중을 염두에 두고 자신의 메시지를 가장 잘 전달할 수 있는 단어와 도구들을 선택해야 한다. (당신의 상사가 파워포인트나 키노트를 사용하라고 지시했다고 해서 그 프로그램을 선택하는 게 아니다.)

가장 큰 문제점 중 하나는 많은 직장 상사들이 프레젠테이션 슬라이드에 내용을 많이 집어넣을수록, 또 다양한 블릿 포인트를 사용할수록 직원이 더 열심히 준비했다고 생각한다는 것이다. 하지만 간단하면서도 읽기 쉽게 쓰고, 전달하고자 하는 메시지의 의미를 잘 담고 있는 이미지를 삽입하는 작업은, 블릿 포인트로 가득 찬 일반적인 프레젠테이션 작업보다 시간도 두 배 이상 걸리지만, 그 효과만큼은 100배 이상 높아진다는 것을 반드시 알아야 한다.

외국의 기업가들은 더 이상 블릿 포인트와 텍스트로 가득 찬 프레젠테이션을 허용하지 않는다. 만약 당신이 이런 프레젠테이션을 선호하는 상사 중 하나라면, 프레젠테이션이 시작되고 15분쯤 지났을 때 청중의 반응을 살펴보기 바란다. 지난 10년간 회사의 성장이나 회사의 신제품 같은 내용으로 깊은 인상을 주고 싶었던 그 청중들의 얼굴을 말이다. 다들 졸고 있을 게 분명하다. 시대에 뒤떨어지는 진부하고 활기 없는 회사의 모습이 진정 당신이 전하고 싶었던 메시지였던가? 그렇지 않다면 프레젠테이션의 주요 메시지들을 정리한 후 자신에게 물어보자. "어떻게 하면 내 메시지를 가장 효과적으로 전달할 수 있을까?"하고 말이다.

5 질의·응답에 대비하라

Q & A

기획 단계에서 미리 프레젠테이션에 질의·응답 시간을 가질 것인지에 대해 생각해 두어야 한다. 일반적으로 소규모의 프레젠테이션이라면 질의·응답 시간을 피하기가 쉽지 않을 것이다. 그러나 수백 혹은 수천 명의 청중을 위한 프레젠테이션이라면 질의·응답 시간은 비효율적일 수 있다. (물론 일부에서는 불가피하게 이런 시간을 갖기도 한다.)

질의·응답 시간을 가질 예정이라면, 기획 단계에서부터 미리 어떤 질문이 나올지 예측해야 한다. 예를 들어 제품 출시 프레젠테이션인데 청중이 그 제품에 관한 정보를 전혀 모르고 있다면, 아마도 가격에 관한 질문이 나올 것이다. 만약 청중이 도매상이라면 얼마의 이윤을 남길 수 있는지를 알고 싶어할 것이다. 이렇게 간단하고 기본적인 질문에도 답변하지 못한다면 변명의 여지가 없다. 그러니 이런 사항들은 반드시 미리 점검하자.

물론 발표자인 당신도 잘 모르는 질문을 훨씬 더 많이 받게 될 것이다. 이런 질문들에도 정직하게 답변할 준비가 되어 있어야 한다. 질문에 대한 답을 모른다 해도 절대 겁먹지 마라. 이럴 때는 질문을 한 청중에게 나중에 자세한 사항을 알려주겠다고 이야기하라. 답변은 추후 이메일로 보내줄 수도 있다.

6 기본기를 넘어서

A. TV 드라마 vs. 프레젠테이션

청중은 이제 단순한 정보 습득에 만족하지 않고 좀 더 많은 것을 발표자에게 기대하기 시작했다. 그들은 인기 드라마나 영화처럼 프레젠테이션에서도 드라마틱한 오프닝을, 이미지와 동영상을, 그리고 재미와 웃음을 원한다.

프레젠테이션을 인기 드라마나 영화처럼 만들고 싶다면 자신이 마치 TV나 영화의 감독이 된 것처럼 생각해야 한다. 감독은 늘 드라마틱한 오프닝과 손에 땀을 쥐게 하는 클라이맥스, 그리고 흥미로운 엔딩을 갈망한다. 오늘날의 청중도 발표자인 당신에게서 이와 똑같은 것을 요구한다. 하지만 현실은 어떠한가? 정작 그들에게 보이는 것은 텍스트로 넘쳐나는 슬라이드에 체계 없는 내용, 그리고 형편없는 이미지들뿐이다.

유튜브사이트에서 "powerpoint"라고 입력해보라. 말 그대로 수천 개의 동영상이 "사람 잡는 파워포인트"나 "프레젠테이션을 죽음으로 몰아가는 파워포인트"처럼 전부 파워포인트를 비웃는 내용이다. 하지만 안타까운 점은 이것이 파워포인트의 잘못이 아니라 순전히 청중을 배려하지 않는 게으른 발표자의 잘못이라는 것이다. 이런 프레젠테이션을 만들고 싶지 않다면 어떻게 해야 청중이 원하는 재미와 정보를 동시에 모두 만족하게 할 수 있을지 깊이 생각해 보아야 한다. 재미와 정보를 동시에 만족하게 하는 것은 결코 어려운 일이 아니다. 단지 상당한 자신감이 필요할 뿐이다.

그렇다면 자신감은 어디에서 오는 것일까? 바로 연습을 통해 얻어진다. 즉, 프레젠테이션을 많이 연습해볼수록 발표자의 자신감 또한 비례적으로 상승하게 된다. 이처럼 형편없는 프레젠테이션을 기사회생시킬 만한 재미와 정보, 이 모두를 제공하려면 어떤 연습이 필요할까? 좋아하는 외국 드라마의 에피소드를 프레젠테이션으로 작성해 그 구조와 흐름을 한번 파악해보라고 권하고 싶다.

최근 미국 드라마인 〈하우스〉의 에피소드를 분석해 구조와 흐름을 파악해 본 적이 있다. 이 드라마의 오프닝은 굉장히 드라마틱한데, 먼저 한 사람이 쓰러지고 그 사람이 쓰러지게 된 사건을 보여주는 식으로 구성된다. 그다음에 오프닝 크레딧(배역 및 제작 관련자 이름 소개)이 열리고 본격적인 이야기가 시작된다.

이런 흥미로운 발견 후에 다른 인기 드라마들도 조사해본 결과, 대부분의 드라마가 같은 형식을 따르고 있다는 것을 알게 되었다. 살인, 자동차 질주, 혈투 등으로 드라마틱한 장면이 등장하고 오프닝 크레딧이 끝난 후에 본격적인 스토리가 펼쳐지는 것이다.

드라마에서 발견한 또 다른 특징은 긴장과 이완을 반복적으로 보여준다는 것이다. 극적인 사건을 매우 긴박하게 보여주다가도 어느 순간 화면을 천천히 전환하는 등 전개 속도를 높였다 낮췄다 하기를 되풀이한다. 이러한 속도 변화는 드라마를 한층 더 역동적으로 만들고, 극적인 순간으로 가기 전에 청중에게 "한숨 돌릴" 시간을 줌으로써 팽팽한 긴장의 순간에 더 몰입할 수 있도록 해준다.

TV Drama	Presentation
Setting the scene (오프닝 장면 설정)	**Greetings** (인사)
Opening credits (오프닝 크레딧-주연배우 소개)	**Your introduction** (자기소개)
Beginning (시작)	**Beginning** (시작)
Middle (중간)	**Middle** (중간)
Ending (끝)	**Ending** (끝)

이렇게 드라마의 구조와 흐름에 대한 개념이 확실히 잡혔다면, 프레젠테이션에서도 이 개념을 쉽게 응용할 수 있다. 왼쪽의 표는 드라마의 흐름과 프레젠테이션의 구조가 얼마나 유사한지를 잘 보여준다.

프레젠테이션을 한 편의 흥미진진한 드라마처럼 만들고 싶다면 당신에게 필요한 것도 같은 것이다. 자기소개 전에 신제품을 먼저 선보인다거나, iPhone 4 안테나 게이트 기자회견처럼 인사 전에 동영상을 먼저 보여주거나, 청중의 흥미를 유발할 수 있는 음악을 들려줌으로써 드라마처럼 극적인 오프닝을 연출할 수 있을 것이다. 또, 긴장과 이완을 위해 진행 속도를 높이거나 낮추는 등의 변화를 줄 수도 있다. 어느 부분에서 속도를 높이고 낮추어야 하는지는 '전체 슬라이드 보기' 모드를 사용해 전반적인 흐름을 파악하다 보면 쉽게 해결할 수 있다. 이 모든 것을 기획 과정에서 준비하고 철저하게 연습함으로써, 발표자는 자신감을 얻게 되고 청중은 재미와 정보를 동시에 가져갈 수 있다.

어떻게 하면 자신의 스토리와 정보를 잘 전달할 수 있을지, 또 어떻게 메시지를 전달해야 청중의 기억에 오래 남을 수 있을지를 항상 고민해야 한다. 이렇게 해야 비로소 회사 업무상 어쩔 수 없이 하는 딱딱하고 지루한 발표가 아닌 수준급의 발표가 될 수 있다.

B. 10분의 규칙

존 메디나(John Medina) 교수의 책 〈브레인 룰스(Brain Rules)〉에 따르면 청중의 집중력은 10분밖에 되지 않는다. 이것이 사실이라면 도대체 무슨 수로 40분이 넘는 시간 동안 청중의 주목을 받을 수 있을까? 메디나 교수는 10분마다 리듬이나 속도, 스타일 또는 영상매체를 바꾸어줌으로써 이 문제를 해결할 수 있다고 말한다. 청중의 흥미를 지속적으로 유지하고 그들이 계속 깨어 있도록 만들고 싶다면, 프레젠테이션 중간에 비디오 영상을 집어넣거나 에피소드를 얘기해주고 청중이 무언가를 할 수 있게끔 하여야 한다.

아래의 예처럼, 수사의문문을 사용하여 직·간접적으로 청중에게 질문하는 것도 좋은 방법이 될 수 있다.

Is studying grammar books the best way to learn English? No!
문법책을 공부하는 게 영어를 배우는 최고의 방법일까요? 절대 아닙니다!

수사의문문은 어떤 답을 얻어내기 위해서라기보다는 청중의 개입을 유도하거나 관심을 집중시키기 위한 질문이다.

이와 반대로 청중에게 직접 질문하고 질문에 답하도록 기다릴 수도 있다. 이렇게 청중이 참여할 수 있도록 하는 것은 발표자가 만반의 준비를 하여 자신감이 넘친다는 뉘앙스를 풍길 수 있으므로 한번 응용해 보기 바란다.

C. 규칙에서 벗어나보자!

프레젠테이션을 한 단계 업그레이드하려면 자신감과 더불어 약간의 창의력이 필요하다. 이를 위해 그동안 학교와 조직사회에서 습득해 온 기존의 규칙과 틀을 깨야 할 필요가 있다.

프레젠테이션하는 목적은 청중에게 메시지를 전달하기 위해서이다. 이것을 유념하고 시작한다면 메시지 전달이라는 목표를 달성하는 한, 어떤 식으로 메시지를 전달하느냐는 크게 상관이 없다. 프레젠테이션에 50장 이상의 슬라이드가 꼭 필요할까? 꼭 멋진 정장을 입고 청중 앞에 서야만 하는 것일까? 물론 아니다. 블릿 포인트는 반드시 피해야만 하는 것일까? 그것도 아니다. 이런 것들은 모두 중요치 않다. 중요한 것은 자신의 메시지를 얼마나 효과적으로 전달하느냐이다.

화이트 보드나 플립 차트를 이용하게 되면 프레젠테이션에 청중을 적극 개입시킬 수 있다. 보드 위에 자신의 아이디어를 적어보라고 요청할 수도 있고, 당신의 놀라운 미적 감각(만약 보유하고 있다면 말이다)을 보여줄 수 있어 프레젠테이션이 마치 살아 움직이는 것처럼 활기 넘치게 해줄 것이다.

프레젠테이션을 보면 발표자가 서서 진행하는 경우가 대부분인데, 수백 명의 청중 앞이라면 당연히 좋은 방법이겠지만, 청중이 만약 10여 명 정도라면 굳이 서서 진행해야 할 필요가 있을까? 발표자가 서서 프레젠테이션을 진행하면 다소 딱딱한 느낌이 조성되지만, 앉아서 진행하면 발표자도 청중의 일원처럼 느껴진다. 이렇게 청중의 일원이 됨으로써 발표자는 좀 더 편안하고 안정감 있게 진행할 수 있다. 이런 방식은 청중을 편안하게 해주고 발표자와 동질감을 느끼게 해주어, 청중이 발표자의 생각과 메시지를 좀 더 열린 사고로 받아들일 수 있게 된다.

기억에 오래 남는 영화를 보면 일반 영화들과는 조금 다르다는 것을 알 수 있다. 〈토이 스토리〉, 〈블레어 윗치〉, 〈스타 워즈〉, 〈펄프 픽션〉과 같은 영화들은 기존의 방식과는 약간 다르게 제작되었다. 물론 스토리도 탄탄하고 훌륭하지만, 기존의 형식을 탈피해 만들었기 때문에 사람들 기억 속에 더 오래 남을 수 있었다.

좋아하는 드라마나 영화에서 무언가를 배울 수 있었다면, 이것을 통해 자신의 프레젠테이션 방식도 눈에 띄게 향상할 수 있을 것이다. 하지만 안타깝게도 여전히 많은 사람들이 낡고 진부한 프레젠테이션의 틀에서 벗어나지 못하고 있다. 우리는 이것을 바꿀 필요와 바꿔야 할 의무가 있다.

프레젠테이션이란 결국 소통이다. 하지만 애석하게도 학교와 조직사회 어느 곳에서도 이 점을 강조하지 않고 그저 파워포인트를 잘 작성하라고만 가르친다. 다시 한번 강조하지만, 프레젠테이션의 목적은 "메시지 전달"이다. 수백 장의 슬라이드를 만들어 상사에게 좋은 점수를 받는 게 목적이 아니다. 프레젠테이션의 최종 목표인 청중과의 효과적인 소통을 하기 위해서는, 전달하는 메시지가 명확하고 기억에 오래 남으며 또 재미의 요소를 모두 갖추고 있어야 한다. (이것이 바로 청중이 당신에게 기대하는 것이라는 것을 항상 기억하자.)

프레젠테이션 문화의 미래는 자신만의 고유한 스타일을 창조해내고 어떻게 하면 메시지를 잘 전달할 수 있을지를 늘 고민하는, 또 프레젠테이션에 대한 낡은 생각을 버리고자 하는 사람인 바로 당신에게 달려 있다는 것을 명심하기 바란다.

7 한눈에 정리하기

〈프레젠테이션 기획의 확인 사항〉

1. **종이에 생각 정리하기**
2. **우리말로 자신의 아이디어에 관한 윤곽 잡기**
3. **어떤 매체를 사용할 것인지 결정하기**
   : 반드시 프레젠테이션 소프트웨어를 사용할 필요는 없음
4. **청중에 대해 알기**
   : 어떤 청중이 참여하는지, 얼마나 많은 청중이 참여하는지 등
5. **필요한 자료 전부 모으기**

1. 기획 단계는 프레젠테이션에서 가장 중요한 부분 중 하나이다. 철저한 기획은 당신의 프레젠테이션을 좋은 프레젠테이션으로 만들어 줄 뿐 아니라, 뛰어난 프레젠테이션으로 만들어 줄 수 있다. 올바른 기획 과정을 거치면 기획 없이 진행한 프레젠테이션에 비해 자신의 메시지를 훨씬 더 잘 전달할 수 있다. 진행 하루 전날 50장이 넘는 슬라이드를 작성하는 행위는 프레젠테이션을 재앙으로 몰고 가는 지름길이나 다름없다. 항상 충분한 시간을 가지고 프레젠테이션을 기획하고, 준비하고, 연습하도록 해야 한다.

2. 프레젠테이션 소프트웨어를 열기 전, 생각나는 모든 것을 종이에 먼저 적어보라. 그러고 나서 어떤 스토리를 이야기할 것인지 스토리의 윤곽을 잡아라. 프레젠테이션을 좀 더 특별하게 만들기 위해, 제품 시연이 필요할지 혹은 팀원의 도움이 요구되지는 않는지 등 필요한 모든 것을 생각하라. 이 모든 사항에 대한 윤곽이 잡혀야 프레젠테이션을 잘 만들 수 있다는 사실에도, 아직도 많은 사람들이 기획 단계를 거치지 않은 채 그저 파워포인트나 키노트의 능숙한 사용만으로 경쟁력 있는 프레젠테이션을 만들 수 있다고 생각한다. 이것은 그야말로 자신을 바보로 만드는 위험천만한 생각이다.

애플사의 기조연설을 한 번이라도 본 적이 있는가? 단순한 텍스트와 이미지, 그리고 스티브 잡스의 자연스럽고 편안한 화법 때문에, 왠지 많은 시간과 노력을 들인 것 같지도 않아 보이고, 자신도 이처럼 쉽게 할 수 있을 거라 생각하는 사람들이 종종 있다. 하지만 이것은 대단한 착각이다. 전형적인 애플사의 기조연설은 실제 프레젠테이션이 이루어지기까지 최소 6개월이 소요된다. 애플사와 같은 거대 조직에서는 프레젠테이션 과정의 단계마다 각 부서의 많은 사람들이 연관되어 있다. 모든 정보를 한데 모으기 위해 전체 윤곽을 그리고, 스토리보드를 작성하고, 각 장의 슬라이드를 구체화하여, 무엇을 보여주고 어떻게 보여주어야 할지에 관한 미팅을 수백 번 거치게 된다.

단 90분의 프레젠테이션을 자연스럽고 완벽하게 만들기 위해 이들은 6개월가량의 기획 과정과 2주간의 연습 시간을 가진다. 그에 비해 당신은 얼마나 많은 시간을 기획과 연습에 쏟아부었는지 반성해보라.

3. 파워포인트나 키노트는 프레젠테이션을 하기 위한 도구일 뿐이다. 그러므로 반드시 이 도구를 사용해서 프레젠테이션을 제작할 필요는 없다. 당신의 핵심 메시지를 어떻게 하면 잘 나타낼 수 있는지 주의 깊게 생각해 보자. 화이트 보드나 플립 차트를 사용해도 얼마든지 프레젠테이션을 보기 좋게 만들 수 있다. 또, 아예 슬라이드 없이 프레젠테이션을 진행할 수도 있다. 중요한 것은 당신의 메시지이다. 청중에게 자신의 메시지를 가장 효과적으로 전달할 수 있는 매체를 선택해야 한다.

4. 프레젠테이션에 질의·응답 시간을 갖기로 했다면, 주제와 관련하여 청중이 질문할 만한 내용을 미리 준비해야 한다. 실제로 질문에 답할 수 없는 경우가 생기더라도 당황하지 말고, 모르는 것에 대해서는 청중에게 솔직하게 메일이나 개인 연락처를 통해 추후 답변할 것을 약속하라.

간단한 사항들이지만 이 내용들을 기획에 관한 필수 가이드 라인으로 여기고 실제 제작 과정에서 응용한다면 훌륭한 프레젠테이션 제작을 시작할 수 있을 것이다.

그뿐만 아니라 당신의 메시지를 청중이 쉽게 이해하고 오래 기억할 수 있도록 자신감 넘치면서도 경쟁력 있게 전달할 수 있게 될 것이다.

그러므로 이제부터는 프레젠테이션을 준비하라는 지시를 받았을 때 프레젠테이션 소프트웨어부터 열지 말자. 그전에 먼저 노트를 펼치고 자신의 생각을 정리하는 시간을 가져야 한다.

다음은 독자들의 편의를 위해 필자가 직접 만든 체크 리스트이다. 프레젠테이션을 기획할 때 이 리스트를 그대로 사용해도 무방하며 본인의 취향에 맞게 수정해서 사용해도 좋다.

Presentation Planning Check List

1 프레젠테이션에서 사용할 언어는?
_____

2 청중은 어떤 사람들인가?
외국인/동료/고객/기타 _____

3 프레젠테이션 발표 시간은?
_____

4 발표할 사람의 수는? (본인/본인 외 협력 프레젠테이션)
_____

5 파워포인트나 키노트를 사용할 것인가?
_____

6 동영상과 이미지를 사용할 것인가?
_____

7 제품 시연을 할 것인가?
_____

8 질의 · 응답 시간을 가질 것인가?
_____

9 프레젠테이션의 핵심 메시지는 무엇인가?
_____
_____
_____

II
DESIGN
디자인

1 왜 디자인이 중요한 것일까?

아날로그식 기획을 통해 전달하고자 하는 메시지들을 정하고, 스토리의 윤곽을 잡은 후, 슬라이드 사용을 결정하고, 스토리보드 작업까지 마쳤다면, 이제 슬라이드를 디자인할 차례이다. 발표자가 사용하고자 하는 슬라이드는 프레젠테이션 주제와 슬라이드 테마 및 스타일에 어울리도록 제작해야 하므로 디자인 작업 역시 매우 중요하다. 회사 창립 이후 최고의 제품을 출시하면서 밋밋하고 지루한 슬라이드를 만들어 발표한다면 절대로 좋은 효과를 얻을 수 없지 않겠는가? 당신에게도 뭔가 특별하고 좀 더 역동적인 슬라이드가 필요하다.

프레젠테이션에서 청중이 가장 끔찍하게 여기는 것 중 하나가 바로 블릿 포인트와 텍스트로 가득 찬 복잡한 슬라이드이다. 발표자가 청중에게 이런 슬라이드를 제공하는 것은 프레젠테이션의 가장 기본적인 사항, 즉 소통을 거부하는 행위이다. 프레젠테이션이란 인간관계의 필수 요소인 "말"을 사용하는 소통의 한 형태이므로 글이 중심이 되는 보고서와는 다르기 때문이다. 그럼에도 많은 이들이 발표 내용을 토씨 하나 빼먹지 않고 전부 슬라이드에 채워 넣고는 정말 멋진 프레젠테이션을 만들었다고 자부한다. 자신이 할 말이 슬라이드에 전부 담겨 있다면 당신은 대체 왜 청중 앞에 서 있는 것인가? 당신이 작성한 슬라이드 파일만 이메일로 전해줘도 많은 정보를 얻을 수 있을 텐데 말이다. 슬라이드 내용이나 읽고 끝내려면 애초부터 청중의 소중한 시간을 낭비하지 마라. 이런 프레젠테이션은 발표자인 당신과 청중 모두에게 무의미하다는 것을 알았으면 한다.

2007년 애플사의 iPhone 출시 기조연설을 보면, 스티브 잡스는 약 10분가량 스마트폰 현황에 대해 설명한다. 여기서 그는 당시 스마트폰 시장을 선도했던 Moto Q, BlackBerry, Palm Treo, Nokia E62의 이미지를 보여주면서 이야기를 이어간다. 슬라이드에는 폰 이름을 제외하고는 텍스트가 아예 없었지만, 스티브 잡스는 이미지와 함께 이야기해줌으로써 당시 스마트폰이 사용하기 어렵고 불편하다는 사실을 청중에게 효과적으로 전달한다. 여기서 그는 메시지를 전달하기 위해 발표자의 말과 슬라이드 이미지가 어떻게 조화를 이루어야 하는지를 제대로 보여주고 있다.

제대로 된 디자인은 발표자가 전하고자 하는 메시지에 강한 임팩트를 실어준다. 애플사의 기조연설을 보면 텍스트의 양이 현저히 적고 이미지 슬라이드가 대부분이다. 그러나 이 이미지들은 스티브 잡스가 하는 말들을 완벽하게 보완해 줌으로써 그의 메시지가 효과적으로 전달되도록 보조하고 있다. 이는 또한 '프레젠테이션이란 바로 이렇게 해야 한다'는 것을 매우 잘 보여주는 예이기도 하다.

영어 속담에 "A picture paints a thousand words.(한 장의 그림이 천 마디 말을 담는다.)"라는 말이 있다. 즉, 천 마디로 설명해야 할 상황을 한 장의 사진이나 그림을 보여줌으로써 간단하게 묘사할 수 있다는 것이다. 이것을 프레젠테이션 버전으로 바꾸어 말하면 슬라이드 이미지 한 장이 천 단어가 담겨 있는 텍스트 슬라이드보다 백 배 낫다는 말이다. 이 말이 맞는지, 지금부터 예를 들어 확인해 보자.

Slide 1

The Office Cubicle

- There are usually 3 or 4 walls with a desk, a chair and in most offices, there will be a computer and printer.

- The sides of the cubicle are good for pinning important information

- Most office workers find the cubicle, cold, unfriendly, and a very boring place to work.

- They hate it.

Slide 2

The Office Cubicle

Boring

Cold

Unfriendly

Slide 1은 사무실 칸막이에 대해 글로 설명한 것이고, Slide 2는 이미지를 사용해 묘사한 것이다. 이 두 슬라이드를 보자마자 차이점을 바로 알아차렸을 것이다. 긴 문장들 대신 이미지 하나만으로 사무실 칸막이의 단점을 완벽하게 묘사했으며, 텍스트도 단어 세 개로 확 줄였다. 이로써 슬라이드는 한층 더 깔끔하고 간결해 보이며 이해하기도 훨씬 더 쉬워졌다.

이렇게 바꿈으로써 청중은 당신 머리 위에 있는 슬라이드 텍스트를 읽는 대신 당신이 하는 말에 귀 기울일 것이다. 또한, 당신의 발표 내용에 대한 명확한 이미지를 갖게 되어 내용을 잘못 이해하는 실수를 범하지 않게 될 것이다.

어떤 언어를 사용해 프레젠테이션하든, 청중은 텍스트가 가득한 슬라이드를 보러 오는 것이 아니라 발표자인 당신의 이야기를 들으러 오는 것임을 잊지 말자. 슬라이드는 청중의 머릿속에 당신이 전하고자 하는 메시지를 그릴 수 있도록 도와주는 도구가 되어야지 당신이 편하게 읽을 수 있도록 도와주는 도구가 되어서는 안 된다.

프레젠테이션 슬라이드를 준비할 때에는 당신이 프레젠테이션의 주체이며 슬라이드는 당신의 메시지를 보완하고 강조하는 데 쓰이는 것임을 명심하기 바란다. 블릿 포인트로 가득 찬 슬라이드의 시대는 끝났다. 아직도 이런 슬라이드를 쓴다면 당신은 프레젠테이션을 망치는 길로 달려가고 있는 셈이다. 청중은 이런 프레젠테이션을 정말 싫어한다는 것을 이제는 발표자 모두가 알았으면 한다. 당신도 겪어보지 않았던가? 떠올리기만 해도 지겹고 끔찍했던 프레젠테이션을….

Slide 3

The impact of bullet points on your audience

- Text is always difficult to read
- Your audience will read ahead of you
- Your slides are uninteresting
- Bullets are boring
- It is the old fashioned way of presenting

Slide 4

The impact of BULLET POINTS on your audience

옆의 대조되는 두 슬라이드를 살펴보자. Slide 3과 4는 같은 주제인 "블릿 포인트의 효과"를 이야기하고 있지만, Slide 3은 텍스트만 나열해서 보여주고 있고 Slide 4는 이미지를 더해 느낌과 감정을 잘 살려서 보여주고 있다. 즉, Slide 4는 발표자의 말과 그 말 속에 담긴 의미, 그리고 핵심 메시지를 보완해 주도록 디자인된 것이다. 또 발표자가 묘사하고자 하는 바로 그 순간의 분위기와 감정까지 모두 전달해 주고 있다.

슬라이드는 발표자의 메시지를 강조해주는 역할을 하며, 스토리를 이야기하고 메시지를 전달하는 것은 당신의 "말"이다. 그러므로 발표자는 슬라이드를 현명하게 사용할 줄 알아야 한다. 청중의 눈을 즐겁게 하고 청중이 당신의 이야기에 계속해서 관심을 둘 수 있게, 또 메시지를 완벽하게 이해할 수 있게끔 슬라이드를 만들어야 한다. 잘 디자인 된 슬라이드는 메시지에 대한 청중의 이해력을 몇백 배로 높인다. 게다가 발표자의 영어 발음이 완벽하지 않더라도 슬라이드가 메시지를 보강해 주고 이해를 돕기 때문에 발음에 대한 부담과 걱정을 덜어주기도 한다.

그렇다고 좋은 슬라이드를 만들기 위해 반드시 뛰어난 디자이너가 될 필요는 없다. 가장 기본적인 원리만 따르면 된다. 수년간 디자인에 관한 좋은 자료를 찾으며 필자가 얻어낸 가장 큰 교훈은, 불필요한 것들을 모두 버리고 가장 필수적인 요소들만 남기는 것이 훌륭한 디자인이라는 것이다. 〈프리젠테이션 젠〉에서도 가르 레이놀즈는 "Less is more.(적은 것이 많은 것이다.)," 즉 간결할수록 더 강한 인상을 남긴다는 주제를 다룬다. 이것을 슬라이드 디자인에 접목하면, 슬라이드를 간결하게 만들수록 메시지를 전달하는 당신의 목소리에 더욱더 신뢰가 간다는 의미로 해석할 수 있다.

2 디자인의 기본 요소

A. 배치

Slide 1

Slide 2

필자가 사진을 배울 때 가장 유익했던 팁 중 하나가 '화면을 9개로 분할하라'는 것이었다. 흔히 슬라이드의 중앙이 이미지나 텍스트를 배치하기에 가장 좋은 장소라고 생각하지만 실제로는 그렇지 않다. 왜냐하면 사람들은 무의식적으로 화면의 중앙을 제일 먼저 바라보기 때문에 중앙에 놓인 텍스트와 이미지는 가장 뻔하고 지루하게 느껴질 수 있다. 그러므로 텍스트나 이미지는 9개로 분할된 슬라이드의 교차 선상에 배치하는 것이 가장 효과적이다.

Slide 1은 빈 슬라이드를 9등분으로 나눈 것이다. 요즘 대부분의 디지털카메라에는 이처럼 9개로 분할된 선을 보여주는 기능이 있는데, 이는 사진의 구도를 훨씬 더 보기 좋게 잡을 수 있도록 돕기 위함이다. 그러므로 슬라이드를 구성할 때에도 선이 교차하는 부분에 이미지나 텍스트를 배치해 보자. Slide 2는 이런 작업을 어떻게 해야 하는지 잘 보여주는 예이다.

슬라이드 위 교차 선상에 텍스트와 이미지를 배치함으로써 시각적으로 한층 더 흥미롭고 효과적인 슬라이드가 되었다. 슬라이드 중앙에 아무것도 배치하지 않음으로써 시선이 중앙에 쏠리는 현상도 막아줄 수 있다.

B. 대비

Slide 1

Slide 2

"대비"는 사진이나 그림 속 물체들 즉, 같이 놓여 있는 단어나 사물 간의 차이가 현저하게 드러나는 것을 의미한다. 대비의 가장 좋은 예가 바로 지금 읽고 있는 이 페이지 위의 글자들이다. 흰색 바탕에 검은 글씨-검은색과 흰색은 완전한 대비를 이룬다.

슬라이드 배경에 이미지를 깔고 텍스트에 색을 입히다 보면, 어떤 글자들은 눈에 잘 띄지 않는 경우가 있다. 바로 대비 효과가 없기 때문이다. 옆 페이지의 이미지 샘플을 살펴보자.

Slide 1을 보면, 배경의 옥수수밭과 흰색 텍스트가 적절한 대비를 이루지 못해 텍스트가 눈에 잘 띄지 않는다. 이런 문제점을 보완하기 위해 Slide 2는 텍스트 뒤에 불투명도를 낮춘 검은색 도형을 삽입하여 텍스트 색을 돋보이게 했다. 이렇게 투명한 검은색 도형을 추가해서 배경화면과 텍스트가 완벽한 대비를 이루어 어떤 정보도 놓치지 않게 만들었다.

C. 일관성

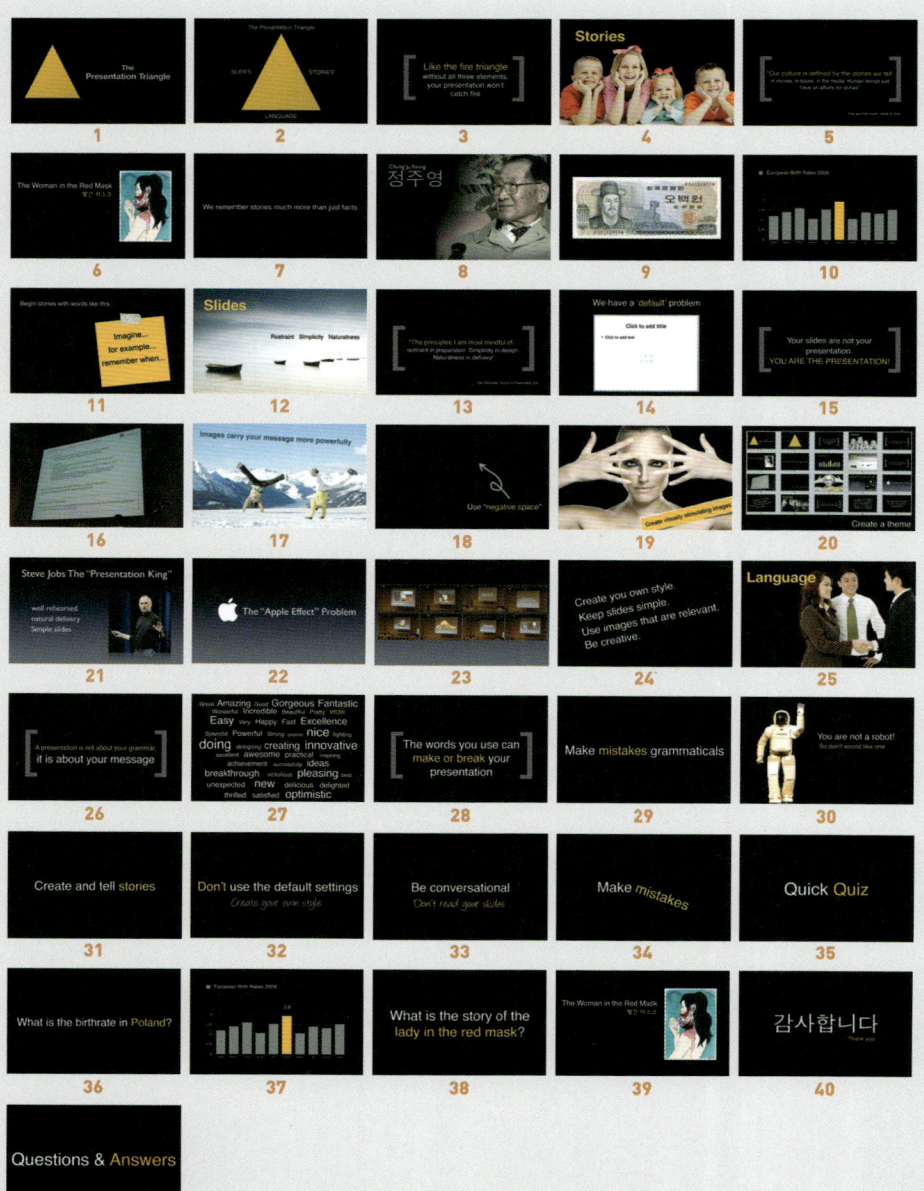

일관성 없는 슬라이드는 청중에게 혼란을 줄 수 있으므로 슬라이드 테마를 한결같이 유지할 필요가 있다. 왼쪽은 "영어로 프레젠테이션하기"에 관한 슬라이드 모음이다. 잘 살펴보면 텍스트 색채의 테마는 흰색과 노란색이며, 배경은 검은색이고, 이미지들은 단순하면서도 슬라이드 내용과 모두 연관을 이루고 있다.

　이 슬라이드 모음은 처음부터 끝까지 일관된 테마를 유지함으로써 프레젠테이션이 복잡하고 어려워 보이는 것을 피할 수 있었다. 이미지들은 단순하면서도 표현이 잘 되어 있으며 텍스트 또한 간결하고 블릿 포인트도 전혀 사용하지 않았다.

D. 폰트

Helvetica
Futura
Arial
Optima
바탕
Gill Sans
맑은 고딕
TRAJAN PRO
Franklin Gothic Book
Tahoma
Times New Roman
Garamond Premier Pro
굴림
Impact

프레젠테이션 소프트웨어에는 다양한 폰트들이 내장되어 있다. 그럼에도 많은 발표자들이 폰트를 다양하게 활용할 생각은 하지 않고 그저 기본값으로 설정된 폰트만 사용한다.

많은 사람들이 같은 폰트를 계속해서 사용하다 보니, 청중은 당신이 첫 화면만 열어 폰트만 보여줘도 발표자가 프레젠테이션에 섬세하게 신경 썼는지 아닌지를 판단할 수 있을 정도다. 사람들이 가장 많이 쓰는 "Times New Roman", "맑은 고딕"과 같은 폰트는 이제 싫증이 날 정도이다.

그러니 이제 컴퓨터에 있는 다양한 폰트들을 한번 자세하게 살펴보고, 그 중 일부를 시험 삼아 사용해 보기 바란다. 분명히 당신의 프레젠테이션이 다르게 보일 것이다. 또한 밋밋하고 지루한 프레젠테이션에서 벗어나 감정과 느낌이 묻어나는 프레젠테이션으로 보일 수 있을 것이다.

3 색상 선택

CHOOSING YOUR COLOUR

파워포인트나 키노트를 열면 기본 배경화면은 흰색이다. 반짝이는 커서는 검은색의 "맑은고딕"체나 "Gill Sans"체로 텍스트를 입력할 준비가 되어 있다. 사람들은 이 기본 설정을 그대로 사용하거나 다른 슬라이드 테마를 사용하더라도 텍스트나 이미지를 삽입하는 부분은 하얀색 바탕을 그대로 유지하는 경우가 많다.

사실 흰 바탕의 슬라이드는 이미지 삽입에 효과적이다. 바탕 슬라이드에 이미지를 배치하고 적절하게 조합한다면 디자인 면에서 훌륭해질 수 있기 때문이다. 그러나 흰 바탕에 검은 글씨를 많이 접해 온 청중에게는 이런 슬라이드가 지극히 평범해 보이는 것도 사실이다. 이런 프레젠테이션이라면 청중은 발표자가 입을 열기도 전에 지루함을 느낄 수도 있다.

흰 바탕에 검은색 텍스트를 사용함으로써 발생하는 또 다른 문제점은 눈이 쉽게 피로해진다는 것이다. 컴퓨터 스크린에서는 별 문제가 없지만, 프로젝터를 통해 화이트 스크린에 비칠 때는 눈이 아플 정도로 밝게 보일 수 있다. 이럴 때는 검은 바탕에 흰 텍스트를 사용하는 것이 오히려 청중의 눈을 더 편안하게 해줄 것이다. 게다가 어두운 화면은 하얀 화면에 비해 청중들의 슬라이드 집중도를 높인다. 하지만 많은 발표자는 실내조명을 어둡게 하고 프레젠테이션하기 때문에 어두운 배경화면을 꺼린다. 그러나 발표자가 프레젠테이션의 주체는 발표자이며 슬라이드는 메시지를 효과적으로 전달해주는 보조 역할을 할 뿐이라는 점을 상기할 필요가 있다. 청중은 발표자와 눈을 맞추고 그의 몸짓과 움직임을 보면서 그와 함께 호흡하게 된다. 그러므로 슬라이드와 함께 프레젠테이션의 주체인 발표자도 동시에 볼 수 있도록 실내조명을 밝게 해두는 것이 여러모로 좋다.

A. 색상 배합 고려하기

> ♣ This is a sample of the dark blue background with yellow font colour
>
> ♣ As you can see the contrast is good. But the colour combination is very common - and quite boring
>
> ♣ To liven it up, some people then start to write using a grey coloured font. This is a little better, but is still too common.

✱ 주의사항 - 단색의 질은 파란색 바탕에 밝은 회색이나 노란색 텍스트의 사용은 피하도록 하자. (위 이미지 참조) 이런 배합은 신뢰와 차분함, 그리고 전문적인 느낌이 든다고 해서 많은 회사가 사용하는 표준 색상이다. 그러나 너무 많은 회사들이 프레젠테이션마다 이 색배합을 사용하다 보니 청중에게는 이제 지루한 패턴이 되었다. 청중에게 신뢰와 차분함, 전문적인 느낌을 주고자 한 것이 결국 당신 회사가 구식이라고 알리는 셈이 되고 만다.

그렇다면 어떻게 해야 슬라이드 배경과 텍스트에 쓸 좋은 색상 배합을 얻어낼 수 있을까? 낸시 두아르떼는 〈slide:ology〉에서 회사의 컬러 스킴(color scheme: 색채의 배합)으로 시작해 보라고 권유한다. 만약 자신의 회사를 대표하는 색상이 파란색과 초록색이라면, 그러데이션 처리한 밝은 파란색 바탕에 짙은 초록색과 짙은 파란색의 텍스트를 사용해 보는 것이다.

또는 어도비(Adobe)사의 Kuler(kuler.adobe.com)를 사용해 보라고 권유하고 싶다. Kuler는 온라인 컬러 셀렉터로, 사진을 올리면 다섯 개의 포인터가 무드에 따라 대표 색상을 추출해 주기도 하고 본인이 직접 포인터를 사용해 색상을 고를 수도 있다. 또 테마별 검색을 통해 대표 색상의 속성값을 얻어낼 수도 있다. 예를 들어, 농업 관련 주제의 프레젠테이션이라면 검색창에 'agriculture'라고 입력하면 농업과 관련된 대표 색상인 초록색, 갈색 등이 제시된다.

앞에서 이야기했던 검은 바탕과 흰 텍스트에 빨간색을 강조 텍스트로 사용하게 되면, 하얀색과 빨간색이 서로 조합을 잘 이루면서도 바탕화면과의 강한 대비를 이루어 사양이 낮은 프로젝터의 결점을 보완해 주기도 한다.

프로젝터 이야기가 나왔으니 한 가지 더 알아두자. 프레젠테이션이 열리는 장소나 주최 측에 미리 연락을 취해 어떤 프로젝터가 쓰일지 사전에 알아두면 색상 결정에 큰 도움이 된다. 만약 프로젝터가 오래된 제품이라면 결점을 보완하기 위해 강한 대비의 색상을 선택하는 것이 좋을 것이다. 반면 LED TV 스크린을 사용한다면 눈을 피로하게 할 수 있으므로 지나친 색상 대비는 피해야 한다.

슬라이드에서 사용할 색상에 대해 신중하게 생각하는 시간을 가짐으로써 당신의 프레젠테이션은 한층 더 흥미로워질 뿐 아니라 전문적인 느낌이 들게 될 것이다.

B. 색상환 응용하기

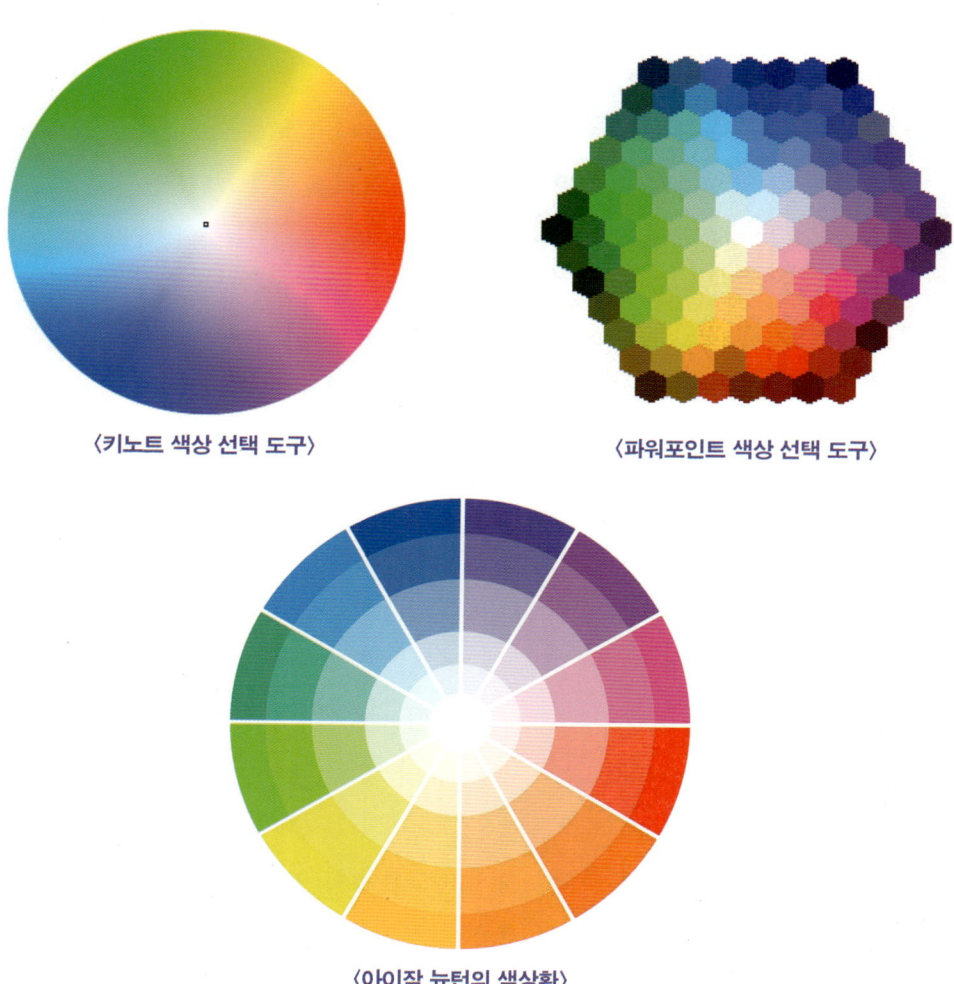

〈키노트 색상 선택 도구〉

〈파워포인트 색상 선택 도구〉

〈아이작 뉴턴의 색상환〉

프레젠테이션 소프트웨어에서 색을 고를 때 사용하는 것이 RGB "색상 선택 도구"이다. 색상 선택 시 필요한 일반적인 규칙들을 한번 살펴보도록 하자.

왼쪽의 색상환은 키노트의 색상 선택 도구에서 볼 수 있는 것으로 오른쪽의 파워포인트 색상 선택 도구와 약간 다른 형태이지만, 두 가지 모두 왼쪽 하단의 아이작 뉴턴이 고안한 색상환을 바탕으로 만들어진 것이다.

뉴턴의 색상환을 살펴보면 중앙의 연한 색에서 밖으로 갈수록 점점 짙은 색으로 변한다.

이번에는 색상환의 연두색 계열 반대쪽을 보자. 연두색 계열의 맞은편에는 자주색 계열이 보일 것이다. 다음엔 오렌지 계열을 보자. 맞은 편에는 파란색 계열이 보일 것이다. 이렇게 색상환에서 마주 보고 있는 색들이 서로 대비를 이루고 있다는 것을 알 수 있다. 크리스마스를 생각하면 가장 먼저 초록색과 빨간색이 떠오를 것이다. 위 색상환에서 볼 수 있듯이 빨간색 계열의 색상들과 마주 보는 색상은 초록색 계열이다. 이것을 응용해 밝은 초록 바탕에 짙은 빨간 글씨를 사용하면 강한 대비를 이루게 된다. 반대로 짙은 빨간 바탕에 밝은 초록 글씨를 사용할 수도 있다.

슬라이드의 배경과 텍스트가 대비를 잘 이루도록 하려면 색상의 명암 대비도 고려해야 한다. 즉 바탕과 텍스트의 명암을 서로 다르게 해야 대비의 효과를 극대화할 수 있기 때문이다.

C. 텍스트와 배경 색상 선택 시 주의사항

* 위 이미지들은 기존의 하얀색 바탕과 검은색 텍스트 슬라이드에서 색상과 폰트만 바꿔본 것들이다. 색상과 폰트의 변화만으로도 청중의 시선을 사로잡는 슬라이드로 변할 수 있다는 것을 알 수 있을 것이다. 이처럼 "눈에 잘 들어오지 않는" 슬라이드에서 "보기 좋은" 슬라이드로 바꾸는 방법은 매우 간단하다.

"슬라이드에 쓰는 텍스트에는 몇 가지 색을 사용하는 게 가장 좋은가요?"라는 질문을 많이 받는데, 개인적으로는 세 가지 색상을 가장 선호한다. 세 가지 색 중 하나는 표제 글, 다른 하나는 강조 글, 그리고 나머지 색은 일반 텍스트로 사용한다. 슬라이드에 색을 많이 사용할수록 청중이 보기에 혼란스럽기 때문이다.

슬라이드에 색깔을 올바르게 사용하기 위해서는 기획 과정에서 청중의 문화도 고려해 보아야 한다. 예를 들어, 금융업에 종사하는 사람들은 붉은 글씨를 나쁜 소식으로 여기는 경향이 있다고 한다. (아마 빨간색이 적자(loss)를 의미하기 때문인 것 같다.) 하지만 붉은 글씨가 중국에서는 행운과 복을 상징하기도 한다. 이처럼 문화마다 나라마다 색에 대한 생각과 느낌이 다르므로 텍스트의 색깔을 결정하기 전에 청중에 대한 조사를 확실하게 마쳐야 한다.

또한 이미지와 텍스트의 색상 대비도 고려해 봐야 한다. 만약 슬라이드에 이미지를 많이 사용한다면, 이미지 위에 삽입할 텍스트의 색상이 그 이미지와 어울리는지 테스트해 볼 필요가 있다.

이렇게 색상 배합에 조금만 시간을 들여도 당신의 프레젠테이션이 남달라 보일 수 있다. 디자인은 무조건 어렵다고 생각하지 말고, 색상환을 참조해 다양한 색깔들을 이렇게 저렇게 배치해 보면서 자신만의 독창적인 색 배합을 만들어 보자.

4 슬라이드 테마

A. 슬라이드 템플릿 테마 샘플

〈좋지 않은 템플릿 테마의 예〉

* 테마 만들기 팁: 파워포인트 슬라이드 서식을 얻을 수 있는 곳은 매우 많은데, 그 중 하나인 Google Docs에서는 슬라이드에 관한 다양한 스타일과 아이디어를 볼 수 있다. Google 계정만 있다면 자신이 원하는 테마를 골라 무료로 편집할 수 있다. 테마에 대한 좋은 아이디어를 얻을 수 있는 또 다른 곳으로 Slideshare.net이 있다. 이 웹 사이트에는 말 그대로 수천 개의 실제 프레젠테이션 자료들이 있어, 각각의 회사마다 사용하는 다양한 스타일을 엿볼 수 있다. 어떤 방식을 사용해 테마를 설정하든지 항상 청중을 생각하고, 어떻게 하면 그들에게 유익하면서도 재미있는 프레젠테이션을 제공할 수 있는지를 고민해야 한다.

슬라이드 디자인을 하나의 테마로 유지하는 것은 프레젠테이션 전체에 일관성과 조화를 더해 주고, 매끄럽게 진행될 수 있도록 흐름을 잡아주는 역할을 한다. 그러나 많은 발표자가 이용하는 테마는 회사에서 제공하는 서식으로 슬라이드마다 회사 로고와 페이지 번호, 혹은 웹 사이트 주소가 적힌 게 고작이다. 안타까운 것은 이런 서식에 쓰인 페이지 번호와 웹 사이트는 글자 크기가 너무 작아 실제 프레젠테이션에서는 청중에게 보이지도 않는다는 것이다.

템플릿 테마로 좋지 않은 예인 왼쪽의 슬라이드를 보자. 배경과 텍스트의 색상 배합은 탁월하지만 슬라이드 안의 텍스트 크기가 너무 작고 글자 수가 많아 청중이 딱 졸고 싶어지는 디자인이다.

회사 이미지가 삽입된 슬라이드에 로고와 웹 사이트 주소를 넣는 것은 문제가 되지 않지만, 모든 슬라이드마다 로고와 주소를 반드시 넣을 필요는 없다. 이것은 마치 슬라이드를 넘길 때마다 "안녕하십니까? ○○회사의 프레젠테이션입니다. 우리 회사의 웹 사이트는 ○○○입니다. 이제 몇 번째 슬라이드를 시작합니다."라고 설명하는 것과 같다. 게다가 발표자가 자기소개에서 회사와 자신을 제대로 소개하지 못하면, 이런 서식을 아무리 많이 사용해도 프레젠테이션이 끝날 때까지 청중은 회사와 당신에 대해 제대로 기억하지 못할 것이다.

게다가 샘플 슬라이드에 담긴 내용 대부분은 발표자가 말로 전달하거나 인쇄물로 만들어 배포해도 되는 내용이다. 이렇게 쓸데없는 내용을 억지로 집어넣느라 청중의 관심을 분산하는 일은 없도록 해야 한다.

B. BCM 슬라이드 샘플

1

2

Our Goal

"To assist Korean citizens and others to become the best they are able to become in this ever changing global society through language education."

3

4

5

6

7

8

왼쪽 페이지에 필자가 BCM 어학원의 강사 트레이닝을 위해 사용했던 슬라이드 샘플이 있다. 샘플을 보면 슬라이드 위쪽에 붙은 작은 라벨이 테마라는 것을 알게 될 것이다. 또 회사 로고는 첫 번째 슬라이드에만 사용했다. 이 슬라이드들은 한국에 처음 온 원어민 강사에게 이곳에서 일하는 것이 어떤 것인지, 또 그들이 만나게 될 동료와 학생들은 어떤 사람들인지 보여주고자 디자인한 것이다. 각 슬라이드의 이미지는 필자의 입을 통해 장면마다 설명되기 때문에 텍스트를 줄줄이 나열할 필요가 없다. 이런 이미지들은 새로 온 강사들에게 감성을 전달하고 앞으로 일하게 될 직장의 환경이 어떨지 잘 느낄 수 있도록 도와준다.

여기에는 쓸모없는 슬라이드가 단 한 장도 없다. 텍스트와 이미지들은 서로 연관을 이루고 있으며 정말 일하고 싶은 좋은 곳이라는 분위기를 만드는 데 충실한 보조 역할을 하고 있다.

이렇게 슬라이드 테마를 고르고 색상 배합을 선택하고(회사 로고나 회사 대표 색상에서 추출해 낸 색), 폰트를 골라(맑은 고딕이나 Times New Roman과 같은 흔한 폰트는 피해서) 일정한 패턴을 일관성 있게 유지한다면, 청중은 당신이 하고자 하는 이야기와 프레젠테이션의 목적 및 주제를 쉽게 이해하고 따라올 수 있을 것이다.

5 이미지와 동영상 사용하기

A. 이미지

Slide 1

Slide 2

청중의 관심을 놓치지 않기 위해서는 텍스트와 블릿 포인트는 줄이고 슬라이드 내용에 상응하는 이미지의 사용을 늘여야 한다. 그렇다고 해서 인터넷에서 내려받은 이미지를 무턱대고 사용해서는 안 된다.

우선 사진의 해상도나 비율이 슬라이드에 적절한지 확인해야 한다. 예를 들어, 슬라이드의 크기가 4:3 비율인 경우, 400×600픽셀의 이미지를 사용하면 이미지가 마치 모자이크 화면처럼 픽셀화되어 끔찍하게 보일 것이다.

저작권에 관한 문제도 소홀히 해서는 안 된다. 업무상의 프레젠테이션을 준비하는 경우라면 iStockphoto.com 등과 같은 이미지 판매 사이트에서 이미지를 구매하는 것을 권한다. 저작권 문제가 해결될 뿐만 아니라, 필요한 크기의 이미지를 살 수 있고, 프레젠테이션 테마에 맞는 좋은 이미지들도 쉽게 찾을 수 있기 때문이다.

왼쪽의 슬라이드 샘플은 프레젠테이션에 사용할 이미지를 선택하는 데 가이드라인으로 활용하려고 제작한 것이다. 어떤 내용에 어떤 이미지가 삽입되었는지, 또 이미지는 어떻게 배치되었는지 등을 자세히 살펴보자.

Slide 1은 필자가 삼겹살을 구우면서 직접 찍은 사진에 "Foreigners love Sam Gyup Sal"이라는 문구를 삽입한 것이다. 이 슬라이드는 한국에 처음 온 외국인들이 한국 음식이 너무 맵거나 익숙하지 않아 고생한다는 것을 설명할 때 사용한다. 처음이라도 거부감 없이 맛있게 잘 먹을 수 있는 대표적인 음식으로 삼겹살이 있다는 것을 덧붙여 이야기한다. 또한 이것은 외국인들이 한국 음식을 싫어해서가 아니라 다른 것들과 마찬가지로 익숙해지는 데는 시간이 걸릴 뿐이라는 것을 설명하기 위한 것이기도 하다.

Slide 2는 한국에 처음 방문한 외국인들이 밤에 가볼 만한 곳을 추천할 때 사용하는 이미지이다.

Slide 3

Slide 4

Slide 5

Slide 3은 노을이 지는 하늘의 자연스러운 색상에 텍스트를 삽입한 것이다. 배경색과 텍스트의 하얀색이 강한 대비를 이루어 강렬한 메시지를 전해주고 있다.

Slide 4는 아버지와 딸의 이미지가 오른쪽에 자리 잡고 있어 요점이나 이미지를 설명할 수 있는 텍스트를 삽입할 공간이 충분하므로 디자인 면에서 탁월하다고 할 수 있다.

Slide 5는 필자가 가장 선호하는 이미지 중 하나로, 사진 속 남자의 표정 때문에 많이 활용하고 있다. 슬라이드 안의 텍스트처럼 주로 수사의문문을 표현할 때 많이 이용하지만, 불만이나 혼동에 관해 표현할 때도 사용하곤 한다.

B. 동영상

컴퓨터의 기능이 점차 강력해지고 소프트웨어가 발전하면서 동영상을 활용하는 방법이 점점 더 쉬워지고 있다. 그러나 이미지와 마찬가지로 화질이 좋지 않은 동영상은 오히려 프레젠테이션의 효과를 떨어뜨릴 수 있다. 또한 동영상 역시 사용 허가가 필요한 저작권이 있는 대상인지 아닌지를 반드시 확인해야 한다.

동영상에 대해 고려할 또 다른 점은, "얼마 동안" 보여주느냐이다. 프레젠테이션에 동영상을 사용하려면, 시간 제약에 대해서도 반드시 생각해 보아야 한다. 상영 시간은 전달하고자 하는 핵심 내용을 보여줄 만큼이 가장 적당하며, 이보다 더 긴 동영상을 사용하는 것은 주제로부터 주의를 분산시킬 수 있으므로 신중해야 한다.

이와 더불어 동영상의 음향에도 반드시 신경을 써라. 프레젠테이션이 열리는 장소 중 많은 곳이 제대로 된 음향 설비를 갖추고 있지 않다. 동영상을 사용하기로 마음먹었다면 프레젠테이션 장소에 제대로 된 음향 설비가 갖추어졌는지 반드시 확인해야 한다. 아무리 고화질의 동영상을 보여준다 해도 음향이 형편없다면 차라리 보여 주지 않는 편이 나을 만큼 음향 또한 중요하기 때문이다.

프레젠테이션하는 데 있어서 동영상은 훌륭한 수단이 될 수 있지만, 이미지 사용과 마찬가지로 주제와 메시지에 적절한 내용인지, 또 얼마 동안 상영해야 하는지 등을 꼼꼼하게 따져보자.

C. 문화에 대한 이해

이미지를 고를 때는 이미지의 문화적 의미에 대해서도 생각해 봐야 한다. 청중 대부분이 아시아인이라면 아시아인의 민족성을 담은 사진을 이용해 보라고 권하고 싶다. 반대로 서양인을 상대로 프레젠테이션한다면 서양인의 민족성을 담은 이미지들이 훨씬 유리할 것이다.

또한 종교적 상징이나 관련 이미지들에 대한 사전 숙지도 필요하다. 종교적 의미를 담은 사진들은 일부 청중에게 불쾌감이나 모욕감을 줄 수 있으므로, 이런 것들을 사용할 때에는 세심하게 주의를 기울일 필요가 있다.

청중이 어느 나라 사람이고, 어떤 문화적 배경을 가졌는지를 생각할 시간을 가지는 것은 정말 중요하다. 그렇지 않으면 곧바로 청중을 당혹스럽게 하거나 불쾌감을 줄 수 있으며 당신이 프레젠테이션하고자 하는 목적 또한 달성할 수 없다. 영업을 위한 것이었다면 더더욱 말할 것도 없다.

나라별 다양한 문화에 관한 정보를 제공하는 웹 사이트는 인터넷으로 다양하게 찾아볼 수 있다. 잠깐의 시간을 투자해 이런 정보들을 미리 파악해 둔다면 프레젠테이션에 큰 도움을 받게 될 것이다.

6 슬라이드 Before & After 샘플

Sample 1

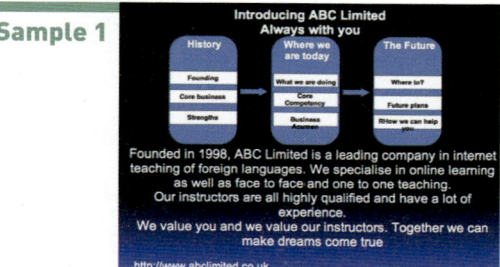

Before

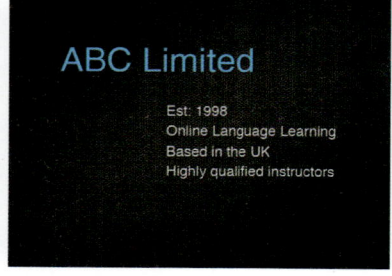

After

Sample 2

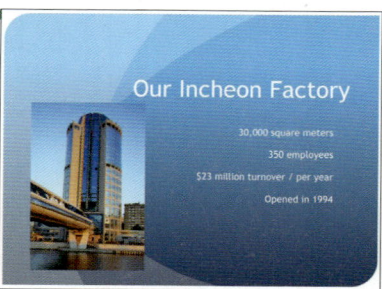

Before

After

앞에서 이야기했듯이, 기존 슬라이드의 가장 큰 문제점은 너무 많은 정보와 텍스트를 담고 있다는 것이다. 적당량의 정보와 발표자가 이야기하는 내용에 "느낌"과 "감정"을 실어줄 수 있는 이미지 자극 형태가 바로 훌륭한 슬라이드의 비결이다. 이것을 슬라이드 디자인의 최종 목표로 삼고 왼쪽 페이지의 샘플들을 살펴보면 쉽게 개선점을 찾아낼 수 있을 것이다.

Sample 1의 Before 슬라이드는 전 세계적으로 어디에서나 흔하게 볼 수 있는 전형적인 디자인이다. 작은 공간에 너무 많은 텍스트를 구겨 넣었다. 숨 쉴 공간이 없을 정도로 슬라이드가 빽빽하게 차 있어 청중들은 도대체 어느 곳에 시선을 두어야 할지 알 길이 없다.

After 슬라이드에서는 텍스트의 양이 현저하게 줄어 간단한 모양을 이룸으로써 훨씬 개선되어 보인다. 슬라이드의 자세한 내용은 발표자의 말을 통해 전달하는 것이다. 슬라이드 안의 텍스트는 청중이 60초 안에 쉽게 받아적을 수 있을 만큼만 채우는 것이 적당하다.

Sample 2의 Before 슬라이드는 회사 소개 시 자주 볼 수 있는 형태로 기존의 파워포인트 서식을 이용해 회사에 관한 일부 정보와 회사 사진을 넣은 디자인이다. 슬라이드 자체는 나쁘지 않지만, 전형적인 파워포인트 서식을 사용했다는 것만으로도 청중이 지겨워 죽겠다고 신음하게 하기 딱 좋다.

Sample 2의 두 슬라이드는 같은 정보를 담고 있다. 그러나 시각적인 면에서 After의 슬라이드가 훨씬 개선된 것을 볼 수 있다. After 슬라이드는 기존의 파워포인트 서식을 사용하지 않았으며, 텍스트 분량도 훨씬 적어 보인다. 슬라이드에 실제 공장 이미지를 삽입해서 공장의 규모를 한눈에 파악할 수 있다.

Sample 3

- Many doctors have difficulty with English
- Doctors in Korea find it difficult to communicate effectively with native English speaking patients
- This can often lead to misunderstandings.
- Poor English ability can be dangerous
- We need to improve the English ability of Doctors in Korea

Before

After

Sample 4

- Eating disorders are leading to an increase in obesity
- Obesity leads to serious illnesses such as diabetes and heart disease
- the number of people overweight in Korea has increased by 67% in the last 10 years
- We need to promote healthy eating

Before

After

Sample 3의 Before와 같은 슬라이드는, 다행히 점점 줄어드는 추세긴 해도, 여전히 많은 회사에서 사용하는 디자인 중 하나이다. 정말 무시무시한 블릿 포인트 폭격이 아닌가 싶다. 슬라이드에는 이미지도 없고 변화도 없고 단지 글머리 기호와 문장들만 나열해서 발표자가 텍스트를 죽죽 읽어내려가는 형태이다.

After 슬라이드는 Before 슬라이드와 정확하게 같은 메시지를 전달하고 있지만, 이미지가 텍스트보다 훨씬 상세한 느낌을 전달한다. 이전 슬라이드에 담겨 있던 텍스트 내용은 발표자가 말로 직접 전달하고, 더 자세한 정보들은 유인물로 대신할 수 있다. 이전 슬라이드가 가지고 있던 정보들을 가장 간략한 형태로 줄이고 내용을 강조할 수 있는 이미지를 사용함으로써 가슴속까지 상쾌해지는 슬라이드로 개선되었다.

Sample 4의 Before 슬라이드 또한 발표자가 읽게 될 내용을 슬라이드 안에 전부 담은 낡아빠진 디자인이다. 그러나 Sample 3처럼 이 슬라이드도 짧은 한 문장만으로 핵심 메시지를 충분히 전달할 수 있다.

After 슬라이드에서는 Before 슬라이드에 있던 4개의 블릿 포인트를 핵심 메시지 하나와 이미지로 대체했다. 블릿 포인트의 내용은 발표자가 말로 충분히 설명할 수 있는 것들이며, 또 이렇게 이미지를 보면서 설명하는 게 훨씬 더 효과적일 수 있다.

Sample 5

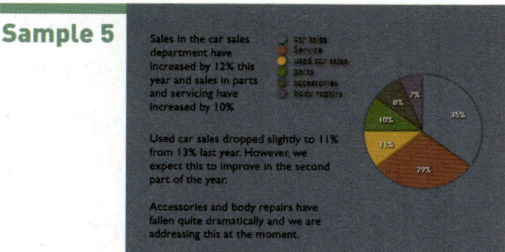

Before

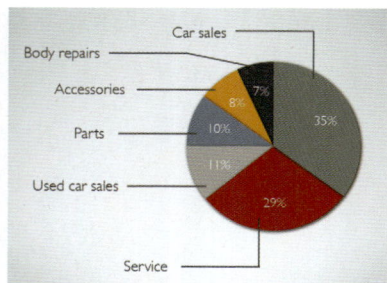

After

Sample 5의 Before 슬라이드는 데이터 자료를 보여줄 때 가장 흔히 볼 수 있는 디자인이다. 슬라이드에 파이 차트를 삽입하고, 차트에 대한 설명을 엄청난 양의 텍스트로 채워놓았다. 프레젠테이션은 눈으로 읽는 잡지나 신문이 아니다. 당신은 발표자로서 말로 전달하고자 그곳에 서 있는 것이다. 그러므로 차트에 대한 설명은 글이 아닌 당신의 입을 통해 전해야 한다.

After 슬라이드에서는 Before 슬라이드에 나온 모든 설명을 삭제하고 파이 차트를 크게 만들어 차트에 시선이 집중되도록 했다. 발표자가 차트 각 부분을 일일이 설명함으로써, 청중이 빼곡하게 채워진 작은 글씨들을 읽느라 정신을 파는 대신 발표자의 말에 귀 기울일 수 있도록 했다.

다시 한번 이야기하지만, 슬라이드는 신문이나 잡지를 만드는 것이 아니다. 프레젠테이션은 신문이나 잡지처럼 글로 메시지를 전달하는 것이 아니라, 청중 앞에 서서 발표자인 당신의 입을 통해 전달하는 것이다. 슬라이드 디자인은 당신의 메시지를 좀 더 강력하게, 그리고 좀 더 기억에 오래 남을 수 있도록 하기 위한 보조 역할이라는 것을 항상 기억하라.

7 한눈에 정리하기

1. 슬라이드 안에 자신이 할 말들을 모두 써넣지 마라. 이건 전문가답지 못한 행동이며, 청중에게 불쾌감을 줄 수 있을 정도로 심각한 문제이다. 청중은 이런 발표자의 모습을 보면 차라리 그냥 파일을 나누어 주지 대체 왜 강단에 서서 슬라이드를 읽고 있는지 모르겠다는 불만을 품게 된다.

2. 슬라이드에 사용하고자 하는 이미지나 도표 등은 간단명료하고 이해하기 쉬워야 한다. 슬라이드에 담게 될 이미지들은 고화질이어야 하고 저작권과 관련해 아무런 문제가 없어야 한다. 저작권에 어긋나는 이미지는 절대 사용하지 마라. 당신이 아무 생각 없이 도용한 프레젠테이션용 이미지가 어느 날 회사에 얼마나 큰 문제를 일으키게 될지는 아무도 모르는 일이다.

3. 텍스트의 양을 최소화하라. 프레젠테이션의 주체는 발표자인 당신이지 슬라이드가 아니라는 것을 명심해야 한다. 당신의 메시지를 보완해주며 시각적으로 자극을 줄 수 있는 슬라이드를 만듦으로써, 매일 보는 지겹고 재미없는 프레젠테

이션에서 청중을 해방시킬 수 있을 것이다.

4. 색상 배합에 신중을 기하라. 낸시 두아르떼는 자신의 책 〈slide:ology〉에서 발표자가 몸담은 업계를 대표하는 색상을 사용하라고 조언한다. 예를 들어 농업 쪽에 종사한다면 토양 색깔이나 녹색 계열을, 환경 관련 업종이라면 녹색과 파란색 계열을, 엔지니어링 업종이라면 검은색과 은색 계열이 적합할 것이다. 어떠한 색상 배합을 사용하든 전체 프레젠테이션 슬라이드에 한결같이 적용해야 한다.

5. 폰트 또한 중요한 디자인적 요소이다. 표준체인 "맑은고딕"이나 "Times New Roman"과 같은 폰트는 너무나 많은 사람이 사용하므로 자칫 청중에게 지루한 인상을 심어줄 수 있다. 회사 내에 규정하는 폰트가 있다면(예를 들어 "Helvetica"는 Jeep, American Airlines, North Face와 같은 기업의 대표 폰트이다.), 프레젠테이션에 그 폰트를 사용하는 것은 어떨까? 이런 폰트는 회사에서 추구하는 이미지를 반영하는 데 큰 도움이 될 것이다.

6. 폰트를 이것저것 섞어서 사용하지 마라. 강조 문구나 가벼운 재미를 위한 문구에 이색적인 폰트를 사용하는 것은 예외이지만, 가독성을 높이기 위해서 한두 가지의 폰트를 유지하라.

7. 텍스트의 색깔을 신중하게 선택하라. 색상 간 대비를 염두에 둬야 한다. 색상환을 활용해 텍스트끼리 좋은 대비를 이루는 색상을 선택해야 한다. 단, 배경화면과 조화를 이루는지도 사전에 확인해 보아라.

Case Study:
Visual Resumes

2009년 9월, 필자는 TEDx 명동에 초청받아 "Visual Resumes"라는 주제로 프레젠테이션한 적이 있다.

TED란 "Technology, Education, Design"의 약자로, 전 세계의 전문가나 유명인사들을 초청해 그들의 전문 지식과 생각을 공유하는 장이다. 반면 TEDx는 누구나 참여해서 TED처럼 자신의 생각과 아이디어를 나눌 수 있는 행사이다.

TED에서 프레젠테이션하는 규칙은 단순하다. 발표는 18분을 넘으면 안 되고, 회사 제품이나 서비스 등을 판촉하는 주제만 아니면 청중이 흥미를 느낄 수 있는 무엇에 관해서든 발표할 수 있다.

왼쪽은 필자가 프레젠테이션할 때 사용했던 슬라이드 일부이다. 필자는 그동안 수많은 이력서를 평가하고 검토하면서 똑같은 폰트, 똑같은 스타일의 이력서에 신물이 날 지경이었다. 그래서 취업을 준비하는 이들에게 도움이 되고자 어떻게 하면 자신의 이력서를 더욱 돋보이게 할 수 있는지, 어떻게 하면 면접관들의 기억에 남는 이력서가 될 수 있는지 등의 노하우를 알려주고자 "Visual Resumes"라는 주제로 이 슬라이드를 제작했다.

처음 11개의 슬라이드는 자기소개 부분이다. 그들에게 필자가 태어난 곳이 어디인지를 지도로 직접 보여주고, 또 한국에서 럭비는 인기종목이 아니므로 럭비를 소개하는 의미에서 동영상도 잠깐 보여주었다.

전체 슬라이드의 테마는 밝은 회색 바탕에 간결한 Hevetica체의 텍스트이다. 텍스트 색상은 짙은 회색의 메인 텍스트, 검은색과 빨간색의 강조 텍스트로 3가지를 선택했다. 블릿 포인트나 복잡한 차트는 담지 않았다. 키워드는 굵은 서체로 나타냈고, 거의 모든 슬라이드에 이미지를 담았다. 청중 모두가 영어 원어민이 아닌 한국인이었기 때문에 이해를 돕고자 약간의 한국어를 슬라이드에 넣었고, 전반적으

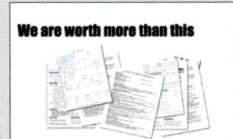
21

22

23

24

25

26

27

28

29

30

31

32

33

34

35

36

37

38

39

40

41

42

43

44

45

46

47

48

로 글자 수를 줄이고 이미지를 많이 사용하여 시각적으로 강렬한 효과를 주도록 제작했다.

이처럼 일관된 테마를 유지하면서 텍스트의 양을 줄이고 이미지 사용을 높임으로써 슬라이드는 최대한 간결하게, 그리고 메시지는 보다 강력하게 전달할 수 있었다. 또 청중도 끝까지 지루하지 않게 집중할 수 있게 되었다. 이처럼 프레젠테이션 슬라이드를 디자인할 때는 불필요한 것들을 모두 빼고 필수적인 요소만을 남기는 것이 가장 최상의 디자인이라는 것을 항상 기억하기 바란다.

이 책이 디자인에 관한 책은 아니다. 하지만 디자인은 프레젠테이션의 시각적인 면에서 매우 중요한 역할을 하므로 슬라이드를 디자인할 때 꼭 알아야 할 몇 가지 기본 사항들을 다루었다. 참고로 디자인에 관해 더 자세한 자료를 얻고 싶다면, 낸시 두아르떼의 〈slide:ology〉와 가르 레이놀즈의 〈프리젠테이션 젠 디자인〉을 읽어보기 바란다.

STORY TELLING
스토리 텔링

1 스토리 텔링을 하라

Let me tell you a story

하루에도 수만 개씩 진행되는 무수히 많은 프레젠테이션들이 간과하고 있는 것 중 하나가 스토리이다. 하지만 프레젠테이션을 기획하면서 가장 중요한 부분은 바로 스토리를 구체화하는 것이다.

프레젠테이션에서 스토리를 들려주면, 청중은 당신의 프레젠테이션을 좀 더 쉽게 기억할 수 있게 된다. 슬라이드에 차트를 넣어서 보여주고 30분 후 청중에게 얼마나 많이 기억하고 있는지 물어보자. 청중의 10퍼센트도 채 기억하지 못할 것이다. 그러나 하나의 스토리를 이야기해준 뒤에 똑같은 질문을 해보자. 놀랍게도 청중은 60퍼센트 이상을 기억해낸다. 이렇게 압도적인 차이에도, 또 이런 정보들을 히스 형제의 〈스틱〉이나 존 메디나 교수의 〈브레인 룰스〉같은 책에서 쉽게 얻을 수 있음에도, 아직도 많은 사람들은 슬라이드에 플래시 3D차트나 그래프만을 보여주고 있다. 참으로 안타까운 현실이다.

아날로그식 기획 파트에서 다루었던 "마인드맵"으로 돌아가서 "Learning English in Modern World"라는 타이틀에 맞는 스토리를 어느 부분에서 이야기해야 좋을지 자문해 보자. 이럴 때 스토리를 시작하기 좋은 부분은 현재 영어교육 방법에 관한 부분이 될 수 있다.

앞의 마인드맵에서 살펴보았듯이, "몰입 학습"은 회사에서 10시간씩 일하는 직장인에게는 적합하지 않다는 내용이 있다. 대다수의 성인이 영어 수업이 끝나면 회사로 돌아가 오로지 모국어만을 사용하기 때문에, 끊임없이 영어로만 말하고 보는 환경을 만들기가 어렵다.

이제 이것을 어떻게 하나의 스토리로 이야기할 수 있는지 살펴보자.

"English today is commonly taught using a method called Immersion Learning." "Immersion Learning" essentially means surrounding yourself with all things English, speaking only English in your day to day life and reading only English newspapers, magazines and websites. Now, this sounds like a great way to learn English, and if done properly, it does actually work. However, let us take a look at a typical example of a Korean office worker, wanting to improve their English skill:"

요즘에는 흔히 '몰입 학습'이라 불리는 방법으로 영어를 배웁니다. '몰입 학습'이란 기본적으로 여러분 주변의 모든 환경을 영어로 만드는 것을 의미합니다. 일상생활에서 오로지 영어만 말하고, 영자 신문이나 영문 잡지, 영문 웹 사이트만을 읽는 것입니다. 들어보면 영어 학습에 매우 좋은 방법 같습니다. 제대로 한다면 몰입 학습은 실제로 효과가 있는 방식입니다. 하지만 영어실력을 향상하고 싶은 한국 직장인의 대표적인 예를 살펴봅시다.

"Meet Daekyung, Kim, he works for a large Korean Pharmaceutical company in Gangnam. Every day he works from 8:30 in the morning to 7:30 in the evening. Like most Korean workers, sometimes he has to work past 7:30, and go on company social events."

한국의 강남에 있는 대규모 제약회사에 근무하는 김대경 씨를 만나봅시다. 대경 씨는 매일 아침 8시 30분부터 저녁 7시 30분까지 회사에서 근무합니다. 대부분의 한국 직장인들과 똑같이 가끔은 야근도 하고, 회식이나 워크숍에 참여하기도 합니다.

"However, Daekyung wanted to get a promotion, and his director told him that to get the promotion he would need to improve his English. So, Daekyung decided to enroll at the Fandcorp English Institute, just a five minute walk from his office. The class began at 8:00 pm on a Monday, Wednesday and Friday."

대경 씨는 승진을 원했습니다. 상사는 승진하려면 영어실력이 좋아야 한다며 실력을 쌓으라고 이야기했습니다. 그래서 대경 씨는 회사에서 걸어서 5분 거리에 있는 Fandcorp 영어 학원에 등록하기로 합니다. 수업은 월, 수, 금 저녁 8시에 시작됩니다.

"Daekyung began his class last January, and for the first two weeks he never missed a class. Then one Friday evening, his boss asked him to attend the department dinner with the rest of the department. Like a good loyal company guy, Daekyung went along to the dinner. Daekyung was unable to read through his English textbook over the weekend because he and his friends went to Jeju that weekend, and by the time Monday had come around Daekyung realised that he had not read, spoken or written any English since the previous Wednesday. Four days had passed!"

수업은 1월부터 시작되었습니다. 첫 2주 동안은 한 번도 빠지지 않고 착실히 나갔습니다. 그러던 어느 금요일 저녁, 부서 사람들과 다 함께 회식에 참석하라는 사장님의 지시가 있었습니다. 회사에 충성을 다하는 직원으로서, 대경 씨는 물론 회식 자리에 참석했습니다. 주말에는 또 친구들과 함께 제주도로 놀러 가느라 영어 교재를 읽을 시간이 없었습니다. 다음 주 월요일이 되어서야 대경 씨는 지난 수요일부터 영어로 말하지도 읽지도 쓰지도 않았다는 것을 알아차렸습니다. 나흘이 그냥 지나간 거죠!

"Over the coming weeks, Daekyung found his enthusiasm and passion for learning English fall. He felt he was not improving and he felt that he was just wasting money. He was very busy at work, and he had just started dating a new girlfriend. Sadly after three months, Daekyung stopped going to the institute."

대경 씨는 회식 때문에 수업을 빠진 이후, 시간이 지날수록 영어를 공부하고자 하는 열정과 열의가 떨어지고 있음을 느꼈습니다. 영어실력이 느는 것 같지도 않고, 돈만 낭비하고 있다는 느낌이 들었습니다. 일도 너무 바쁘고 이제 막 새로운 여자친구와 데이트를 시작하게 된 대경 씨는, 안타깝게도 3개월 만에 학원을 그만두게 됩니다.

이렇게 이야기를 시작하면 청중도 따라오기 쉽고 발표자도 내용을 수월하게 기억할 수 있다. 무엇보다 업무시간 외에 별도로 영어 학원에 다녀본 직장인들이라면 누구나 겪을 수 있는 문제점을 명확하게 묘사함으로써 공감을 이끌어낼 수 있다. 스토리의 신뢰성을 높이기 위해 당신 주변의 인물, 혹은 팀원 중 한 명이 실제로 겪고 있는 이야기를 소개하는 것도 좋은 방법이다.

이제 스토리와 함께 본론을 시작하는 것이다. 우리는 "김대경"이라는 인물을 통해 아침부터 저녁까지 근무하고, 퇴근 후에는 영어만 사용하려고 노력하지만 현실적으로는 지키기가 어려워 실패하기 쉽다는 문제점을 지적했다. 다음 단계는 이 문제점을 어떻게 극복해야 하는지 알려줄 차례이다.

문제 해결을 제시하기 전, "김대경"이라는 인물이 어떤 느낌일지 청중에게 물어보며 잠깐 주의를 환기할 수 있다.

"So, how do you think Daekyung now feels? Well, he feels great! He's got a new girlfriend, who is very beautiful and he now has free evenings on Monday, Wednesday and Friday. But realistically, what chances

does Daekyung now have of getting that promotion he so desperately wants? Zero! "

자, 그렇다면 대경 씨는 지금 기분이 어떨까요? 뭐, 아주 좋겠죠! 아리따운 여자친구도 생긴 데다가, 월, 수, 금 저녁에는 자유 시간이 생겼잖아요. 하지만 실질적으로, 대경 씨 자신이 그렇게도 바라던 승진을 위해서는 어떤 기회가 남아 있을까요? 단 하나도 없습니다!

"Daekyung's story is not a rare case, there are literally thousands of people out there just like Daekyung, struggling to balance their work life, their love life and their English life. There must be a better way. Is there a better way? Well, ladies and gentlemen, I can tell you now - yes, there is a better way."

대경 씨 이야기는 남의 이야기가 아닙니다. 대경 씨처럼 업무와 연애, 그리고 영어까지, 이 세 가지 사이에서 고군분투하는 사람들이 저 밖에는 말 그대로 수천 명이 넘게 있습니다. 이런 분들을 위해 뭔가 더 좋은 방법이 분명히 있을 겁니다. 더 좋은 방법이 정말 있을까요? 자, 제가 여러분께 지금 해 드릴 수 있는 이야기는, 네! 더 좋은 방법이 확실히 있습니다.

이 방법은 프레젠테이션에 긴장감을 제공하기도 한다. 왜냐하면 청중은 자신과 관련된 문제의 해결책을 당신이 가지고 있다는 것을 알게 되면서, 이 문제를 극복하기 위해 당신이 어떤 도움을 줄지 진심으로 알고 싶어지기 때문이다. 또한, 외국인 청중은 뜻밖의 선물과도 같은 유머를 좋아하므로 이 부분에 약간의 유머를 첨가하는 것도 주의를 환기하는 데 좋은 방법이 될 수 있다.

청중에게 우리가 무엇을, 언제, 어떻게 했는지 또는 그와 관련된 사항들을 스토리로 전해야 한다. 이런 스토리는 발표자에게서 인간적인 면을 끌어내 줄 뿐 아니라 프레젠테이션을 생기있게 만들어 주고, 이 프레젠테이션을 만들기 위해 얼마나 많은 공을 들였는지 여실히 보여준다. 그러므로 이렇게 스토리로 구성된 프레젠테이션은 3D차트나 그래프보다 청중의 기억 속에 훨씬 더 오래 남게 되는 것이다.

댄 히스(Dan Heath)와 칩 히스(Chip Heath)의 책 〈스틱〉에는 스탠퍼드대 학생들을 상대로 한 실험이 나온다. 책의 저자 칩 히스는 스탠퍼드대 학생 중 일부에게 미국에서 일어난 범죄 패턴에 관한 정부 자료를 주었고, 학생들 절반에게는 비폭력 범죄가 심각한 문제라는 것을 주장하는 1분 스피치를 요청했고, 나머지 절반에게는 비폭력 범죄가 심각한 문제가 아니라는 내용으로 1분 스피치를 하도록 요청했다. 이후, 이들을 몇몇 그룹으로 나누어 각자 준비한 내용을 스피치하게 했고, 상대 그룹의 스피치가 얼마나 인상적이었는지 각각 점수를 매기도록 하였다. 역시 스탠퍼드대 학생들답게 주어진 자료로부터 얻은 통계와, 반론을 제기하기 어려울 만큼 완벽한 논점들을 1분 안에 매우 잘 담아내었다.

학생들의 점수를 확인해 본 결과, 가장 정확한 억양과 발음을 구사한 학생들이 최고 점수를 받았고, 영어가 모국어가 아니었던 외국인 학생들은 최저 점수를 받았다. 즉, 명확한 억양과 발음으로 말을 잘하는 사람이 말하기 대회에서 좋은 점수를 받은 셈이다.

스피치 과제가 끝난 후, 저자는 학생들에게 몇 분 동안 TV를 시청하도록 했다. 그리고 나서 과제 수행 그룹별로 모여 좀 전에 들었던 상대 그룹의 스피치 내용을 기억나는 대로 모두 적도록 했다. 두 번째 실험은 미리 알린 것이 아니었기 때문에 학생들 모두 과제가 이미 끝난 줄로만 알고 있었다. 내용을 다 적고 나서 그들 모두는 고작 10여 분 전에 들었던 내용임에도 불구하고 자신들이 기억하는 게 이토록 적다는 것에 아연실색했다.

이 두 번째 실험에서 우리를 놀라게 했던 것은, 영어를 모국어로 쓰는 미국인 학생이건 영어가 서툰 외국인 학생이건 상대편 그룹의 스피치에서 기억하는 내용은 서로 비슷하거나, 심지어 외국인 학생들의 스피치를 더 많이 기억하기도 했다는 것이다. 실험 결과, 단순히 자료의 내용이나 통계 등을 설명했던 스피치보다는 실례로 이야기를 덧붙이거나 자신의 논점을 스토리로 풀어낸 학생들의 스피치가 머릿속에 더 오래 남는다는 것을 알게 되었다.

즉, 영어로 말을 얼마나 잘하느냐는 중요하지 않다는 것이 밝혀진 셈이다. 당신이 버락 오바마 대통령처럼 말을 잘한다고 해도, 프레젠테이션 안에 스토리를 부여하지 않으면 위의 실험에서처럼 청중은 돌아서자마자 당신이 한 말의 대부분을 잊어버리게 될 것이다.

당신이 영어를 잘하느냐 못하느냐는 청중의 기억에 오래 남는 프레젠테이션을 만드는 능력에는 어떠한 영향도 미치지 못한다. 당신의 핵심 메시지를 전하기 위해 덧붙인 스토리가 바로 프레젠테이션을 오래 기억할 수 있게 하는 힘이 되는 것이다.

그러므로 다음 프레젠테이션을 준비할 때는 프레젠테이션을 하나의 스토리처럼 생각하고 조금씩 서서히 펼쳐가며 이야기하는 것을 즐겨보자. 청중이 당신을 보면서 미소 짓고 흥미로워하고, 당신의 프레젠테이션이 끝나가는 것을 아쉬워하는 모습을 지켜보자. 그들이 아쉬워하는 것에는 비단 당신이 훌륭한 이야기를 꺼내서가 아니라 오래도록 당신의 프레젠테이션을 기억할 것이라는 의미도 포함되어 있다.

2 어디에서 스토리 소재를 얻을 수 있을까?

A. 스토리는 어디에나 있다

| SAMPLE |

"Our new line of summer shirts came about because last summer, here in Korea, was particularly hot and most of our office guys found that the traditional polyester / cotton mixed shirts were terrible for sitting in a hot office all day. We started talking one night when we were out for a beer or two and one of our team mentioned they had recently seen a movie where the leading character always looked cool. We then researched the movie and discovered the character was wearing linen shirts. So we began experimenting with linen and found that we could make the shirts look smart and still retain their coolness."

저희가 이번 여름 셔츠 신제품을 만들게 된 이유는 너무나 무더웠던 작년, 저희 사무실 남자 직원 대부분이 폴리에스터와 면이 혼방된 일반 셔츠는 종일 더운 사무실에 앉아 일하기에 매우 불편하다고 느꼈기 때문입니다. 하루는 직원들끼리 밖에서 맥주를 마시고 있었는데, 팀원 중 한 명이 최근 본 영화에서 주인공이 입고 나오는 옷들이 모두 시원해 보였다고 했습니다. 그래서 저희는 그 영화를 조사해 주인공이 입고 있던 셔츠가 리넨 셔츠라는 것을 알게 되었습니다. 그때부터 저희는 리넨으로 여러 실험을 하게 되었습니다. 그리고 마침내 맵시 있으면서도 시원함을 잃지 않는 셔츠를 만들 수 있었습니다.

"오늘 잠실역에서 전철을 타고 강남역으로 가는 길에 진짜 예쁜 여자를 봤어요. 그녀는 청바지를 입고 있었는데요…."

이처럼 스토리는 언제 어디에서나 존재한다. 당신이 출근할 때 매일 지나가는 길에도 당연히 스토리가 있게 마련이다.

자신의 주변을 찬찬히 둘러보면, 이야기의 소재거리는 정말 무궁무진하다. 하지만 이렇게 많은 소재 중, 프레젠테이션과 관련된 소재를 어떻게 찾을 수 있을까?

아날로그식 기획 과정에서 마인드맵을 끝내고 난 후, 핵심 사항들을 다시 한번 잘 살펴보자. 이들을 선택해 스토리를 찾아보는 것이다.

예를 들면, 의류 회사에서 근무하는 당신이 올여름을 위한 신제품 셔츠 출시로 프레젠테이션한다고 가정해 보자. 당신과 팀원들이 이 제품을 디자인하게 된 연유나 제품이 탄생하게 된 과정 등은 제품 출시 프레젠테이션에 매우 좋은 소재가 될 수 있을 것이다.

Sample처럼 청중에게 어디에서 신제품 아이디어를 얻었는지, 팀원들이 이 제품을 개발하기 위해 어떻게 일했는지 등을 얘기하며 스토리를 시작하는 것은 신제품을 소개하는 가장 좋은 방법이 될 것이다.

B. 문화

▌SAMPLE ▌

"First of all, I would like to say thank you for visiting Korea and for attending our presentation today. I know some of you have visited Korea before, but for those of you who are visiting Korea for the first time, before starting my presentation, I would like to let you know some of the cultural differences you will probably see during your visit."

먼저, 오늘 저희 프레젠테이션을 위해 이렇게 한국을 찾은 여러분께 감사의 말씀을 드립니다. 여러분 중에는 이전에 한국을 방문한 분도 더러 있으시겠지만, 이곳에 처음 오신 분들을 위해 한국에서 겪게 될 문화적 차이를 조금 소개한 후 프레젠테이션을 시작해볼까 합니다.

"In western culture, women who are lovers may walk on the street arm in arm or hand in hand. If a western person comes to Korea you will see many women walking on the road arm in arm or hand in hand. Please do not misunderstand this show of affection. In Korea, this is a normal way to express friendship, not romantic love. Of course, there are some people who have a serious relationship as lovers, but not all of them, so please do not misunderstand."

서양에서는 연인 사이인 여자들이 서로 손을 잡거나 팔짱을 끼고 거리를 거닐 것입니다. 이런 문화에 익숙한 분이 한국에 오게 되면 팔짱을 끼거나 손을 잡고 걸어 다니는 여자들을 정말 수도 없이 보게 될 겁니다. 하지만 이것을 애정 표현으로 오해하면 안 됩니다. 한국에서 여자들끼리 팔짱을 끼거나 손을 잡는 것은 서로의 우정을 표현하는 흔한 방식일 뿐 애정을 표현하는 것이 아니기 때문입니다. 물론 이들 중에 진짜 연인 관계가 있을 수도 있지만, 그렇다고 전부 연인 사이는 아니니 오해하지 마시기 바랍니다.

"OK, there was my small talk on some cultural differences. I have lots of things to tell you about Korean culture, but today you guys are here for my presentation, so I would like to start the presentation right now. If there is anything you would like to know about Korean culture, I will let you know my email address after the presentation, so you can email me anytime. OK, shall we start the presentation?"

자, 문화적 차이에 대한 여담은 여기까지입니다. 한국 문화에 관해 할 말은 정말 많지만, 오늘은 프레젠테이션을 위해 여기에 오셨으니 이제 본격적으로 프레젠테이션을 시작할까 합니다. 만약 한국 문화에 대해 궁금한 게 있으시면, 프레젠테이션이 끝나고 제 메일 주소를 알려드릴 테니 편하게 연락하시기 바랍니다. 그럼 프레젠테이션을 시작해 볼까요?

　　외국인 청중을 상대로 하는 프레젠테이션에서 사용할 수 있는 훌륭한 스토리 타입 중 하나는 한국의 문화를 설명하거나 청중이 속한 문화와 어떤 점이 다른지를 이야기하는 것이다.

　　샘플은 그러한 스토리의 한 예이다.

　　사람은 누구나 다른 나라의 문화에 흥미를 느낀다. 외국인 청중에게 한국의 문화를 알리고 차이점을 알려주면서 프레젠테이션을 시작한다면, 훨씬 더 부드러운 분위기로 진행할 수 있고 청중 또한 발표자에게 좀 더 마음을 열고 그의 이야기에 귀를 기울이게 될 것이다.

C. 기타

SAMPLE

"Two weeks ago I was having dinner with my boss and she asked me if I could speak. I replied that "of course I can speak"–so here I am today speaking to you and I can tell you I learned a very valuable lesson that night. Whenever anyone asks you a question about whether you can speak–always say no."

2주 전, 상사와 저녁 식사를 하던 도중 상사가 제게 물었습니다. "자네 말 좀 할 줄 아나?"라고 말이죠. 그래서 전 대답했습니다. "그럼요, 당연히 말할 줄 알죠." 자! 그래서 오늘 제가 이렇게, 여러분 앞에서 말하고 있습니다. 그리고 여러분께 그날 밤 제가 배운 소중한 교훈을 알려 드리고자 합니다. 누군가가 여러분께 "말 좀 할 줄 아나?"라고 물을 때는 반드시 "아니오"라고 대답하시기 바랍니다.

프레젠테이션을 어떻게 맡게 되었는지, 또는 자신이 왜 이 프레젠테이션을 맡게 되었는지에 관한 이야기 또한 프레젠테이션을 매끄럽게 시작할 수 있는 좋은 스토리이다. 약간의 농담을 섞어서 이 이야기를 한다면 금상첨화다. 옆의 샘플은 그 좋은 예이다.

간혹 영어 프레젠테이션이라는 중압감에 사로잡혀 영어로 되어 있는 좋은 스토리가 없을까? 하고 생각하는 이들이 있다. 영자신문이라든가 영어 만화 또는 TED에 있는 프레젠테이션을 본다면 좋은 아이디어를 얻을 수 있을 것이다. 하지만 스토리는 자신이 겪은, 혹은 그와 관련된 내용이 가장 좋다. 그런 내용이라면 스크립트를 따로 외우지 않아도 되며, 내용을 잊어버리지나 않을까 염려할 필요 없이 발표자의 입에서 자연스럽게 흘러나올 수 있기 때문이다.

일상을 유심히 관찰하고 마인드맵을 다시 한번 살펴보면서 관련된 스토리가 있을지 찬찬히 생각해보는 시간을 가지기 바란다. 또, 이렇게 찾아낸 스토리는 짧고 간결하게 청중의 기억 속에 남을 만한 것들이어야 한다는 것도 명심하자.

3 스토리 만들기

언변이 뛰어난 사람들은 모두 스토리를 이야기한다. 스토리 텔링은 개인의 짧은 일화나 역사, 전기 등의 비화부터 잠들기 전 아이들에게 해주는 옛날이야기까지 그 형식이 매우 다양하다. 어떤 형태로 이야기를 전하건, 스토리는 숫자나 통계 수치보다 사람들의 머릿속에 오래 기억된다.

그렇다면, 어떻게 해야 기억에 남는 스토리를 전할 수 있을까?

기억에 오래 남는 스토리, 그건 아주 간단하다. 웃기거나 슬프거나 충격적이거나 아니면 행복한 결말로 끝나는 것들이다.

2011년 3월, 많은 이들의 마음을 안타깝게 했던 일본의 대형 지진 참사에는 절망에 빠진 일본인들에게 희망과 위안을 안겨주었던 스토리가 하나 있다. 쓰나미가 발생한 후 건물 잔해를 타고 바다 위를 표류하던 개 한 마리가 3주 만에 극적으로 구조되어 주인의 품으로 돌아간 것이다. 왜 이 사건이 많은 사람에게 주목을 받고, 전 세계 뉴스에 떠들썩하게 보도되었을까? 바로 평범하지 않은 스토리이기 때문이다. 또한 이 대형참사로 많은 사람과 동물들이 생명을 잃는 비극적인 소식들이 대부분이었던 당시 상황에서, 이 이야기는 목숨을 건지고 주인과 재회하는 개의 해피엔딩 스토리였기 때문이다. 이처럼 힘들고 괴로운 시기에는 행복한 결말의 이야기가 사람들의 기억 속에 더 오래 남는다.

1995년 서울에서 있었던 삼풍백화점 붕괴 사고는 500명이 넘는 사람들의 소중한 목숨을 앗아갔다. 하지만 아직까지도 회자되는 이야기 중 하나는 붕괴 후 최장 시간 생존해 있다 구출된 박승현 씨의 스토리이다. 콘크리트 더미 속에서 빛도 물도 없이 갇혀 있던 그녀는 밖에서 들려오는 중장비 소리를 들으며 자신도 살 수 있다는 희망의 끈을 놓지 않았고, 17일 만에 소방대원에 의해 구조되었다. 그녀를 발견한 소방대원, 붕괴 이후 최장시간 생존했던 그녀…. 이들의 이야기는 15년이 넘은 지금도 여전히 사람들의 기억 속에 남아 있다.

　이 두 이야기는 많은 이들과 그 가족들에게 비극적이었던 사고임에도 행복한 결말로 끝난다. 인간은 행복과 희망에 관한 이야기에 애착을 가진다. 위의 두 이야기는 인간의 이런 감정을 이끌어냈기에 많은 사람에게 기억되고 전해지는 스토리가 된 것이다.

　프레젠테이션을 준비하면서 웃기거나 슬프거나, 또는 충격적이거나 해피엔딩으로 끝나는 소재를 찾아내기란 그리 쉽지 않다. 그렇다고 너무 낙담하지 말자. 사람들의 기억 속에 오래 남는 스토리에는 이 네 가지 말고도 하나가 더 있다. 바로 흥미로운 내용이다. 이야기의 내용이 듣는 이로 하여금 호기심을 자극하고 관심을 끄는 것이라면, 사람들은 자연스레 그 이야기에 귀를 기울이게 되고 돌아서서도 그 내용을 떠올려보게 마련이다.

　그렇다면 이제 우리는 프레젠테이션할 때 청중의 기억에 오래 남을 수 있으면서 프레젠테이션 주제와 맞는 스토리를 찾아야 한다. 만약 프레젠테이션 안에 회사를 짤막하게 소개해야 하는 부분이 있다면 회사 창립 스토리를 이야기하는 건 어떨까? 어느 회사건 창립과 관련한 이야기 하나쯤은 가지고 있으니 프레젠테이션에서 스토리로 사용하기 가장 쉬운 소재가 될 것이다.

현대그룹 정주영 회장의 창립 스토리라든지, 대학교를 자퇴한 두 청년이 차고에서 회로기판들을 연결하며 세상을 바꾸는 꿈을 꾸었던 애플사의 스티브 잡스와 스티븐 워즈니악(Stephen Wozniak)의 이야기는 아직도 많은 이들이 기억하는 스토리들이다. 이런 스토리들은 매우 단순하다. 그래야 사람들에게 쉽게 기억되기 때문이다.

다음에 소개할 두 가지의 예는 회사 창립에 관한 스토리는 아니지만, 이를 참고하여 자신의 회사 창립 스토리를 어떻게 만들어야 하는지 한번 생각해 보는 시간을 가졌으면 한다.

A. 제임스 본드의 탄생 비화

The first James Bond book; *Casino Royale* was written in 1952 by Ian Fleming, however, the story of how James Bond was created began many years before.

제임스 본드 시리즈의 첫 번째 책 〈카지노 로열〉은 1952년 이안 플레밍에 의해 완성된 것이다. 하지만 이 책에 나오는 '제임스 본드'라는 인물은 책이 출간되기 훨씬 이전에 만들어졌다.

Ian Fleming was born into a very wealthy family in 1908. His grandfather, Robert Fleming, created an investment bank that still exists today. Ian Fleming's education was typical of a boy growing up in a wealthy family in the early 20th century—he attended Eton School—a school famous for educating princes, nobility and the wealthy. It was while at Eton School that Ian Fleming became interested in books and in particular the early spy stories that were being written in those days. He also began writing articles for the school magazine—many of which survive today in the school's archive.

이안 플레밍은 1908년 매우 부유한 집안에서 태어났다. 그의 할아버지 로버트 플레밍은 오늘날까지 존재하는 한 투자은행의 설립자이다. 이안 플레밍은 20세기 초 부유한 가정의 소년으로서 전형적인 교육을 받았다. 그는 영국 왕자들과 귀족, 그리고 부잣집 자녀가 다니는 학교로 유명한 이튼스쿨을 다녔다. 당시 이안 플레밍은 책에 관심이 많았다. 특히 그 무렵에 쓰인 스파이 소설에 무척 흥미를 느끼고 있었으며 교지에 기사를 쓰기 시작하기도 했다. 그가 쓴 기사 중 일부는 아직도 학교에 보관되어 있다.

여기서는 스토리의 배경과 시간을 설정하고 저자 이안 플레밍의 가정환경은 어떠했는지, 언제부터 글쓰기를 좋아했는지 등을 설명하면서 중심인물을 소개하고 있다. 본격적으로 시작하기 전에, 제임스 본드 캐릭터를 누가 만들었는지 알려줌으로써 이 캐릭터가 어떻게 탄생했는지 사람들이 궁금해하도록 스토리를 흥미롭게 전개해 나가고 있다.

Ian Fleming was not academic and instead of going on to study at Oxford University, like his father, he went to the Army Officers Training School at Sandhurst.
Unfortunately, Ian Fleming had a liking for the ladies and was what we would call today a playboy. Following an argument with one of his girlfriends, he drove to London and slept with a prostitute. The consequence of this event left him with a sexually transmitted disease and he took leave from Sandhurst for several months to recover.

이안 플레밍은 학업에 관심이 없었기 때문에 자신의 아버지처럼 옥스퍼드 대학에 가는 대신, 샌드허스트에 있는 육군사관학교에 들어갔다.
공교롭게도 이안 플레밍은 여자를 무척 좋아하는, 오늘날 우리가 흔히 말하는 플레이보이였다. 하루는 그가 여자친구 중 한 명과 다투고 런던으로 차를 몰고 가 매춘부와 밤을 보냈다. 그날의 사건 때문에 그는 성병에 걸려 병이 치유될 때까지 몇 달간 샌드허스트를 떠나 있어야 했다.

이제 중심인물에 성격이나 개성을 부여한다. 이안 플레밍의 경우처럼 좋지 않은 면을 보여줄 수도 있지만, 정주영 회장처럼 가난이 싫어 소를 판 돈을 들고 무작정 서울로 상경했던 대범함이나 시련과 장애에 굴하지 않았던 불굴의 투지 등 주인공의 긍정적인 면을 부각할 수도 있다. 이렇게 주인공에게 성격이나 개성을 부여함으로써 스토리는 좀 더 인간미를 띠게 되며, 듣는 사람들은 주인공의 이미지를 훨씬 더 쉽게 머릿속에 그릴 수 있게 된다. 플레이보이가 어떤 사람을 뜻하는지는 누구나 다 알고 있다. 이 단어 하나로 사람들은 이안 플레밍의 특징적인 면을 바로 떠올릴 수 있다.

Ian Fleming's mother—who was a high society socialite, (she had friends in the British Royal Family) found this episode with her son highly embarrassing and to avoid any further embarrassment she decided to send her son to Austria to a Gentleman's finishing school. So Ian Fleming resigned from Sandhurst and went to Austria where he studied languages becoming fluent in German and French.

상류층 사교계의 명사였던 그의 어머니는 (그녀는 영국 왕족들을 친구로 두고 있었다) 그가 성병에 걸린 것을 너무나 수치스럽게 여겼고, 더는 이런 수모를 겪지 않기 위해 그를 오스트리아에 있는 교양학교(피니싱 스쿨)에 보내기로 한다. 결국, 이안 플레밍은 샌드허스트를 그만두고, 오스트리아로 가 독일어와 프랑스어를 유창하게 배우게 된다.

Throughout Ian Fleming's teenage years the character of James Bond was forming, a liking for girls, cars, good food and travel. All these characteristics were all part of Ian Fleming's character. He had also developed a passion for writing—something that he continued to do for the rest of his life.
Other similarities with the James Bond character also formed during

these days—smoking specially formulated cigarettes (hand made in London) drinking large amounts of alcohol, golf, gambling and going on adventures throughout Europe.

이안 플레밍의 십대 시절은 제임스 본드 캐릭터에 고스란히 투영된다. 여자와 차, 좋은 음식과 여행에 푹 빠져 사는 제임스 본드의 캐릭터는 이안 플레밍의 성격이기도 하다. 또한 이 시절의 이안 플레밍은 글쓰기를 향한 자신의 열정을 발견했으며, 이 열정은 그가 사는 동안 변함없이 지속됐다.

이안 플레밍과 유사한 제임스 본드의 또 다른 특징들 역시 이 시절에 형성된 것이다. 특수 제작된 담배(런던에서 수공으로 제작되는)를 피우고, 술을 많이 마시고, 골프와 도박 그리고 유럽 전역을 모험하는 것 모두 이안 플레밍의 이 시기 모습에서 나온 캐릭터이다.

이렇게 논리적인 시간의 흐름에 따라 십대 시절 이안 플레밍의 생활상을 보여준다. 그의 관심사를 알려주고, 또 이 관심사들이 어떻게 이어져서 제임스 본드의 캐릭터를 형성하게 되었는지를 설명하고 있다.

It was when the Second World War broke out in 1939 that Ian Fleming's desire for adventure began to be realized. He was recruited to join the Royal Navy's Intelligence Department and it was here that his imagination was allowed to grow and he helped to come up with many daring secret missions in Germany and France.

1939년 2차 세계대전이 발발하면서 모험을 향한 그의 갈망이 실현되었다. 그는 왕실해군정보국에 채용되었고, 이곳에서 자신의 상상력을 키울 수 있었으며, 이 상상력을 활용해 정보국이 독일과 프랑스에서 위험한 비밀 임무들을 수행할 수 있도록 아이디어를 제안하며 그들을 도왔다.

By the end of the Second World War Ian Fleming was 37 years old. He was still single and had many girlfriends. His passion for writing was allowed to continue when he became an assistant editor for a newspaper in London. Ian Fleming also enjoyed his singlehood and the thought of marriage scared him. However, in England in the late 1940's, gentlemen from wealthy backgrounds were expected to marry and he experienced an enormous amount of pressure from his mother. He had developed a liking for married women and had many affairs with married women during that time (something James Bond was said the like—married women because there was no commitment).

2차 세계대전이 끝날 무렵 그는 37살이 되었다. 여전히 결혼하지 않은 상태로 많은 여자친구를 두고 있었다. 그는 런던의 한 신문사에서 편집 조수가 되면서 글에 대한 열정을 다시 이어갈 수 있었다. 그는 독신 생활을 즐겼으며 결혼은 두려운 현실이었다. 하지만 1940년대 후반 당시, 부유한 배경을 가진 영국 남자들은 결혼해야 했으며, 이 때문에 어머니로부터 엄청난 압력을 받아야만 했다. 그 시기 그는 유부녀 취향을 발전시켜 유부녀들과 수많은 염문을 뿌리고 다녔다. (제임스 본드가 말하듯, 유부녀들은 책임질 필요가 없었다.)

여기서는 글쓰기에 대한 열정부터 결혼에 대한 압박까지 이안 플레밍에 대해 좀 더 자세하게 알려주고 있다.

One married woman was very special and Ian Fleming soon found himself falling in love. This woman, Anne Chatteris, was married to the British aristocrat, Viscount Rothermere. It was not long before Anne

filed for divorce. Following the divorce, Ian proposed to Anne and they became engaged to be married.

그에게 매우 특별했던 유부녀가 하나 있었는데, 머지않아 그는 그녀와 사랑에 빠진 자신을 발견하게 된다. 여인의 이름은 안느 채처리스로 영국 귀족 로더미어 자작의 부인이었다. 안느가 이혼하기 얼마 전의 일이었다. 이혼 후에, 이안은 안느에게 프러포즈를 했고 약혼식을 치렀다.

Following the end of the war Ian Fleming bought a holiday house in Jamaica, which he called Goldeneye (named after one of his secret missions' during the War and which later became to title of one of the James Bond films). It was here that he went in the winter of 1951 to escape the fear he had of his forthcoming marriage to Anne. It was while he was at Goldeneye that he sat down and wrote the first James Bond novel.

전쟁이 끝나면서 이안 플레밍은 자메이카에 별장을 사게 된다. 그는 이 별장을 골든아이(전쟁 동안 그의 비밀 임무 명 중 하나였던 이 이름은 나중에 제임스 본드 영화의 제목이 되기도 했다)라고 불렀다. 그는 1951년 안느와의 결혼을 앞둔 두려움에 그녀를 피해 그해 겨울을 이곳에서 보내게 된다. 골든아이에 머물면서 그는 첫 번째 제임스 본드 소설을 완성한다.

이야기의 흐름이 절정으로 향하면서 이안 플레밍에 관한 이야기를 조금 더 덧붙인다. 그러나 덧붙이는 이야기들은 제임스 본드 캐릭터의 탄생에 관련된 내용만으로 축약되어야 한다. 사람들이 관심 있는 내용만 핵심적으로 뽑아내고, 그 외 불필요한 것들은 추려내야 한다.

그런 후, 제임스 본드 소설이 어떻게 나오게 되었는지에 대한 결정적인 이야기를 마지막에 드러내는 것이다.

Through Ian Fleming's early life, his wartime experiences and his own passions in life, the character we all now know as James Bond came to life. But were it not for Ian Fleming's fear of his forthcoming marriage James Bond may never have been written.

이안 플레밍의 젊은 시절을 통해, 전쟁을 겪은 경험과 삶에 대한 그만의 열정이 우리가 알고 있는 제임스 본드로 탄생한 것이다. 하지만 결혼에 대한 두려움이 없었다면 제임스 본드 소설은 결코 탄생하지 못했을 것이다.

Finally, if you are wondering where the name "James Bond" came from then it came from a book that was sitting on a bookshelf in Goldeneye—the book was a book on birds and it was written by … James Bond.
And that is the story of how James Bond was created.

마지막으로, 제임스 본드라는 이름이 어디에서 나온 것인지 궁금할 것이다. 그 이름은 골든아이 별장의 책장 속에 있었던 한 권의 책에서 따온 것이다. 그 책은 새에 관한 내용으로, 저자 이름이 바로 제임스 본드였던 것이다.

여기까지가 제임스 본드가 어떻게 탄생하게 되었는지에 관한 이야기이다.

이렇게 이야기의 절정을 드러낸 후 스토리를 간단하게 요약함으로써 청중이 이 스토리를 쉽게 기억할 수 있도록 도와주면서 이야기를 마무리한다.

이런 탄생 스토리 외에도, 청중에게 자기를 소개하는 부분에서 자신에 관한 스토리를 이야기하는 것도 좋은 방법이다. 자신에 관한 스토리는 따로 내용을 외울 필요가 없이 자연스럽게 이야기를 전달할 수 있는 좋은 소재이기 때문이다.

B. 내가 한국에 오게 된 이유

외국인으로서 한국에서 일하며 생활하고 있는 필자는 한국인 청중들 모두 내가 어떻게 한국에 오게 되었고, 또 무엇 때문에 오랜 기간 머무르고 있는지 궁금해한다는 것을 알게 되었다. 학생들과 친구들로부터 이와 관련된 질문을 정말 수도 없이 많이 받았기 때문이다. 그래서 필자는 내가 어떻게 한국에 오게 되었는지에 관한 스토리를 슬라이드로 따로 만들어두고 프레젠테이션 도입부를 항상 이 이야기로 시작한다. 이제 이 스토리는 필자가 프레젠테이션하는 데 있어 꼭 필요한 부분이 되어 버렸다.

프레젠테이션에서 사용하는 스토리는 다음과 같다.

I arrived in Korea on 30th June 2002—the World Cup final day. It was hot and humid—the kind of heat I always associated with going on holiday and I was excited about beginning a new chapter in my life.

2002년 월드컵의 마지막 날이었던 6월 30일, 그날은 제가 처음으로 한국땅을 밟은 날이기도 합니다. 무덥고 습한 날씨였죠. 휴가 중에 항상 느꼈던 그런 열기였습니다. 이날 저는 제 인생의 새로운 장을 연다는 기대에 한껏 부풀어 올라 있었습니다.

The whole story of why I came Korea began seven years earlier in 1995.

제가 한국에 오게 된 이야기는 한국에 오기 7년 전인 1995년부터 시작됩니다.

In 1995, I was working as a hotel manager in a four star hotel. I rented

my own house and had a great set of friends who I enjoyed going out to the local pub with on a Friday night, and clubbing with on a Saturday night. I was enjoying a typical lifestyle of a carefree twenty-something in the United Kingdom.

1995년, 저는 4성급 호텔에서 호텔 매니저로 일하고 있었습니다. 전셋집을 갖고 있었고, 금요일 밤이면 동네 술집에서 술을 마셨고, 토요일 저녁이면 클럽을 다니며 함께 즐길 수 있는 좋은 친구들도 있었습니다. 저는 영국의 보통 20대라면 누구나 그렇듯 근심 걱정 없는 라이프 스타일을 즐기고 있었습니다.

It was during 1995 that something dramatic happened that changed my life forever and eventually resulted in me coming to Korea and falling in love with this amazing country.

그러던 1995년의 어느 날 제 인생을 확 바꾸어놓은 극적인 사건이 발생했고, 그 결과 저는 한국에 오게 되었으며 이 놀라운 나라와 사랑에 빠지게 됩니다.

이처럼 시간적 배경을 2002년이 아닌 2002년 월드컵으로 설정한다. 그리고 20대라는 나이 설정으로 청중이 그 당시 필자의 모습을 쉽게 떠올릴 수 있도록 했다. 또 필자의 인생을 바꾸어 줄 무언가가 일어났다는 박진감도 함께 제공한다. 청중이 필자의 이야기에 흥미를 느낄 수 있도록 이야기를 서서히 달궈주기 시작한다.

In 1992, my father became bankrupt—a casualty of the economic downturn in the early 1990's that had hit Europe. My father was a farmer. He farmed cows, sheep and horses. The family home was a

farm and both my brother and sister and I had all grown up on the farm. It was in 1995 that my parents informed me that they were about to lose the family home and that they would have nowhere to live after they had lost the home.

1992년 제 아버지는 파산했습니다. 저희 아버지 역시 90년대 초 유럽 전역을 강타했던 경제 대란의 희생자이셨던 거죠. 아버지는 소, 양, 말 등을 키우는 농장주였습니다. 저와 제 동생들 모두 그 농장에서 나고 자랐습니다. 1995년에 부모님은 제게 농장과 집을 잃게 될 것이며, 집을 잃으면 갈 곳도 없다고 말씀하셨습니다.

I decided to do whatever I could to help my parents save their house and I contact a few friends who were lawyers to see what we could do to stop the forced sale of the family home. At the same time I began reading law books on bankruptcy and went through all the legal documents that my father had received over the previous three years.

저는 부모님의 집을 구하기 위해 할 수 있는 건 뭐든 다 해야겠다고 마음먹었습니다. 그래서 변호사 친구들에게 연락해 농장이 경매에 넘어가지 않도록 할 방법이 있는지 알아보았습니다. 동시에 저는 파산 관련 법률 서적을 읽기 시작했고 지난 3년 동안 아버지가 받은 모든 법률 문서들을 검토했죠.

Putting together the knowledge I had got from reading the law books I soon discovered that the lawyers involved in the bankruptcy had made mistakes and I, together with my legal friends, began to question the legality of the forced house sale. There were many court hearings and some of these we won and some we lost. But the whole experience

created an interest in law in me and I decided in 1996 to go to university to do my law degree.

법률 서적을 통해 저는 곧 이 파산과 연루된 변호사들이 저지른 오류를 발견하게 됩니다. 그래서 저는 변호사 친구들과 함께 아버지의 농장에 대한 경매의 합법성에 이의를 제기하기 시작했습니다. 여러 차례 공판이 열렸고, 저희는 승소하기도, 패소하기도 했습니다. 하지만 저는 이 경험을 통해 법률에 관심을 두게 되었고, 1996년에는 대학에 들어가 법학을 전공하기로 결심합니다.

Finally, in 1997, we won a court hearing that allowed my parents time to sell the family home—this was a good win for us as it meant that we did not have to accept the first offer we got and it allowed my parents time to get the best price possible for the house—thus leaving them with enough money to be able to buy another farm in Ireland and have enough left over to make a good retirement for them.

마침내 1997년, 저희가 공판에서 승소해 부모님께서 직접 농장을 팔 수 있게 되었습니다. 이것은 저희 부모님의 농장이 경매에 넘어가지 않았을 뿐더러 최상의 가격으로 팔 수 있도록 해준다는 뜻이죠. 그리하여 저희 부모님은 아일랜드에 있는 다른 농장을 샀고 두 분이 노후 연금으로 충분히 쓸 수 있는 돈까지 남겨서 그곳을 떠나셨습니다.

In 2000, I graduated with an honors law degree and I enrolled in the Legal Practice course at my university to finish my legal studies and become a lawyer in the UK.

2000년, 저는 우수학위로 대학을 졸업하고, 5년간의 법학 과정을 마치고 변호사가 되기 위해, 졸업하자마자 다니던 대학의 법률 실무코스를 등록했습니다.

여기서는 필자의 인생을 바꾸어 놓은 사건에 대해 자세하게 풀어놓는다. 왜 법학을 공부하게 되었는지, 이를 선택하게 된 동기에 관한 기본적인 내용만을 다루고 불필요한 세부사항은 넣지 않았다.

By the time I had been working as an attorney for around one and half year, I was tired of law. I had studied law for five years and since 1997 I had been working as a paralegal in a law firm. I had essentially been studying and working law for the past 6 years. I needed a break.

대학 졸업 때부터 사무 변호사로 일 년 반가량 일하면서 저는 지쳤습니다. 법률 공부를 5년 동안 했고, 1997년부터 법률사무소에서 변호사 보조로 일했습니다. 법을 공부하고 일하는 데만 6년이라는 시간을 보낸 것입니다. 전 휴식이 필요했습니다.

Unfortunately, I could not afford to take a long vacation—I still needed to earn money. It was my Korean friends at university that suggested that I go to Korea and teach English for a year. This sounded perfect. It meant I could have a break from law, earn a little money and have a holiday at the same time.
So, in June 2002, I packed my bags, said goodbye to England and flew to Korea.

하지만, 안타깝게도 휴가를 길게 보낼 형편은 못 되었습니다. 돈을 벌어야 했거든요. 대학 때 만난 한국인 친구들이 한국에서 일 년 동안 영어를 가르쳐보는 게 어떻겠냐고 제안했습니다. 솔깃한 이야기였죠. 변호사 일을 잠시 접어두고 돈도 조금씩 벌면서 휴가도 보낼 좋은 기회였습니다.
그래서 저는 2002년에 짐을 싸서 영국과 작별을 하고 한국으로 날아왔습니다.

이렇게 필자가 영국을 떠나고 싶었던 이유와 한국인 친구들을 통해 한국을 선택한 사연을 알려주었다. 긴 부연설명 없이 이해하기 쉬운 간략한 스토리를 유지하고 있다.

It took about three months, but when it happened it happened quickly. After about three months I found I did not want to leave Korea. I had fallen in love with Korea and I was learning the culture and the history. When it was time to make a decision about whether to stay another year in Korea or go home it was a simple choice—I signed the contract and stayed in Korea. The following years the same thing happened. I found myself making excuses to stay in Korea.

3개월이라는 시간이 흘렀습니다. 시간은 흐를 땐 참 빨리 지나가죠. 3개월 후, 전 이제 한국을 떠나고 싶지 않다는 것을 깨달았습니다. 전 한국의 문화와 역사를 배우며, 그렇게 한국과 사랑에 빠져버린 겁니다. 한국에 일 년 더 머무를 것인지 계약기간이 끝나면 영국으로 돌아갈 것인지 결정해야 할 시간이 왔을 때, 저는 한국에 머무르기 위해 계약서에 사인했습니다. 그다음 해에도 같은 일이 벌어졌습니다. 한국에 더 머무를 구실을 찾고 있는 저 자신을 발견하게 된 거죠.

It was after three years that I finally admitted that I loved Korea and I loved teaching. I decided that I had to follow my love of teaching instead of a career in law and so I made the decision to settle down and live in Korea.
It was then and it is today the best decision I have ever made in my life.

3년이 지난 후, 결국 저는 한국을 정말 사랑하고 가르치는 일을 좋아하는 저를 받아들였습니다. 변

호사를 포기하고 가르치는 일에서 제가 느끼는 기쁨을 따르기로 했죠. 그렇게 저는 한국에 안착해 살아가기로 마음을 굳혔습니다.
그때나 지금이나 제 인생에서 가장 잘한 결정이었다고 저는 생각합니다.

애초에 계획했던 1년이 지난 후에도 한국에 머무르는 이유에 대해 설명하고, 무엇이 나를 한국에 머무르게 만드는지를 설명하며 이야기를 마친다. 다시 한 번 말하지만, 스토리는 짧고 논리적인 순서에 따르는 단순한 것이어야 한다. 그래야 스토리가 기억에 남게 되고, 이것이 바로 스토리를 이야기하는 목적이기 때문이다.

C. 스토리 제작 가이드 라인

아래는 프레젠테이션에서 스토리를 만들 때 필요한 사항들을 가이드 라인으로 정리한 내용이다. 앞으로 있을 프레젠테이션에 참고하기 바란다.

1. 이야기할 장면과 시간적 배경을 설정하고 시작한다.

"In 1985 our founder Mr Kim was working in a factory in Busan."

1985년 우리 회사의 설립자 김 회장님은 부산 공장에서 근무하고 계셨습니다.

2. 스토리 속 인물에 약간의 '특징'을 부여한다.

"Mr Kim was a hard working man with a big dream."

회장님은 큰 포부를 가지고 열심히 일하는 사람이었습니다.

3. 상황이 변하게끔 동기를 부여한, 힘들었던 점을 설명한다.

"Finally Mr Kim became tired of working in a factory 8 am to 8 pm every day Monday to Saturday."

결국, 회장님은 월요일부터 토요일까지 매일 아침 8시부터 저녁 8시까지 공장에서 일하는 것에 지쳐갔습니다.

4. 변화된 상황을 설명한다.

"So Mr Kim decided to start his own company and with help from his brothers he founded IRK Limited."

그래서 회장님은 자신의 회사를 차리기로 마음먹고, 형제들의 도움을 받아 IRK사를 설립하게 되었습니다.

5. 변화된 상황에 약간의 디테일을 첨가한다.

"IRK Limited grew quickly into one of Korea's leading bottled water companies."

IRK사는 국내의 전도유망한 생수 업체로 빠르게 성장했습니다.

6. 스토리의 클라이맥스를 드러낸다.

"Today, IRK Limited is Korea's biggest bottled water company and the fifth largest in the world."

"오늘날 IRK사는 한국에서 가장 크고 세계에서 다섯 번째로 큰 생수회사가 되었습니다."

7. 스토리를 요약하며 마무리한다.

"So, from humble beginnings Mr Kim created a company that has grown into a company that every Korean person is proud of."

보잘것없이 시작했던 회장님의 회사는 이제 모든 국민이 자랑스러워하는 회사로 성장하였습니다.

영어로 프레젠테이션하는 것이므로, 스토리를 논리적으로 만드는 데 꼭 필요한 디테일만을 포함해 내용을 최대한 단순하게 유지해야 한다. 이렇게 해야 발표자가 이야기를 전하기 수월할 뿐 아니라 듣는 청중 또한 이해하고 따라가기가 쉬워진다.

그렇다면 왜 그 대학에 들어갔는지, 혹은 첫사랑을 어떻게 만났는지 등과 같은 소재로 이 가이드 라인을 응용해 스토리 텔링을 연습해보자. 이는 영어를 향상할 수 있는 좋은 방법이자 자신이 하고자 하는 이야기를 흥미롭고 인상 깊게 만드는 훌륭한 방법이 될 수 있다. 아래는 필자가 강의를 시작하던 첫해에 들었던 짧으면서도 인상 깊었던 스토리이다.

필자는 학생들에게 "배우자를 어떻게 만나게 되었나요?"라고 물은 적이 있다. 강의실에 있던 학생이 모두 기혼자였기에 스토리 텔링을 연습할 수 있는 좋은 소재이자 방법이라 생각했기 때문이다.

영어 이름이 줄리아였던 한 학생은 "대학에서 남편을 만났어요."라고 말했다. 그래서 나는 처음 남편을 어떻게 만나게 되었는지 설명해달라고 부탁했다. 그녀는 이렇게 이야기를 시작했다.

"I went to university to meet my husband. I was not interested in studying, I only wanted to meet a good man and get married. It was my second week at university and I was having lunch in the student dining room. As I was walking to a free table I accidently knocked a man's drink off the table. I cannot remember what the drink was—I think it was water or something. Anyway, I felt so sorry and I was apologizing but this guy was just smiling all the time I was saying how sorry I was. Then we started talking and I had my lunch with him."

전 남편감을 구하려고 대학교에 다녔어요. 공부엔 취미가 없었죠. 제가 원한 것은 좋은 남자를 만나 시집가는 게 전부였어요. 대학교에 입학한 지 2주쯤 된 어느 날, 학생식당에서 점심을 먹으려 하고 있었어요. 빈자리를 찾아 걸어가다 우연히 한 남자의 테이블에 있던 음료수를 떨어뜨렸어요. 그 음료수가 무엇이었는지는 기억나지는 않는데, 물이나 아니면 그 비슷한 거였던 것 같아요. 아무튼, 저는 정말 미안해서 계속 사과했어요. 그런데 그 남자는 제가 미안하다고 할 때마다 계속해서 웃기만 했어요. 그런 후 우리는 이야기를 나눴고, 점심도 함께 먹었죠.

"When we had finished lunch he asked if we could have lunch together again the next day and I said yes. After that we started seeing more and more of each other and we soon became girlfriend and boyfriend."
점심을 먹은 후 그가 다음날에도 같이 점심을 먹을 수 있느냐고 물었죠. 전 좋다고 대답했어요. 그렇게 서로 자주 만나게 되면서 연인 사이가 되었답니다.

"Later he confessed to me that he had moved his drink to the edge of the table and when I walked past he knocked it onto the floor because he wanted to meet me! I was so surprised."
나중에 남편이 고백하기를, 자기가 일부러 테이블 가장자리 쪽으로 음료수를 옮겨 놓고 제가 지나갈 때 바닥으로 떨어뜨렸다고 하더라고요. 저를 만나고 싶어서요! 그 말을 들었을 때 정말 놀랐어요.

    거의 십 년이 지났지만, 난 아직도 이렇게 그녀의 이야기를 기억하고 있다. 이야기는 매우 간단하지만, 남편이 그녀와 만나고 싶어서 일부러 음료수를 떨어뜨렸다는 놀라운 클라이맥스를 가지고 있기 때문이다.

4 스토리 전개법

A. 상황 설명 – 문제 인식 – 문제 해결

스토리를 이야기한다는 것이 때로는 실제보다 훨씬 더 어렵게 느껴질 수 있다. 특히 영어로 말해야 하는 스토리라면 더 그렇다. 하지만 스토리를 만들 수 있는 정말 간단한 방법이 있다.

아래처럼 먼저 주어진 상황을 이야기하고 거기에서 문제점을 지적한 후, 그 문제를 어떻게 해결했는지를 알려주는 전개법을 사용하면, 논리적이고 손쉽게 스토리를 만들어낼 수 있다.

SITUATION (상황 설명)
PROBLEM (문제 인식)
SOLUTION (문제 해결)

이제 각각의 단계를 자세하게 살펴보자.

● **SITUATION** (상황 설명)

"Today, many people struggle to manage their working lives as well as their private lives. Often, their work life and their private life converge together and there is no barrier between the two."

오늘날, 많은 사람이 직장생활뿐만 아니라 사생활을 유지하는 데 어려움을 겪습니다. 가끔 업무와 사생활이 한데 섞여 구분이 안 되는 일도 있습니다.

　오늘날 일어나고 있는 상황들을 청중에게 알려주는 것이다. 예를 들어 현재 시장의 흐름이라든가 영업 실적과 같이 현재 무엇이 어떻게 되어 있는지를 이야기하는 것이다.

● **PROBLEM** (문제 인식)

"This leads to rises in levels of stress and personal problems within families. Fathers spend little or no time with their children, and married couples often find they grow apart and this puts a huge strain on a marriage."

업무와 사생활의 구분이 없어지면서 개인이 느끼는 스트레스 지수가 올라가고 가족 내의 사적인 문제점들이 늘어나게 됩니다. 아버지는 아이들과 보내는 시간이 적거나 아예 없고, 결혼한 부부들은 사이가 멀어져서 결혼생활에 압박을 받기도 합니다.

　문제가 무엇인지, 예를 들면 현재 회사의 제품 시장이 왜 성장하지 못하고 있는지, 영업 실적이 왜 떨어지는지 등과 같이 앞서 이야기한 상황 속 방법이 왜 효과를 보지 못하는지 등에 대해 설명해준다.

● **SOLUTION** (문제 해결)

To overcome this problem, people need to create clear boundaries between their work life and their private life. Setting a finish time for work (say 6:30 pm) and making sure that they leave their workplace at that time every day. People can also make sure that they spend a fixed amount of time each day with their families.

이 문제를 극복하기 위해서는 자신의 업무와 사생활 사이에 명확한 경계를 세울 필요가 있습니다. 퇴근 시간을 6시 반으로 정해놓고, 매일 그 시간에 퇴근할 수 있도록 하는 것입니다. 또, 매일 가족과 보낼 수 있는 시간을 정해 그 시간을 지킬 수 있도록 노력하는 것입니다.

자, 이제 청중에게 당신이나 당신의 회사에서 이 문제점을 어떻게 해결할 수 있는지를 알려준다. 예를 들면 사람들의 생활을 좀 더 향상해줄, 혹은 판매를 증진할 방법 또는 현재 시장을 다시 성장시켜줄 수 있는 제품이나 서비스가 무엇인지 이야기하는 것이다.

그러면 이번에는 다음 샘플을 읽어보자. 2007년 스티브 잡스의 iPhone 출시 프레젠테이션 중 일부를 발췌한 것이다.

"... let me talk about a category of things. The most advance phones are called "smart phones"—so they say—and they typically combine a phone plus some email capability plus they say it's the internet, sort of the baby internet in the one device. And they all they have this plastic

little keyboards on them and err the problem is that they're not so smart and they're not so easy to use …"

전자기기의 한 범주에 대해 이야기해 보도록 합시다. 소위 '스마트폰'이라 불리는 가장 진보한 휴대전화, 모든 사람이 그렇게 부르는 이 스마트폰은 일반적으로 하나의 휴대폰에 이메일과 인터넷 기능이 결합한 것을 이야기합니다. 여기서 이들이 말하는 인터넷이란 하나의 기기 안에서 사용되는 일종의 작은 인터넷이죠. 그리고 이런 스마트폰은 모두 단말기 위에 조그만 플라스틱 키보드를 장착하고 있습니다. 그리고 문제는 이 스마트폰이 그리 스마트하지 않다는 것이죠. 게다가 사용하기도 쉽지가 않습니다.

"Regular phones are not so smart and not so easy to use. But smart phones are definitely a little smarter but they're actually harder to use, they're really complicated just for the basic stuff people have a hard time figuring out how to use them."

일반 휴대폰은 스마트하지도, 그렇다고 사용법이 그렇게 쉽지도 않습니다. 그에 비하면 스마트폰은 분명히 이들보다야 조금은 더 스마트하겠지만, 휴대전화의 단순한 일반 기능만을 사용하는 사람들이 이 스마트폰의 사용법을 숙지하는 데 어려움을 겪을 만큼 복잡해서 실질적으로는 일반 휴대폰보다 사용하기가 훨씬 더 어렵습니다.

"Well we don't want to do either one of these things. What we want to do is make a leapfrog product that is way smarter than any mobile device that's ever been and super easy to use. This is what iPhone is."

우리는 이런 스마트폰은 만들고 싶지 않았습니다. 우리가 원하는 것은 그동안 출시된 어떤 모바일 장치보다도 훨씬 스마트하고 사용하기도 엄청 쉬운, 그런 뛰어난 제품을 만들어내는 것입니다. 그리고 이것이 바로 아이폰입니다.

이처럼 스티브 잡스 역시, 스마트폰의 현황을 설명하면서 이 모바일 장치들의 문제점들을 알려주고, 그에 관한 해결 방식을 제시하는 "상황 설명-문제 인식-문제 해결" 전개법을 통해 프레젠테이션을 구성하고 있다.

프레젠테이션에 이 전개법을 사용하면 발표자가 이야기하는 제품이나 서비스가 왜 필요한 것인지 청중이 제대로 이해하고 현 시장의 문제점을 파악할 수 있도록 해준다. 스티브 잡스의 경우, 스마트폰이 매우 기능적이지도 않고 사용하기 복잡하다는 어려운 점을 문제로 지적하고 있다. 이런 구조를 통해 청중에게 회사의 제품이나 서비스가 이를 어떻게 극복하고 풀어나가는지를 보여줄 수 있게 된다.

앞으로 프레젠테이션을 준비할 때는 프레젠테이션 주제와 관련해 자신 또는 회사의 현재 상황을 스스로 설명해 보고 왜 그것이 잘 이루어지지 않는지, 혹은 문제점이 무엇인지, 또 자신이나 회사에서 이 문제점을 어떻게 해결할 수 있을지 등을 단계별로 생각하는 시간을 갖고, 청중에게 이것을 효과적으로 그리고 강렬하게 호소할 수 있도록 하나의 스토리로 엮어내는 연습이 반드시 필요할 것이다.

B. 상황 설명 – 문제 인식 – 문제 해결의 예

아래에 나오는 슬라이드와 스토리 샘플은 상황 설명–문제 인식–문제 해결의 스토리 전개법을 사용한 스토리의 한 예이다. 설명문을 보기 전에, 슬라이드를 보면서 자신만의 스토리를 만들어 보는 것도 좋은 연습이 될 것이다.

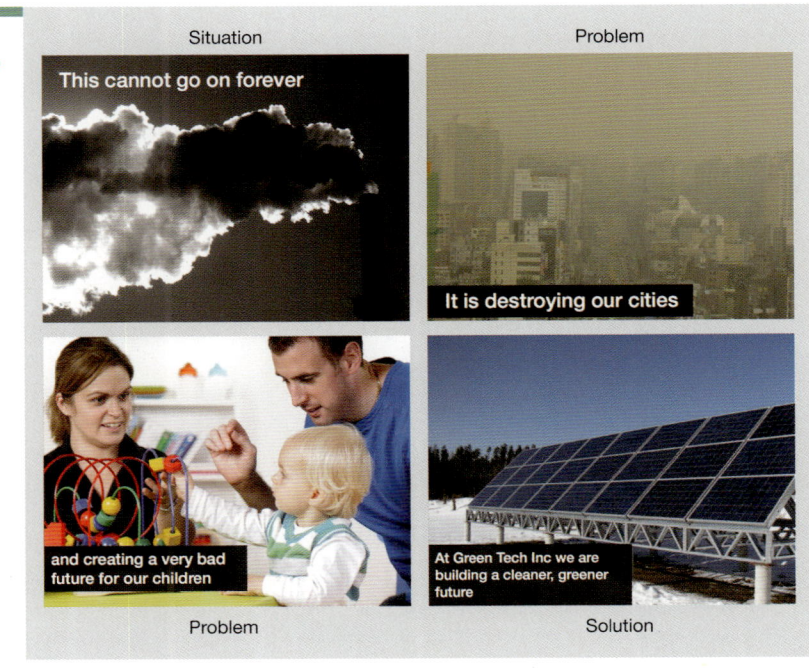

Story Sample Let us take a look at a problem that is, or will, affect us all now and in the future.

현재 우리에게 영향을 미치거나 미래에 그렇게 될 문제점을 하나 살펴보도록 합시다.

● SITUATION (상황 설명)

Today, our industry, our cars and our lifestyle are killing our planet. You just need to look outside your window to see the effects of this on the environment. If any of you have ever hiked in the hills and mountains that surround Seoul, you will see the clouds of pollution hanging over the city. And it is not just affecting Seoul. It is affecting every major city in every country all over the world.

오늘날 우리의 산업과 자동차, 그리고 생활 방식이 우리 지구를 죽이고 있습니다. 창문을 열고 밖을 내다보기만 해도 이것이 환경에 어떤 결과를 미쳤는지 볼 수 있습니다. 서울 근교의 언덕과 산에만 올라가도 도시 위에 드리워진 오염된 먼지 구름을 보게 될 겁니다. 서울만 이런 것이 아닙니다. 전 세계 모든 나라의 주요 도시들도 침범당하고 있습니다.

● PROBLEM (문제 인식)

The problem is not just what is happening to us now, but it is a huge problem that we are giving to our children for the future. Our political and industrial leaders are too afraid to do anything effective to stop this poisoning of our planet because they are only focused on the next election. But this is a problem that goes beyond the next election—it is a problem that if we do not do anything about right now, our children and our children's children are going have a very bad future.

문제는 단순히 지금 우리에게 무슨 일이 벌어지고 있느냐가 아닙니다. 더 큰 문제는 이것을 미래의 우리 아이들에게 물려주게 된다는 것입니다. 정경계 지도자들은 그저 다음 선거에만 혈안이 되어 지구의 오염을 막을 수 있는 효과적인 대책을 시행하는 것을 매우 두려워하고 있습니다. 하지만 다음 선거를 떠나, 지금 당장 우리가 무엇인가 대책을 마련하지 않는다면 우리의 아이들과 그들의 아이들이 매우 열악한 미래를 갖게 된다는 것이 문제입니다.

● **SOLUTION** (문제 해결)

Here at Greentech we are providing the solutions to this very damaging problem. We are working night and day to create solutions to these problems. We have already developed a carbon dioxide filtration system that filters out the carbon dioxide from our coal fired power plants. And we are continuing to develop technologies that take advantage of solar power and how we can use solar power to make our homes and our lifestyles more environmentally friendly.

저희 그린테크에서는 매우 파괴적인 이 문제에 대한 해결책을 제공하고 있습니다. 저희는 이 해결책들을 마련하기 위해 밤낮으로 일하고 있습니다. 저희는 이미 화력발전소에서 발생하는 이산화탄소를 걸러내는 이산화탄소 여과시스템을 개발하였습니다. 그리고 우리가 사는 집과 생활 방식을 좀 더 환경친화적으로 만들기 위해 어떻게 하면 태양열을 사용할 수 있는지, 태양열의 이점들을 취한 기술들을 끊임없이 개발하고 있습니다.

5 한눈에 정리하기

지루하고 기억에 남지 않는 프레젠테이션과 흥미롭고 인상 깊은 프레젠테이션의 차이는 바로 스토리가 있느냐 없느냐에서 나온다. 이 스토리의 유무가 90년대의 구식 프레젠테이션인지, 21세기의 세련된 프레젠테이션인지를 결정한다. 그러므로 발표자는 자신의 프레젠테이션을 오래 기억되고 흥미롭게 만들 수 있는 그런 스토리들을 찾아야 한다.

스토리를 찾을 수 있는 가장 좋은 원천은 바로 생각들을 구체화했던 마인드맵이다. 마인드맵에 적힌 아이디어들을 살펴보면서 핵심 사항들을 연결해 하나의 이야기로 만들 수도 있으며, 각각의 핵심 메시지에 대한 예시로 가상의 스토리를 만들 수도 있다. 회사 소개 시 창립 스토리를 덧붙이거나 자신만의 스토리로 자기소개를 이어가는 것도 좋은 스토리 아이디어가 될 것이다. 이렇게 얻어진 아이디어들은 스토리보드 작업을 하면서 구체화된다.

앞에서 알려준 가이드 라인이나 상황 설명-문제 인식-문제 해결 전개법을 응용해 스토리를 만들 수 있다. 이런 방법을 통해 프레젠테이션을 논리적으로 구성할 수 있고, 따라서 청중은 발표자의 메시지를 좀 더 명확하게 이해할 수 있다. 또한 명확한 메시지는 청중의 머릿속에서 더욱 오래 기억된다.

Great Presentation Resources 1

아래의 리스트는 프레젠테이션하는 이들에게 영감을 주고 도움이 될만한 웹 사이트를 정리한 것이다. 프레젠테이션 디자인에 대한 아이디어가 떠오르지 않을 때, 혹은 자신의 프레젠테이션을 개선하고 싶을 때 아래의 웹 사이트들을 방문해보기 바란다. 두 눈이 번쩍 뜨일만한 유용한 정보들을 얻을 것이다.

"Present in English" 블로그 – www.presentinenglish.com

프레젠테이션할 때 청중과 더 나은 소통을 할 수 있도록, 또 영어프레젠테이션은 복잡하고 어려운 과제나 업무가 아닌 자신의 창의성을 발견하고 재미를 찾을 수 있는 작업이라는 것을 보여주기 위해 우리가 직접 제작한 블로그이다. 영문 기사를 읽을 시간이 부족한 독자들을 위해 한글 번역본도 함께 올려놓고 있으니 편하게 방문하기 바란다.

가르 레이놀즈의 "Presentation Zen" 블로그 – www.presentationzen.com

가르 레이놀즈는 프레젠테이션 디자인 분야에서 세계 최고의 저자이자 최고의 프레젠터로 손꼽힌다. 그는 프레젠테이션과 관련해 세 권의 책을 집필했으며, 20년 넘게 일본에 거주하면서 습득한 일본과 일본 문화에 대한 지식을 활용해 훌륭한 프레젠테이션을 제작하고 진행하는 방법을 개발해오고 있다. 그의 노하우가 궁금하다면 이 블로그를 방문하라.

TED(Technology Education and Design) – www.ted.com

TED 웹 사이트는 프레젠테이션의 보고(寶庫)라 할 수 있겠다. 여기 있는 프레젠테이션들은 내용 면에서도 감동과 교훈을 줄 뿐 아니라 아름다운 슬라이드 디자인과 뛰어난 전달력을 함께 보여주고 있다. 프레젠테이션의 주제는 세상을 변화시키는 법부터 용기와 열정을 북돋아주는 감동적인 스토리들까지 매우 다양하며, 대부분의 TED 강연은 한글 및 기타 외국어 자막이 지원되고 있다. 특별한 영감이 떠오르지 않아 답답하고 머리가 아프다면 TED 강연을 한두 편 감상해보기 바란다. 훌륭한 프레젠테이션을 펼치는 데 필요한 아이디어의 갈증을 없앨 수 있을 것이다.

TEDx – www.ted.com/tedx

TEDx는 TED로부터 라이선스를 받아 독립적으로 진행되는 이벤트로, 전 세계 도시에서 그들만의 TED 모임을 펼칠 수 있도록 열리는 행사이다. 한국에서도 TEDx 그룹이 빠른 속도로 성장하고 있고, 초창기 그룹으로는 TEDx명동(www.tedxmyeongdong.com)과 TEDx숙명(www.tedxsookmyung.or.kr)이 있다. 다양한 사람들과 생각을 공유하고 아이디어를 펼치고 싶다면 TEDx 행사에 참여하라.

IV

THE LANGUAGE OF PRESENTING
언어 표현

1 들어가기 전에

우리는 이 책이 "영어교재"로 불리는 것을 거부한다. 우리의 목적은 독자의 영어 실력 향상이 아니다. 영어로 프레젠테이션하는 데 있어 발표자에게 필요한 것이 무엇인지를 이해시키고, 발표자들이 가장 많이 하는 실수를 미리 방지함으로써 영어 프레젠테이션을 잘 "전달"할 수 있는 "기술"과 "방법"을 알려주는 게 목적이다.

하지만 영어로 하는 프레젠테이션인 만큼 영어실력이 중요한 것도 사실이다. 그래서 이 챕터에서는 프레젠테이션을 잘 전달할 수 있도록 도와줄 영어표현들을 다루고자 한다.

하지만 먼저, 앞에서도 연습의 중요성을 여러 차례 강조했듯, 아무리 잘 만들어진 프레젠테이션이라도 발표 연습을 거치지 않는다면 전부 무용지물이 되어버린다. 그만큼 발표 연습은 필수적이다. 하지만 이런 연습에도 제한을 두는 것이 좋다. 지나치게 연습을 많이 하다 보면, 자칫 너무 딱딱하고 무미건조하게 들릴 수 있기 때문이다.

연습은 외우는 것이 절대 아니다. 발표할 내용을 전부 외우는 것은 발표자의 목소리 톤에서 주요 감정들을 놓쳐버릴 수 있는 매우 위험한 행동이다. 여기서 말하는 연습이란, 이야기하고자 하는 주제와 핵심 내용이 머리와 입에 완전히 익을 때까지 즉, 슬라이드를 잠깐 바라만 봐도 각 슬라이드의 주요 메시지를 말할 수 있을 정도가 될 때까지 충분히 반복하라는 의미이다.

주의사항

프레젠테이션을 연습하면서 가장 많이 하는 실수 중 하나가 슬라이드를 자꾸 바꾸는 것이다. 슬라이드를 지우거나 덧붙이고, 순서를 바꾸는 행위는 연습에 혼란만 가중시킬 뿐이다. 연습을 시작하기 전에 자신이 완성한 프레젠테이션이 확실히 만족스러운지 반드시 짚고 넘어가야 한다. 제대로 완성된 프레젠테이션으로 연습해야 발표의 완성도도 높아지기 때문이다. 그러므로 프레젠테이션을 연습하기 전에, 자신이 완성한 프레젠테이션을 자신뿐 아니라 상사나 동료도 만족하는지 먼저 확인해 볼 필요가 있다.

자! 마인드맵을 통해 발표할 내용을 간단하게 추려놓은 스토리보드와 슬라이드는 이제 모두 준비되었다. 이제는 잘 준비된 프레젠테이션을 넘어 청중에게 제대로 전달되는 훌륭한 프레젠테이션으로 거듭나도록 도와줄 수 있는 표현들을 점검해 보자.

2 발음의 어려움

Sample 1

FAP
Familial Adenomatous Polyposis

Sample 2

Hippopotamus

영어는 배우기도 어렵고, 발음하기도 어려운 언어이다. 하나의 어원에서 비롯된 언어가 아니라 프랑스어, 라틴어, 독일어 및 고대영어의 조합으로 이루어진 복합적인 언어이기 때문이다. 예를 들어, 프랑스어에서 파생된 영어단어는 영어식 발음이 아닌 프랑스어 발음을 그대로 사용하는 경우가 종종 있다. "chef"라는 단어를 영어식으로 발음한다면 [chef]이지만 실제 발음은 [ʃéf]가 된다. chauffeur, chauvinism, chaussure도 마찬가지이다. 그러므로 이러한 프랑스어에서 나온 파생어들은 연습하기 전에 반드시 사전을 보고 정확한 발음을 익혀두어야 한다.

필자는 의학 컨퍼런스에 필요한 프레젠테이션을 자주 검토하곤 한다. 이런 프레젠테이션에서 사용되는 의학용어는 일반 영어단어보다 훨씬 어려워서 제대로 발음하려면 오랜 연습이 필요할 때가 잦다. 그래서 의학 관련 발표자들에게는 어려운 의학용어 대신 쉬운 영어로 바꾸어 말하라고 일러주기도 한다. 예를 들면 "carcinoma(암)"이라는 단어보다는 "cancer"로 발음하는 것이 훨씬 편하므로 바꾸는 편이 더 낫다. 또, 일부 병원에서는 병명을 축약해서 사용하는 경우가 많은데, 예를 들어 "FAP"라는 단어는 바로 알아듣는 의사들도 있겠지만 축약 표현을 사용하지 않는 병원에서는 생소할 수 있다. 이런 때에는 샘플 1처럼 말로할 때는 "FAP"라 이야기하고, 슬라이드에는 "familial adenomatous polyposis(가족성 선종성 용종증)"라는 정식 명칭을 명시해야 한다.

만약 Sample 1처럼 정말 발음하기 어려운데 축약 형태가 아닌 단어라면 어떻게 해야 할까? 가장 좋은 방법은 슬라이드에 단어를 표기하는 것이다. 슬라이드에 담긴 단어를 가리키며 청중에게 이 단어는 발음하기 너무 어려워 슬라이드에 대신 담았다고 능청스럽게 설명한다. 이렇게 되면, 어려운 단어를 발음하느라 진땀을 빼는 문제도 해결하고, 청중에게 약간의 웃음도 제공할 수 있는 일거양득의 효과를 얻게 될 것이다.

　Sample 2처럼 "hippopotamus(하마)"라는 텍스트에 실제 하마 이미지를 삽입한 슬라이드를 작성해 발음의 어려움을 유머러스하게 설명한다면, 청중의 흥미도 유지하고 창피하거나 부끄러운 순간도 모면할 수 있을 것이다.

　발음에 관한 다른 사례로, 한국인은 영어단어의 끝을 길게 발음하는 경향이 있다. 예를 들어, "English," "change," "orange"와 같은 단어들의 끝을 [쉬이], [지이]로 길게 늘여 발음하곤 한다. 이런 발음은 원어민에게 이상하게 들릴 수밖에 없다. 이럴 때는 차라리 [으] 발음으로 끝내는 것이 좀 더 정확한 발음에 가깝다. orange는 [오렌지이]가 아닌 [오렌즈]에 더 가깝고, English는 [잉글리쉬이]가 아닌 [잉글리스]에 더 가깝다.

　남자 이름인 "George"도 끝을 길게 끌어 [죠지이]라고 발음하는 경우가 많다. 하지만 이렇게 발음하면 여자 이름인 "Georgie"가 된다. 한글로 비유하자면 "영수"라는 이름의 남자를 소개하는 공식석상에서 "영숙"이라는 여자를 소개하는 셈이 된다. 이름은 특히 민감한 부분이니 평상시에 [ʃ]나 [dʒ] 발음을 신경 써서 연습해 두는 것이 좋다.

　자신의 발음을 청중이 이해하기 쉽도록, 또 원어민에게 오해를 불러일으키지 않도록 연습하는 시간을 반드시 가져야 한다. 또 기회가 된다면 원어민 강사의 수업을 한두 번 정도 받아 프레젠테이션에서 발표할 내용의 발음이나 언어적인 면을 확인받는 것도 좋은 방법이다.

　좋지 않은 발음의 주된 원인 중 하나는 바로 말의 속도이다. 사람은 긴장하면, 특히 많은 사람들 앞에서 말을 해야 할 때면 더욱더 긴장하게 되어 말이 빨라지는 경향이 있다. 이렇게 말이 빨라지다가 단어를 건너뛰기도 해서 청중이 듣지 못하는 상황도 발생한다. 이런 문제를 예방하려면 속도를 낮추어 말하는 연습이 필요하다. 말하는 동안 초시계로 시간을 재고, 핵심 사항과 다음 문장 사이에서 잠시 멈추는 연습을 집중적으로 해야 한다. 즉, 중요한 내용 앞뒤에서 잠시 멈추며 말하는 연습을 해야 한다는 뜻이다.

이번엔 아래의 예문을 읽어보자.

"So, the most important part of this project is to—enlist all—professors—into the program."
자! 이 프로젝트에서 가장 중요한 것은 프로그램에 — 교수들이 — 모두 — 참여하도록 하는 것입니다.

여기에서 중요한 단어는 "enlist all"과 "professors"이다. 그러므로 이 단어들 앞뒤에서 약 1초씩 멈춤으로써, 단어를 자연스럽게 강조하고 청중이 좀 더 명확하게 들을 수 있도록 하는 것이다.

말의 속도가 빨라지면 자신의 목소리 톤에 미처 신경을 쓰지 못해 그만큼 목소리의 크기가 줄어든다. 긴장감에 프레젠테이션을 빨리 끝내고 싶어져서 말의 속도가 점점 빨라지면 결국 청중의 기억 속에는 아무것도 남지 않는다. 그러므로 속도를 낮추고 명확하게 말하는 연습을 반드시 해야 한다. 길고 어려운 단어의 사용은 피하고, 자신이 하는 이야기를 청중이 완벽하게 이해할 수 있도록 슬라이드를 최대한 활용하는 것이 가장 중요하다.

3 힘을 실어주는 표현

Great Amazing Good Gorgeous Fantastic
Wonderful Incredible Beautiful Pretty WOW
Easy Very Happy Fast Excellence
Splendid Powerful Strong popular nice fighting
doing designing creating innovative
excellent awesome practical inspiring
achievement successfully ideas
breakthrough victorious pleasing best
unexpected new delicious delighted
thrilled satisfied optimistic

프레젠테이션에 힘을 실어줄 가장 좋은 방법의 하나는 바로 강력한 명사, 형용사, 부사를 사용하는 것이다. 스티브 잡스의 프레젠테이션을 한 번이라도 봤다면, 'awesome'이나 'great, revolutionary'와 같은 단어를 여러 차례 들어보았을 것이다. 이것은 비단 스티브 잡스 뿐 아니라 필 쉴러(Phil Schiller: 애플 월드와이드의 제품수석 부사장)의 프레젠테이션에서도 들을 수 있는 단어들이다. 이렇게 청중에게 '어떤 감정을 불러일으켜 흥미를 유발하고 효과적으로 정보를 전달할 수 있도록 해주는 단어'를 "power word"라고 한다.

프레젠테이션을 준비하면서 쉽고 간결한 단어와 표현들만을 사용해 자신의 회사가 이루고자 하는 것, 또는 회사나 자신이 현재 진행하고 있는 일들에 대해 설명하는 것은 그리 어렵지 않다. 하지만 이런 표현들만으로는 극적인 분위기를 조성하기 어려우므로, power word를 함께 곁들이는 것이 좋다.

power word는 프레젠테이션의 분위기를 고조시키고 활력을 불어넣는다. 대부분의 프레젠테이션이 밋밋하게 들리는 이유는 주제가 지루해서라기보다 발표자가 사용하고 있는 말 속에 감정이나 힘이 실려 있지 않아서이다. 프레젠테이션 기획 시 발표자가 해야 할 일 중 하나는 바로 말에 감정과 힘을 실어주는 표현들을 찾아내는 것이다. 프레젠테이션에서 하고자 하는 말을 정리한 다음에, 그 말 중 어느 곳에 power word를 배치해야 좋을지 검토해 보아야 한다.

▌SAMPLE 1 ▌ power word 비사용 ▌

"So, our new product is a computer game that creates a story as you play. You create the story as you play and then at the end of the game you can watch the story like a movie."

우리 회사의 신제품은 게임을 즐기면서 스토리도 만드는 컴퓨터 게임입니다. 여러분이 직접 게임을 하면서 스토리를 만들어내고 이렇게 만들어진 스토리를 게임이 끝난 후 한 편의 영화처럼 보실 수 있습니다.

▌SAMPLE 2 ▌ power word 사용 ▌

"So, our amazing new product is not only a computer game, but a whole new concept in gaming. While you play this amazing game you are creating your own story. When you finish the game, you can then relive the fantasy by watching a video of the story that you created. Isn't that awesome?"

저희가 만든 이 신제품은, 단순한 컴퓨터 게임이 아닙니다. 컴퓨터 게임에 있어 완전히 새로운 개념을 도입한 제품입니다. 여러분은 이 감탄이 저절로 나올 만큼 놀라운 제품으로 게임을 하시면서, 여러분 자신만의 스토리를 만들어가게 됩니다. 게임이 끝나면 만들어진 스토리를 영상으로 보시면서 게임을 할 때 경험했던 판타지를 재현할 수 있게 됩니다. 정말 대단하지 않습니까?

왼쪽의 샘플과 같이 power word를 사용하지 않은 구문과 사용한 구문을 한번 비교해서 살펴보도록 하자.

Sample 1은 감정이 조금도 드러나지 않아 듣는 이로 하여금 제품을 사고 싶다는 느낌을 전혀 주지 못한다. 하지만 Sample 2는 '놀라운', '대단하다' 등의 표현을 사용함으로써, 발표자의 제품이 어딘지 특별하다는 느낌을 청중에게 불러일으키고 그 제품을 구매하고 싶게 만들고 있다.

이처럼 power word는 청중에게 감정을 불러일으켜 메시지를 효과적으로, 강력하게 전달할 수 있도록 도와주는 역할을 하기도 하지만, 프레젠테이션의 속도나 흐름, 리듬에도 영향을 주기 때문에 지혜롭고 신중하게 사용해야 한다.

프레젠테이션에서 power word를 사용하지 않으면, 청중은 밋밋하고 무미건조하다는 느낌이 들게 된다. 하지만 반대로 지나치게 많이 사용하면, 발표자가 너무 서두르는 것 같고 매우 긴장한 듯한 느낌이 들게 된다. 발표자로서 당신은 이 둘 사이에서 적절한 균형을 유지해야 한다.

물론 power word를 아무리 잘 사용한다고 해도, 발표자가 제시하는 제품이나 서비스, 그리고 내용이 형편없다면 청중을 설득하기는 어려울 것이다. 하지만 좋은 제품이나 서비스를 하고 있음에도, 또 뛰어난 발표 주제를 진행하면서도 너무나 많은 발표자가 긴장과 두려움 때문에 프레젠테이션을 밋밋하고 지루하게 만들고 있다. 우리 모두에게는 청중에게 다양한 감정을 불러일으킬 수 있는 엄청난 힘이 있지만, 자신에게 이런 힘이 있다고 믿지 않기 때문이다. 그러니 부디 자신이 가진 잠재력에 대한 믿음과 더 잘해낼 수 있다고 확신하기 바란다.

A. 이런 power word는 어디에서 얻을 수 있을까?

물론 인터넷이 최적의 장소일 수도 있으나 사전(또는 유의어 사전)도 영향력 있는 형용사들을 골라낼 수 있는 좋은 출처가 될 수 있다. 아래의 표현들을 한번 살펴보자.

- **A hot day - A scorching hot day** (타는 듯이 무더운 날)
- **A hot humid day - A swelteringly hot day** (푹푹 찌는 더운 날)
- **A cold day - A freezing cold day** (꽁꽁 얼 것 같이 추운 날)
- **Selling quickly - Sales are screaming off the shelves** (날개돋친 듯 팔리는)

위와 같이 단어에 변화를 주면 프레젠테이션에 감정과 느낌을 한층 살릴 수 있고, 좀 더 활기차고 생생하게 들린다. 또 가끔은 이런 단어들이 유머를 전달하기도 한다. 만약 "warm greeting"이라는 단순한 단어를 "a warm greeting like a hot cup of coffee on a freezing cold morning(꽁꽁 얼어붙은 추운 아침에 마시는 뜨거운 커피 한 잔처럼 따뜻한 인사)"로 바꾸어 표현한다면 따뜻하다는 느낌을 더더욱 살릴 수 있어 훨씬 더 강력하게 메시지를 전달할 수 있을 것이다.

영어도 다른 언어와 마찬가지로 말하는 이 마음대로 구문을 조합해 묘사할 수 있다. 그러므로 이런 표현들은 발표자의 임의대로 얼마든지 편하게 변경할 수 있다. 사전이나 인터넷을 참고해 단어나 어구 표현들을 이것저것 바꾸어 보면서 스스로 재미를 찾아보기 바란다. 이렇게 찾아낸 단어들은 청중에게도 그 재미가 전달되어 당신의 프레젠테이션에 좀 더 흥미를 갖도록 해 줄 것이다.

B. 실수하기

영어로 프레젠테이션하는 발표자들이 느끼는 가장 큰 어려움 중 하나는 영어를 완벽하게 말해야 한다는 부담감이다. 그래서 글로 쓴 프레젠테이션의 내용을 달달 외워서 발표하는 때가 있다. 그러나 사실 완벽한 영어란 글쓰기에서나 존재할 수 있지 서로 주고받는 말에서는 불가능하다. 말을 하다 보면 당연히 실수도 있기 마련이다.

게다가 발표자의 실수는 오히려 청중에게 더 친근감 있고 가까운 존재로 느낄 수 있게 하는 계기가 될 수 있다. 만약 글로 적어놓은 프레젠테이션의 내용을 모두 달달 외운 덕에 실수하지 않았다고 치자. 마치 녹음된 내용을 듣는 것처럼 실수가 전혀 없는 발표자는 사람이 아니라 로봇처럼 느껴질 것이다. 이 때문에 결국 청중에게 신뢰를 주지 못하게 될 수도 있다. 이것이 바로 프레젠테이션을 외우지 말아야 하는 이유 중 하나이다.

지난 8년간 다양한 기업들에서 영어 면접을 숱하게 진행하다 보니, 이제는 면접자가 하는 대답이 포털 사이트에서 베껴온 것인지 아닌지를 단 몇 마디만 듣고도 금방 알아차릴 수 있다. 웹상에 있는 인터뷰 답변 샘플을 그대로 외워서 답변하는 면접자들이 많은데, 이것은 두 가지 이유에서 절대 하지 말아야 할 행동이다.

첫째, 영어 원어민이라면 누구나 듣는 즉시 면접자가 답변 내용을 '읽고' 있다는 것을 알아차릴 수 있기 때문이며,

둘째, 이런 답변들은 감성과 인간미를 전혀 전달하지 못하기 때문이다.

간단한 질문 하나만으로도 면접자가 답변을 외워온 것인지 아닌지를 바로 판단

할 수 있다. 아래의 예를 보자.

Interviewer: What makes you happy?
Interviewee: I like to spend time with my two little children, especially when we have time to play in the park.

면접관: 당신을 행복하게 하는 것은 무엇인가요?

면접자: 저는 저의 두 아이와 시간을 보내는 것을 좋아합니다. 특히 공원에서 아이들과 노는 시간을요.

필자가 위와 같은 질문을 했을 때 답변을 외워온 면접자들은 "my two little children"라는 단어를 이야기할 때, 표정이나 억양에 전혀 변화가 없다.

보통의 엄마, 아빠라면 자기 자식 이야기를 할 때는 눈이 반짝거리고 얼굴에 미소가 번지게 마련이다. 또 몸짓도 바뀐다. 하지만 면접자가 답변을 외워 말하면 몸짓과 억양이 그의 말과 조화를 이루지 못하고, 결국 사실을 말하지 않는 것처럼 보여 가식적인 사람이라는 인상을 주게 되는 것이다.

이런 문제점을 극복하기 위해서는 첫째, 절대 외워서 말하면 안 된다. 둘째, 자신의 가족이나 소중한 사람에 관한 이야기를 할 때는 마음속으로 그들을 떠올리고, 그들에 대해 느끼는 감정을 일으켜 보도록 한다. 이렇게 하다 보면 자신의 얼굴에도 감정이 표현되고 말과 몸짓이 서로 조화를 이루게 된다.

필자는 과거에 자동차 영업 부서에 잠시 근무하면서 영업 교육을 받은 적이 있었다. 교육 강사는 우리에게 용기를 북돋아 주고 그 일에 대해 동기를 유발하였다. 정말 훌륭한 교육이었다. 교육이 끝날 때쯤 강사는 우리에게 고객의 단순한 제품 문의가 실제 판매로 이루어지게 하는 교본을 건네주었다. 또 전화 문의에 관한 교본까지 함께 건네주면서 교본 안의 스크립트를 그대로 따라 하라고 조언했었다.

교육 프로그램이 끝난 후 사무실로 돌아와 필자는 이 교본들로 완전무장해 고객을 맞을 준비를 마쳤다. 막 교육이 끝난 터라 영업에 대한 의욕과 열정이 넘쳐 첫 고객을 만날 기대와 흥분으로 잔뜩 몸이 달아 있었다.

몇 시간이 지나고, 전시실로 한 손님이 들어왔다. 손님을 보자마자 얼른 그의 곁으로 다가갔다. 교본도 다 읽었고 완벽하게 숙지하고 있었기에 자신감이 넘쳐 있었다. 스크립트에 있는 순서대로 손님을 응대하고 적극적으로 영업용 멘트를 쏟아내기 시작했다. 스크립트의 내용을 다 말했을 때는 기분이 정말 날아갈 것만 같았다. 스크립트에 적힌 말들을 적기에 모두 다 사용했기 때문이었다.

모든 말을 끝낸 후 손님에게 주문하시겠느냐고 물었지만 그 손님은 집으로 돌아가 생각할 시간이 필요하다고 대답했다. 필자는 이해가 가지 않았다. 스크립트에 있는 내용 그대로 모두 따라 했는데 왜 이 손님은 생각할 시간이 필요한 것인지…. 실망과 약간의 좌절감이 밀려오기 시작했다.

일주일 후 나의 상사는 'Mystery Shop(제조사를 대신해 전시장에 있는 영업 직원의 근무 태도나 영업 지식 등, 영업 직원의 전문성을 평가하는 사람을 손님으로 가장해 파견하는 회사)'으로부터 한 장의 편지를 받았다. 일주일 전 필자가 완벽하게 응대했던 그 고객이 바로 미스토리 숍에서 나온 '미스터리 쇼퍼'였던 것이다. 어찌 됐든, 나는 손님 맞이는 확실히 했으니 점수는 90점 이상 받을 게 확실하다는 생각이 들었고, 상사가 칭찬해주기를 은근히 기대하고 있었다.

하지만 결과는 충격적이었다. 40점! 처음 이 점수를 듣고는 말도 안 된다고 생각했다. 실수도 전혀 안 했고 스크립트 그대로 완벽하게 따라 했는데 이런 점수를 받다니, 도무지 믿을 수가 없었다.

잠시 충격을 가라앉힌 다음 평가 내용을 읽어보았다. 그 고객, 아니 그 평가원이 말하기를, 이 영업사원은 자신이 알고 싶어하던 모든 정보를 잘 알려주었다고 했다. 게다가 질문에 대답도 잘하고 응대도 정중하고 친절했다고 했다. 하지만 지시받은 내용을 그냥 내뱉었을 뿐, 자사의 차가 경쟁사의 차보다 우수하다고 진정으로 믿고 있지는 않은 것처럼 들렸고, 말하고 있는 당사자조차도 믿지 않고 있다는 느낌이 들어 신뢰가 가지 않았다고 했다.

그날 필자는 참으로 값진 교훈을 얻게 되었다. 스크립트를 외우는 것은 정말 위험천만한 행동이며 말 속에 믿음을 실어주는 힘을 앗아가 결국 신뢰를 잃게 한다는 것을 깨달았다. 그래서 그날 이후로는 절대 스크립트를 그대로 외워서 말하지 않는다. 대신 이제는 스크립트를 몇 번 읽은 후에 핵심 키워드만 노트에 적고, 연습할 때는 노트에 적힌 키워드만을 이용해 말을 붙이고 살을 입히는 작업을 한다. 이렇게 함으로써 훨씬 진실하고 믿음직한 목소리를 가질 수 있게 된 것이다.

프레젠테이션은 영어 테스트가 아니다. 당신의 영어실력이 얼마나 되는지 점수를 매기는 것이 아니라, 청중이 메시지를 얼마나 이해했으며 나아가 당신이 전하는 이야기를 얼마나 믿고 신뢰하게 되었는지를 평가받는 것이다.

프레젠테이션에서 하게 되는 몇 가지 실수들은 발표자의 인간적인 면을 부각하게 시켜주고 더 진실하게 들리도록 해준다. 그러니 오히려 몇 가지 실수를 통해 당신의 프레젠테이션을 업그레이드하라. 프레젠테이션은 메시지를 전달하고 청중과 소통하는 것이지, 영어 말하기 시험이 아니다. 학교나 학계가 아닌 실제 사회에서 펼쳐지고 있는 "비즈니스가 바로 프레젠테이션"이라는 사실을 반드시 명심하자.

4 프레젠테이션 준비 노트

Presentation Preparation Sheet

Slide Number	Notes and Keywords
1	Good afternoon ladies and gentlemen thank you for coming today
2	<u>we have a problem</u> a number of problems learning languages today Individual problems, universal problems, with learning anything
3	<u>Time problem</u> Adults don't have much time, How many would like more time to spend with kids?
4	<u>Daekyung's story</u> Learn English to get a promotion. Works 8:30 to 7:30. Began in January / quit in March. New girlfriend (Beautiful - HAPPY!)
5	<u>No opportunities to practice</u> Not many foreigners living and working in Korea (unlike Singapore, HK etc.) **Are we too shy?**
6	<u>Poor teaching methods</u> - obsession with grading students (adults are NOT kids) Textbook boredom - Adults want to TALK !!!
7	<u>WHAT CAN WE DO?</u> We know there are difficulties - We need to find solutions to modernize the way we learn English
8	**recognize time is precious** Example 30 minute lunch time classes / class card - students can attend any class not just a set time class

프레젠테이션을 준비하는 방법에는 여러 가지가 있지만, 그 중 하나는 앞서 이야기한 발표자 모드를 사용하는 것으로, 준비뿐만 아니라 실제 발표를 진행할 때도 가장 큰 도움이 되는 방법이라 할 수 있다.

그러나 개인적으로는 "아날로그 기획"에서처럼 종이로 먼저 준비하는 것을 선호한다. 하고자 하는 말들을 종이 위에 적으면 이후에도 쉽게 수정하고 보강할 수 있기 때문이다. 대신, 하고 싶은 말들을 받아쓰기 하듯 그대로 다 적는 것이 아니라 노트 필기를 하듯 핵심 뼈대만 추려서 적는 것이다. 이렇게 하면 실제 프레젠테이션에서도 발표자가 스크립트를 그대로 읽는 것처럼 들리지 않고 자연스러운 발표가 될 것이다.

앞에 제시한 샘플은 "아날로그식 기획" 챕터에서 다루었던 "Learning English in Modern World"라는 주제로 프레젠테이션에서 하고자 하는 말들을 적어 놓은 발표자 준비 노트이다.

이와 같은 준비 노트는, 발표자가 말할 내용을 외우는 대신 실제처럼 자연스럽게 발표할 수 있도록 연습하고, 세세하게 준비할 수 있게끔 도와주는 역할을 한다. 왼쪽에는 슬라이드 숫자를 적고, 오른쪽에 핵심 단어와 메모할 사항들을 적으면 된다.

그렇다면 준비 노트를 어떻게 이용해야 할까?

연습을 시작하기 전, 슬라이드를 보면서 준비 노트에 슬라이드 숫자를 적은 다음 마인드맵에 적어 두었던 키워드를 써넣는다. 모든 슬라이드에 필요한 키워드를 다 적고 나면 이 키워드만으로 프레젠테이션 연습을 시작한다. 이때, 가능한 한 서서 연습할 것을 권장한다. 이렇게 하게 되면 프레젠테이션에 필요한 말하기만을 연습하는 것이 아니라 동작도 함께 연습할 수 있기 때문이다. 연단 뒤에 서서 부동자세로 프레젠테이션하는 것은 메시지 전달 면에서 효과적이지 못하다. 효과적인 메시지 전달을 위해서는 무대 위에서 움직이는 것에 익숙해져야 한다.

적어놓은 키워드를 참고해 문장이나 표현을 만들어가며 연습하다 보면 발음하기 어렵거나 표현하기 어려운 것들이 꼭 생기기 마련이다. 또 어떤 표현들은 정말 중요하다는 생각이 들어 발표 중 꼭 이야기해야겠다는 생각이 들 때가 있을 것이다. 이런 것들을 키워드 옆에 모두 메모해둔다.

슬라이드를 처음부터 끝까지 찬찬히 검토하면서 슬라이드마다 필요한 키워드와 메모를 완성한다. 내용이 만족스럽지 않다면 만족스러울 때까지 이 작업을 반복해야 한다.

이렇게 준비 노트를 채우는 작업을 마쳤다면 이제 진짜 연습을 시작할 차례이다. 처음에는 노트를 보면서 연습하지만, 점차 노트를 멀리하게 되면서 나중에는 노트나 슬라이드를 보지 않고도 프레젠테이션을 진행할 수 있을 정도가 되어야 한다.

5 유용한 표현

이번 장에는 프레젠테이션에 쓸 수 있는 유용한 영어표현들을 모아보았다. 그러나 이 표현들을 참고할 때는 조심해야 한다. 이 문장들을 있는 그대로 쓰면 당신의 프레젠테이션은 밋밋하게 들릴 것이 틀림없기 때문이다. 그러므로 아래의 표현들을 참고하되, 반드시 자기만의 새로운 표현으로 변신시키도록 하자.

A. 오프닝과 자기소개

자기소개 부분에서 당신이 어느 대학을 졸업했는지는 프레젠테이션과 관련도 없을뿐더러 필요하지도 않은 내용이다. 한 예로, 한국인 청중에게는 서울대 졸업이 꽤 인상적일지는 몰라도 외국인 청중에게 서울대는 그저 한국의 한 대학교일 뿐, 그 이상 그 이하도 아니다. 자기소개는 자신의 전문적 경력을 위주로 설명하는 것이며 학력은 이곳에서 중요하지 않다는 것을 기억하기 바란다.

인사표현

- Good morning(afternoon/evening) ladies and gentlemen and thank you for coming today. [formal]
- Good morning thanks for coming today. [informal]
- Good morning. Welcome to our presentation. I do hope you are all sitting comfortably.

자기를 소개하는 표현

- Before I begin, I would like to take a few moments to introduce myself. [formal]
- Before we begin, let me introduce myself. [informal]
- I am the product manager for PIE Company. And I have worked here for the last 5 years. Before coming to PIE Company I worked for DS Company.
- I know some of you know me already, but for the benefit of those I have not met before my name is …

B. 프레젠테이션의 목적

목적을 가지고 발표하는 것은 프레젠테이션에서 가장 필수적인 요소 중 하나이다. 그런데 너무나 많은 프레젠테이션이 목적 없이 만들어지고 있다. 이런 프레젠테이션은 청중으로 하여금 자신의 시간을 낭비해가며 참석하고 있다는 느낌을 들게 한다. 청중이 이렇게 느끼지 않도록 하는 좋은 전략은 청중에게 당신이 무슨 이야기를 할 것인지, 또 왜 이 프레젠테이션을 진행하게 되었는지를 이야기하는 것이다.

프레젠테이션의 목적을 알리는 표현

- **Today we are here to ...**
- **We would like this talk to act as a springboard to get our company moving forward.**
- **This morning I want to show you how our company is creating the future.**
- **The reason for this presentation is to introduce you to our company.**
- **I have been asked today to fill you in on the background to our recent launch.**

C. 프레젠테이션 시작하기

필자는 개인적으로 블릿 포인트로 이루어진 목차 리스트를 선호하지 않는다. 대신 프레젠테이션을 얼마 동안 진행할 것인지 청중에게 미리 알려주는 것을 선호한다. 물론 청중에게 당신이 무슨 이야기를 할 것인지 알려주는 것은 중요하지만, 각 부분을 상세하게 소개하는 것은 다소 판에 박힌 구식 기법이다. 토픽이나 주제, 또는 얼마나 오랫동안 이야기를 할 것인지에 대해 청중에게 알려주는 것이 훨씬 더 좋은 반응을 얻을 수 있다. 예를 들면 아래와 같이 말이다.

"Today I want to talk to you about how FES has been improving English Language education. I will talk for about forty minutes and I have just three things to tell you about."

오늘은 여러분에게, 저희 FES가 어떻게 영어 교육을 개선해왔는지에 대해 이야기해 드리고자 합니다. 약 40분 동안 세 가지 항목에 대해 말씀드릴 것입니다.

프레젠테이션의 시작을 알리는 표현
- Today, I am going to talk to you for about 45 minutes, and then if you have any questions I(we) will be happy to answer them. So, let's begin. [formal]
- Today, I would like to talk to you about … [formal]
- Today, I want to tell you about … [informal]
- Before I begin with the main part of my talk today, I would just like to tell you about …

- Today, we have some really interesting things to tell you about. Things that have been really exciting us over the last few months …
- So, today I want to tell you about our latest product.
- Over the last few months(years) we have been working on a new product(service) that I am sure you are going to be really excited about.

프레젠테이션 시작 전 청중에 관해 언급하기

- I know many of you have travelled a long way to be with us today.
- I am sure you are all very busy, so this talk will be very brief.
- I know many of us have met before, but for those I have not had the pleasure in meeting yet, my name is …

D. 시연할 때 필요한 표현

시연은 그다지 많은 말이 필요없다. 시연은 제품의 시각적인 면을 부각하게 시키는 작업이고 또 제품 자체가 판매를 위한 선전이 되기 때문이다. 그러므로 시연을 하는 동안 필요한 영어표현은 순서를 나타내주는 몇 가지 어휘들만으로도 충분하다.

　아래와 같이 순서를 나타내는 표현들은 시연에 필요한 사항들을 순서에 맞게 배열해줌으로써 시연을 좀 더 체계적으로 만들어 줄 것이다.

순서를 나타내는 표현
- First you will notice ...
- Here you will see the main characters ...
- Next we move to the higher level ...
- Then we move to the next screen ...

시연 및 자료를 설명하는 표현
- Let me show you how this works with a quick demonstration.
- So, as you can see from this chart — our sales have increased over 30% over the last 3 years.
- I have included a much more detailed chart in the handout you will receive at the end of his presentation.

E. 다음 부분으로 넘어가기

프레젠테이션은 소개와 시작 부분, 그리고 본론과 결론, 마무리 부분 등 여러 파트로 나뉜다. 그러면 어떻게 해야 성격이 각기 다른 파트들을 매끄럽게 연결해서 자연스럽고 개연성 있게 내용을 전환할 수 있을까?

이것에 대한 해결책으로 대부분의 영어 프레젠테이션 교재들은 어휘 리스트를 제공하고 있다. 하지만 이런 어휘들은 지나치게 격식을 차린 표현이거나 굉장히 부자연스럽고 딱딱한 경향이 있다. 게다가 최근의 영어 프레젠테이션은 이런 스타일을 지양하는 추세이다. 지나친 격식이나 부자연스러운 분위기를 피하기 위해서는 간단하고 쉬운 단어를 사용하는 것이 오히려 훨씬 효과적이다.

애플의 iPad 출시 기조연설 중 한 부분을 보자. 스티브 잡스는 자신이 앞으로 무엇을 할 것인지를 청중에게 이야기해주며 발표를 시작한다.

"... Kick off 2010 by introducing a truly magical and revolutionary product ... But before we get to that, I've got just two updates ... So, those are the updates we have for you today."

… 진짜 마술과도 같은 혁신적인 상품을 소개하면서 2010년을 시작고자 합니다. 하지만 그에 앞서 여러분께 최근 소식을 두 가지만 먼저 알려 드리고자 합니다. … 자, 여기까지가 오늘 저희가 준비한 최근 소식들이었습니다.

이처럼 스티브 잡스는 최근의 소식을 꺼냄으로써 화제를 전환했고, 소식을 다 전한 후에는 깔끔하게 이야기를 마무리했다. 이런 방식의 전환은 간단하지만 매우 명확하고 효과적이어서, 청중은 프레젠테이션 내내 발표자가 어느 부분을 이야기하고 있는지 정확히 파악할 수 있게 된다.

 아래는 화제를 바꾸거나 다음 부분으로 넘어가기 위해 사용되는 표현들의 예이다.

화제를 전환할 때 쓸 수 있는 표현

- Next, …
- So, moving on …
- Let's take a look at …
- So, let us now look at …
- Let's leave …. If you'd like more details, then we have a complete history brochure you can get at the end.
- Let's now turn to the problems …
- Moving on to the …
- Before I tell you about … let me first go over the …
- So, that's all I want to say about …. Next, …
- So, now that we have shown you that, let us move on to …

F. 수사의문문

수사의문문은 청중의 답변을 듣기 위해서 하는 질문이 아니라 관심을 끌기 위해 묻는 말이다. 즉, 발표자가 질문하고 그 질문에 다시 발표자가 답하는 형태로, 청중과 대화하듯 가까운 거리를 유지해주고 발표자에게 주의를 집중시키는 효과가 있다. 수사의문문을 사용한 아주 좋은 예를 하나 보자. 구글에서 주최한 가르 레이놀즈의 프레젠테이션을 보면 수사의문문을 어떻게 사용해야 하는지 알 수 있다.

"We know communication matters, we know presentations matter. But, we have a problem, don't we? Do you know this problem? Have you ever experienced this problem?"

우리는 소통에 관한 것들을 알고 있습니다. 프레젠테이션에 관한 것도 알고 있습니다. 하지만 우리는 여전히 문제점을 안고 있습니다. 그렇지 않습니까? 그렇다면 이 문제가 어떤 것인지는 알고 계신가요? 이 문제를 직접 경험해보신 적이 있습니까?

이 말과 동시에 그는 청중이 꾸벅꾸벅 졸고 있는 슬라이드 이미지를 보여주었다. 핵심은 블릿 포인트로 가득 찬 프레젠테이션이나 복잡하고 어려운 비즈니스 용어로 가득 찬 프레젠테이션은 이제 따분하고 재미가 없다는 것이었다.

다음과 같은 수사의문문의 예도 있다.

수사의문문을 활용한 문장의 예

• "With so many products in the market today, is there room for another? We believe there is."

오늘날 시장은 정말 많은 제품으로 넘쳐나고 있습니다. 이런 비좁은 시장에 우리 제품이 설 자리가 있을까요? 저희는 있다고 믿습니다.

• "Right, where are we today compared to where we were last year?"

자, 작년과 비교해 현재 우리 회사는 어느 지점에 도달해 있을까요?

위의 표현들은 간단하지만, 청중과 가까운 거리를 유지하는 데 매우 효과적이다. 이처럼 수사의문문은 습득하기 어렵지도 않고 자연스럽게 청중들을 집중시킬 수 있으므로 반드시 응용해보기 바란다.

G. 프레젠테이션 맺음말

프레젠테이션 맺음말에 쓸 수 있는 표현

- Well, ladies and gentlemen, that is all I wanted to tell you about today. Do you have any questions? [Informal]
- So, to sum up. Our product has not only the features necessary to be successful in the modern world, it is also priced to be an international best seller.
- To conclude my talk(presentation) I would like to summarize the main points of today's talk.
- That brings me to the end of my talk. Now if you have any questions, I will be happy to answer them.

H. 질문에 대한 재설명 요청하기

청중과 질의·응답을 할 때, 이따금 질문이 잘 안 들리거나 이해하지 못한 경우가 있다. 아래의 구문들은 이런 상황에서 질문의 내용을 다시 확인하고자 할 때 사용할 수 있는 표현들이다.

  그전에 잠깐! 질문을 다시 설명하도록 요청하는 것이 바보 같다고 생각하는 경향이 있다. 그러나 절대 그렇지 않다. 질문에 잘못 대답하거나 잘못된 질문에 답하는 것이 더 멍청한 짓이다. 이럴 때 설명을 요청하는 것은 지극히 당연한 일이며, 지성을 갖춘 사람들이 할 수 있는 자연스러운 행위이다. 그러므로 잘 이해되지 않는 질문이 있을 때 재설명을 요청하는 것을 절대 두려워하지 마라.

질문에 대해 다시 한번 설명을 요청할 때 쓸 수 있는 표현
- **I'm sorry, I didn't quite understand your question …**
- **Sorry, could you repeat your question a little more slowly?**
- **Do you mean … ?**
- **I'm sorry, I am not sure I understand your question.**

I. 시제 표현

영어 프레젠테이션을 하면서 가장 흔하게 쓰이는 형식 중 하나가 바로 시제 표현이다. 예를 들어 과거에 우리는 무엇을 했고, 지금은 무엇을 하고 있는지, 또 미래에는 무엇을 할 것인지에 관한 이야기를 할 때 시제 표현을 자주 쓰게 된다. 아래의 표현들은 일반적으로 자주 쓰이는 네 가지 시제 표현에 관한 예문들이다.

과거시제

- Last year, we began developing our latest program.
- Several years ago, we looked at the market.
- Back in 2000, we saw there was an opening in the green business sector.

현재시제

- Now, our company is the leading company in the smart phone market.
- Today, we see a whole new market opening before us.
- In Korea, we are the leading domestic producer of Kimchi and we are expanding our market into Japan and China.

현재완료시제

- The last few years have been very dramatic for our company.
- We have seen an expansion of our market over the last two years.
- We have increased our market share by 20% over the last two years.

미래시제
- Next year, we are planning to expand in to Europe.
- Later this month we are going to move our headquarters to Jeju.
- We shall be opening a new branch office in the United Kingdom in 2015.

단, 이런 표현들을 사용할 때 시제를 잘못 써서 말이 너무 복잡해지는 경우가 없도록 주의해야 한다. 그동안 많은 영어 프레젠테이션들을 접하면서 필자를 가장 혼란스럽게 했던 것이 바로 발표자의 시제 혼합이다. 아래와 같이 말이다.
"Last week, I *am going to* the movies."

이런 종류의 실수는 원어민을 매우 혼란스럽게 한다. 위 예문에서처럼 발표자가 지난주에 영화를 본 것인지, 아니면 이번 주에 영화를 보러 가는 것인지 알 수가 없기 때문이다. 그러므로 사용하고자 하는 문장의 시제가 문법적으로 맞는지 사전에 꼭 확인해야 한다.

이와는 별도로, 발표자들이 자주 하는 또 다른 실수는 대명사를 잘못 쓰는 것이다.
"*My wife* is a great cook. *He* makes fantastic Kimchi Stew."

처음 이 문장을 듣고 깜짝 놀랐다. '발표자의 아내가 남자인가?'하고 말이다. 이처럼 한 사람에 대한 성별이 남자였다가 여자였다가 뒤죽박죽 바뀌게 되면 청중은 혼란에 빠지게 된다. 그러므로 he와 she를 정확하게 사용하고 이들이 뒤섞이지 않도록 사전에 꼭 확인하기 바란다.

V

THE DELIVERY-BEGINNING
도입부

1 소개하기

| SAMPLE 1 |

"Err good morning …. Umm my name is Sanggil, Chang and errr …. I am here today to talk to you about …. Errrr …"

| SAMPLE 2 |

"Good morning. Thank you for coming today. For those of you who do not know me, my name is Sanggil, Chang and I am here today to talk to you about …."

안녕하십니까? 오늘 이렇게 와주셔서 감사드립니다. 저를 모르는 분들을 위해서 제 이름은 장상길이며, 오늘 여러분께 …에 관한 이야기를 드리고자 이 자리에 오게 되었습니다.

* 주의하자!
간혹 청중 모두가 발표자가 누구인지 이미 아는 경우가 있다. 앞서 이야기했듯, 이럴 때 자기소개로 프레젠테이션을 시작하는 것은 그다지 효율적이지 못하다. 또 이런 소개는 청중으로 하여금 그동안 숱하게 보아온 프레젠테이션들과 전혀 다를 것이 없다는 생각이 들게 한다. 그러므로 매번 프레젠테이션할 때마다 늘 신선하고 새롭게 들릴 수 있도록 해라. 참석하는 청중에 걸맞게 오프닝을 만드는 것은 모든 발표자가 반드시 익혀야 할 필수적인 기술이다.

프레젠테이션 준비 시, "내가 누구인지 청중이 아는가?"를 되짚어 볼 필요가 있다. 청중이 이미 당신을 알고 있다면 굳이 프레젠테이션을 시작할 때 자기소개를 할 필요가 없기 때문이다. 하지만 그게 아니라면 청중의 주의를 집중시키고 프레젠테이션을 좋은 분위기로 유도할만한 효과적인 자기소개가 필요할 것이다.

그렇다면 자신을 어떻게 소개하면 좋을까? 절대 Sample 1과 같은 식으로 해서는 안 될 것이다.

Sample 1을 보면 발표자가 말을 더듬거리고 속도도 느려서 자신감이 전혀 없어 보인다. 이런 소개는 발표자가 긴장하고 있다는 것을 보여줄 뿐 아니라 프레젠테이션을 제대로 준비하지 않고 온 게 아닌가 하는 느낌까지 들게 한다. 그러므로 자기소개는 짧고 명확하게, 또 자신 있게 할 필요가 있다.

또한 이 예문은 교과서에서 흔히 볼 수 있는 구문을 아무런 변형 없이 그대로 옮겼다는 생각이 들 만큼 지루하다. 발표자에게서 창의성이란 눈곱만큼도 찾아볼 수 없을 거란 느낌이 든다. 이런 소개로는 프레젠테이션의 출발이 결코 좋을 수 없다. 만약 당신이 이런 자기소개로 프레젠테이션을 시작한다면, 청중은 곧 주머니에서 스마트폰을 꺼내 본격적으로 딴짓할 준비에 돌입할 것이다.

Sample 2는 한결 나은 자기소개 예문이다. 이 예문은 앞의 Sample 1에 비해 훨씬 깔끔하고 자신감 넘치며, 분위기를 잘 이끌어나가고 있다. 이러한 소개는 청중으로 하여금 발표자가 프레젠테이션을 제대로 준비해왔다고 느끼게 해주며 훨씬 덜 긴장되어 보이게 하여 준다.

또 하나, 지나치게 긴장된 목소리는 청중의 집중을 방해하고 메시지 전달에 방해될 수 있으므로 각별히 주의해야 한다.

1

2

3

4

그런데, 만약 청중이 당신을 모른다면 독특한 자기소개로 프레젠테이션을 시작해보는 것은 어떨까? 이런 소개는 청중에게 당신을 제대로 알릴 기회가 되고, 그들과 함께 교감할 수 있도록 해주기 때문이다. 자기소개를 잘하기 위한 방법의 하나는 일상에서 찍은 사진을 슬라이드에 담아 보여주는 것이다. 한국을 단 한 번도 방문해보지 못한 외국인이 당신의 청중이라면, 자신의 집 주변이나 회사 건물, 또는 관심사나 취미와 관련된 사진을 보여주면서 프레젠테이션을 좀 더 강렬하고 힘있게 시작해보는 것도 좋을 것이다.

옆에 있는 슬라이드는 필자가 강의실에서 새 학생들을 만날 때 사용하는 자기소개 슬라이드 샘플이다.

필자는 이 슬라이드를 보여주면서, 학생들에게 필자가 어느 나라 사람이며 왜 한국에 오게 되었는지, 또 태어난 곳은 어디인지(Leeds; 1번 슬라이드), 어릴 적 즐겨 보던 것이 무엇이었는지(Leeds Rhinos 럭비팀 경기 사진; 2번 슬라이드), 취미는 무엇인지(사진과 디자인; 3, 4번 슬라이드) 등을 이야기로 전해준다.

이와 같은 자기소개로 필자는 학생들과 교감을 나눌 수 있을 뿐 아니라, 영어나 비즈니스 기술을 가르치러 온 또 한 명의 외국인 강사가 아닌 그들과 관계를 맺은 특별한 사람이 될 수 있었던 것이다.

이런 자기소개 슬라이드는 자신이 누구이고 왜 이곳에 와서 프레젠테이션하는지 등을 알려주기 위해 사용되는 것이라, 특별한 제약 없이 발표자 마음대로 만들 수 있다. 그러므로 자기소개는 오프닝 슬라이드를 흥미롭게 제작하는 기회가 될 수 있다.

이제 그럼 당신의 일상이나 회사생활, 또는 여가 생활 등을 10장가량의 슬라이드 안에 담아 자신만의 독특한 소개 슬라이드를 만들어보자.

2 프레젠테이션 시작하기

A. 1인칭 화법을 사용하라

▍SAMPLE 1 ▍

"At FES, there is a passionate belief in creating incredible English language courses."

FES에는 훌륭한 영어 어학코스를 설계한다는 열정적인 믿음이 있습니다.

▍SAMPLE 2 ▍

"*Here* at FES, *we* believe passionately in creating incredible English language courses."

우리는 이곳 FES에서 뛰어난 영어 어학코스를 만들 수 있다고 진심으로 믿고 있습니다.

프레젠테이션을 시작할 때 종종 '3인칭' 방식으로 시작하는 발표자들이 있다. 하지만 이런 화법은 발표자의 감정을 배제하므로 딱딱하게 들린다. 왼쪽 페이지에서 '3인칭' 화법의 예를 보여주는 Sample 1을 살펴보자.

이처럼 딱딱하고 밋밋하게 들리는 것을 피하려면 인칭대명사와 소유대명사를 사용해 프레젠테이션에 감정과 느낌을 불어넣을 필요가 있다. Sample 2의 "we"처럼 말이다. 여기에 "this is why I joined the company.(이것이 바로 제가 이 회사를 선택하게 된 이유입니다.)"라는 문구를 더한다면 더 강한 신뢰감을 줄 수 있을 것이다.

그리고 Sample 2는 "here(이곳)"이라는 단어를 사용함으로써 회사를 먼 시각에서 바라보는 것이 아니라 프레젠테이션장 안으로 끌어와 눈앞에서 바로 펼쳐지듯 생생한 느낌을 전달하고 있다. 또한 1인칭 복수대명사를 사용해 청중으로 하여금 발표자가 자신이 하는 말에 대해 가진 믿음과 열정을 조금이나마 느낄 수 있도록 하였다. 그와 반대로 Sample 1의 '3인칭' 화법 예문은 발표자 스스로 자신이 하는 이야기에 믿음이 없는 것처럼 딱딱하게 들린다.

그러므로 앞으로는 시작 부분에 "I"나 "We", "Our"와 같은 1인칭 대명사나 소유대명사를 사용해서 좀 더 신뢰감을 주는 발표자가 되어보자.

B. 드라마틱하게 시작하라

회사에서 열리는 대부분의 프레젠테이션은 보통 회사 연혁이나 회사의 업적, 또는 현재 회사에서 진행되는 업무나 프로젝트에 관한 간략한 개요로 시작한다. 하지만 회사에 대해 이미 알고 있는 청중에게 이런 시작은 불필요하다.

   이런 상황이라면 청중의 이목을 집중시킬 만한 무엇을 이용해서 드라마틱하게 시작하는 편이 훨씬 더 나을 것이다.

▌SAMPLE 1▐

"In 2007, we introduced the iPhone. The iPhone not only revolutionized the mobile phone—it changed the industry."

2007년, 우리는 iPhone을 출시했습니다. iPhone은 휴대폰에 대변혁을 일으켰을 뿐 아니라 휴대폰 산업까지 변화시켰습니다.

Sample 1과 같은 시작은 지난 몇 년간 애플사에서 출시한 제품들을 모조리 나열하는 것보다 백 배 더 효과적이다. 청중이 발표자에게 흥미를 느낄 수 있도록 프레젠테이션 시작부터 자연스럽게 분위기를 조성해주고 있기 때문이다.

▌SAMPLE 2▐

"Ladies and gentlemen, thank you for coming today. Today is a very proud moment for all of us here. Over the last two years, we at WinGan have been developing an amazing new technology. A technology that

not only will solve the world's pollution problems, but will also bring affordable energy to millions of people around the world."

신사 숙녀 여러분, 오늘 이렇게 와주셔서 감사합니다. 오늘은 여기 모인 우리 모두에게 너무나 자랑스러운 순간입니다. 지난 2년간 WinGan에서, 우리는 정말 놀라운 신기술을 개발해 왔습니다. 이 기술은 세계의 오염 문제를 해결할 수 있을 뿐 아니라, 전 세계 수백만의 사람들이 사용할 수 있는 에너지를 생산해내는 기술입니다.

Sample 2를 살펴보면 이런 종류의 오프닝은 청중으로 하여금 의심의 여지 없이 발표자의 이야기가 매우 가치 있는 것이라 생각하게 하고, 흥분과 기대를 하게 만든다. 그러니 제발 다음 Sample 3과 같은 시작은 절대로 하지 말자.

SAMPLE 3

"Good morning ladies and gentlemen. My name is Sungho, Lee and I am here today to introduce our new product. But before I do that I want to tell you about the history of our company …."

안녕하십니까? 제 이름은 이성호입니다. 오늘 신제품을 소개해 드리려고 이곳에 왔습니다. 그전에 먼저 우리 회사의 발자취에 대해 말씀드리고자 합니다.

이렇게 말하는 순간 당신의 청중은 휴대폰을 꺼내 게임을 하거나 메일을 체크하기 시작할 것이다. 최악의 오프닝이다.

　정말 마음이 아프겠지만 사람들은 당신네 회사의 연혁에 전혀 관심이 없다. 만약 관심이 있다면 벌써 인터넷으로 다 검색해봤을 것이다. 그 회사의 직원으로서 회사의 역사가 자랑스러울 수 있다. 당신의 상사 역시 그럴 수 있다. 회사 차원에서는 실로 기특한 노릇이지 않을 수 없다. 하지만 청중은 아니다. 청중은 당신이 소개하려는 신제품에만 관심 있을 뿐이다. 또 이것이 바로 그들이 프레젠테이션에 참석한 목적이기도 하다. 그러니 시작부터 청중의 흥을 깨지 마라. 물론 청중이 회사의 신입사원들이라면 상황은 달라진다. 당연히 회사 연혁으로 시작하는 게 맞다!

C. 드라마틱한 시작의 예

▎SAMPLE 1 ▎ Jill Bolte Taylor의 프레젠테이션 중에서

"… on the morning of December 10, I woke up to discover I had a brain disorder of my own. A blood vessel exploded in the left half of my brain …."

12월 10일 아침, 전 제 뇌가 제 의지대로 작동하지 않는다는 것을 알게 되었죠. 좌뇌 쪽 혈관이 터져버린 겁니다.

▎SAMPLE 2 ▎ Jamie Oliver의 프레젠테이션 중에서

Sadly, in the next 18 minutes when I do our chat, four Americans that are alive will be dead from the food that they eat.

안타깝게도, 제가 얘기하고 있는 이 18분 동안, 4명의 살아 있는 미국인이 자신이 먹은 음식 때문에 죽음을 맞이하게 될 것입니다.

극적인 시작의 또 다른 예로 2008년 2월 TED에서 진행되었던 질 볼트 테일러(Jill Bolte Taylor)의 프레젠테이션을 들 수 있다. 그녀는 자신이 왜 정신질환과 뇌에 관한 연구를 결심하게 되었는지를 알려주는 이야기로 1분 30초가량 자신을 소개한다. 그리고 나서는 Sample 1과 같이 자신이 실제 겪었던 뇌졸중 증상에 대한 이야기를 시작한다. 이야기가 끝난 후에는 실제 인간의 뇌 모형을 가져와 청중에게 직접 보여준다. 이렇게 그녀는 프레젠테이션을 시작한 지 4분 만에 모든 청중의 주의를 흡인력 있게 끌었다.

이처럼 그녀는 자신이 뇌졸중에 걸렸었다는 사실을 단순히 전달하는 데 그치는 것이 아니라, 발병했을 때의 증상은 어떠했는지, 원인은 무엇이었는지를 청중이 머릿속에 그려볼 수 있도록 생생하게 이야기함으로써 마치 한 편의 의학드라마 오프닝을 보듯 실감 나게 그 당시 분위기를 연출해냈다. (TED 웹 사이트를 참조하면 그녀가 겪은 뇌졸중에 대한 더욱 실감 나는 이야기를 들을 수 있다.)

2010년 TED상의 수상자인 제이미 올리버(Jamie Oliver)는 수상 소감 프레젠테이션으로 Sample 2와 같이 말문을 열었다. 그의 말은 극적이다 못해 충격적이라 해도 과언이 아니다. 이 말을 듣자마자 청중들이 '죽는다고? 그 짧은 시간에 4명씩이나? 그것도 음식 때문에? 뭘 먹기에 죽는다는 거지?'라는 의문을 떠올릴 수밖에 없다. 동시에 무엇이 그들을 죽음으로 몰았는지 강한 호기심을 가지도록 자극하고 있는 시작이다.

D. 따뜻한 환영인사

프레젠테이션할 때 "서먹서먹한 분위기를 반드시 깨라"는 말을 들어본 적이 있을 것이다. 여러모로 맞는 말이다. 그러나 서먹한 분위기를 '깨기' 위해 일부러 뭔가를 하지 않아도, 여유롭고 친근한 태도로 프레젠테이션을 시작하면 자연스럽게 분위기가 좋아지기 마련이다. 싸늘한 분위기를 바꿔보겠다고 억지로 청중을 웃기려고 애쓰는 것은 매우 위험한 발상이다. 프레젠테이션을 시작하면서 발표자가 청중을 웃기거나 유머를 날려야 한다는 것에 너무 많은 스트레스를 받지 않았으면 하는 것이 개인적인 바람이다.

발표자는 코미디언이 아니며, 청중 또한 발표자가 자신들을 웃겨줄 거라 기대하지 않기 때문이다. 그러니 최대한 자연스럽고 친절하게, 그리고 자신감 넘치게 환영인사를 건네라. 그것으로 충분하다. 이처럼 친근하고 따뜻한 태도로 프레젠테이션을 시작했다면 당신의 프레젠테이션은 이미 90퍼센트는 성공한 셈이다.

그렇다면 어떻게 해야 "여유롭고 친근한 태도"로 프레젠테이션을 시작할 수 있을까? 첫 단계는 미소이다. 미소는 청중을 당신 편으로 만들어주고, 당신에게 마음을 열어 친근감을 느낄 수 있도록 해주는 가장 간단하면서도 효과적인 방법이다. 중요한 프레젠테이션을 시작해야 한다는 긴장감과 스트레스로 미소가 나오기보다는 얼굴이 굳어지는 게 당연하지만, 청중 앞에 굳은 얼굴로 나타난다면 절대로 그들을 당신 편으로 만들 수 없다는 것을 명심하자.

두 번째 단계는 청중과 눈을 맞춤으로써 편안함을 느끼도록 해주는 것이다. 긴장감으로 미소를 짓기가 어려운 것처럼 청중과 눈을 맞추는 것도 힘든 일이지만, 이렇게 함으로써 당신은 자신감 넘치고 여유로운 모습을 보여줄 수 있고 청중은 당

신과 함께하는 이 시간을 편안하게 느낄 수 있게 될 것이다.

당신이 청중 앞에 미소지으며 나타나 그들과 눈을 맞추면 강연장의 분위기가 순식간에 바뀌는 것을 당신도 금세 느낄 될 것이다. 당신의 미소와 눈 맞춤에 청중은 미소로 화답할 것이며, 이것은 당신의 자신감을 한층 더 북돋아 줄 것이다.

세 번째 단계는 강연대에서 멀어지는 것이다. 많은 이들이 강연대에 서서 발표하는 것을 훨씬 편하게 생각하는데, 요즘 같은 트렌드에서는 이런 진행 방식이 조금은 답답해 보이고 지나치게 격식을 차린 듯한 느낌이 든다. 청중 앞에 놓인 강연대는 마치 청중 앞에 방어막을 설치해 둔 것 같아 불편한 느낌이 들 수 있다.

많은 사람들이 최고라 손꼽는 프레젠테이션들을 보면, 발표자들은 모두 무대 중앙에 서서 청중과 발표자 사이에 어떠한 장애물도 두지 않고 진행하는 것을 볼 수 있다. TED 웹 사이트의 수많은 프레젠테이션 중 단 몇 개의 동영상만 살펴보아도, 훌륭하게 프레젠테이션을 수행하는 발표자들은 강연대나 테이블 없이 무대에 서서 청중과 직접 마주 보며 진행한다는 것을 알게 될 것이다.

유명한 자기계발 전문가인 앤서니 라빈스(Anthony Robbins)의 프레젠테이션을 보면, 수천 명의 청중과 마주 서서 프레젠테이션을 하는 내내 무대 위를 걸어 다니는 그의 움직임과 몸짓이 청중을 편안하게 해주고 있다는 것을 알아차릴 수 있다.

자, 이제 프레젠테이션을 시작할 때는 숨을 깊게 들이마신 후 자신 있게 무대 앞으로 걸어 나와 청중과 눈을 맞추고 미소를 지으면서 큰 목소리로 "Welcome!"이라고 해보자. 그러고 나서 한 발 물러서서 청중의 반응을 지켜보라. 청중 모두가 기대감에 의자 앞으로 몸을 빼고 당신의 말에 귀를 기울일 것이며 이후에는 당신의 영어에 실수가 있더라도 곧바로 잊어버리게 될 것이다.

E. 자기소개하기

▌SAMPLE 1▐

"Good afternoon ladies and gentlemen. My name is Sunhee, Lee. At first, thank you for coming today even though my presenting ability is not good. But, I will do my best with this presentation ...."

안녕하십니까? 이선희입니다. 먼저, 부족한 제 프레젠테이션 실력에도 이렇게 와주신 여러분 감사합니다. 최선을 다해 보여 드리겠습니다.

▌SAMPLE 2▐

"Good afternoon ladies and gentlemen. I am Sunhee, Lee. First, I want to thank you all for coming today—I know you will not be disappointed with what I have to say. My team and I have been working on this presentation for several months and we are very excited today to present it to you ...."

안녕하십니까? 이선희입니다. 먼저, 오늘 이렇게 와주셔서 감사하다는 말씀을 드리고 싶습니다. 오늘 제가 이야기하고자 하는 내용에 대해 여러분이 절대 실망하지 않으리라고 확신합니다. 저희는 이 프레젠테이션을 위해 몇 달을 매달려왔습니다. 드디어 오늘 여러분께 이것을 보여 드리게 되어 무척이나 흥분됩니다.

자기소개는 "청중 앞에서 발표할 수 있는 권한"을 자기 자신에게 부여하는 행위이다. 청중은 당신이, 앞으로 이야기하게 될 주제를 다룰 자격이 충분한지 알고 싶어한다. 그러므로 자기소개는 겸손을 떠는 시간이 되어서는 안 된다. 한국에서는 자신이 어느 분야에서 뭔가를 잘한다는 사실을 떠벌리지 않는 것을 미덕이라고 여긴다. 이 때문인지 필자가 수업 중 학생들에게 자신이 가지고 있는 재능이 무엇이냐고 물으면 모두 과묵해진다. 하지만 그들에게 자신의 단점을 말해보라고 하면 지치지도 않고 늘어놓는다. 이것이 일종의 겸손함의 표현이라는 것은 알지만, 프레젠테이션에서는 절대로 이렇게 해서는 안 된다. 만약 당신이 어떠한 지식도 없고, 아무런 권한도 없는 발표자라면 청중을 앞에 앉혀두고 프레젠테이션을 할 자격이 없다. 청중 또한 자격 미달의 발표자를 신뢰할 수는 없을 것이다. 그러므로 자기소개 부분에서는 당신이 어떻게 해서 앞으로 다루고자 하는 주제에 대한 자격을 얻을 수 있었는지 자신 있게 설명하도록 하자.

왼쪽의 샘플들은 자기소개의 나쁜 예와 좋은 예를 보여주고 있다.

Sample 1의 자기소개에서 발표자는 겸손함을 표현하기 위해 능력이 조금 모자란다고 표현했지만, 의도와는 달리 청중에게는 발표자가 왠지 프레젠테이션에 자신이 없어 보이는 것처럼 느껴지고, 심지어 발표자가 과연 진행이나 잘할 수 있을지 염려하게 될 수도 있다.

그러나 Sample 2처럼 자기소개함으로써 발표자는 자신감이 넘쳐 보이고, 청중에게는 이 프레젠테이션이 가치 있는 시간이 되리라는 기대를 하게 해준다. 또 발표자가 무언가 흥미로운 이야기를 전해 줄 것 같아 귀 기울일 준비를 하게끔 하고 있다.

그러니 이제부터는, 청중에게 당신이 누구이고 왜 당신이 그들에게 이야기할 수 있는 권한을 가졌는지 말하는 것을 두려워하지 말자. 당신에게 그 권한이 없다면, 청중은 당신에게 어떠한 존경심도 갖지 않을 것이고 당신의 말을 들으려고도 하지 않을 것이다.

F. 개요를 제시할 것인가?

SAMPLE 1

> **The Korean Coffee Shop Explosion**
> 2 April 2010
>
> - The history of the coffee shop in Korea
> - The impact of Starbucks in Korea
> - The coffee culture trends
> - The future of coffee shops in Korea

"Today, our presentation's subject is 'The Korean Coffee Shop Explosion'. To deal with this subject, I would first like to talk to you about the history of the coffee shop in Korea. Then I will tell you about the impact of Starbucks in Korea. After that I will talk to you about the coffee cultural trends here in Korea and finally I will finish with the future for coffee shops in Korea …."

오늘 저희 프레젠테이션의 주제는 '한국의 커피숍 과잉 현상'입니다. 이 주제를 다루기 위해 먼저 한국에서의 커피숍의 역사에 관해 말씀드리고자 합니다. 그러고 나서는, 한국 내 스타벅스의 영향에 대해 알려 드리고, 그다음에는 한국의 커피 문화 트렌드를, 그리고 마지막으로 한국 커피숍의 미래에 대해 말씀드리겠습니다.

예전에는 프레젠테이션을 진행할 때 청중에게 앞으로 무슨 이야기를 할 것인지에 관한 일련의 구조, 즉 목차를 제시했다. 그러나 필자는 이런 방식을 그다지 선호하지 않는다. 'Introduction'에서 다루었듯이, 목차를 제시하는 진행 방식은 프레젠테이션을 기존의 지루한 틀에 빠뜨리고 만다. 당신의 프레젠테이션도 재미있는 TV 프로그램이나 영화처럼 청중이 기대할 수 있도록 흥미진진하게 만들 필요가 있다. 이를 위해서는 프레젠테이션의 개요나 목차 같은 상세 정보 대신 앞으로 당신이 무슨 이야기를 하게 될 것인지 약간의 힌트만을 제공하는 방법이 더 좋다.

하지만 마음 아프게도 아직도 많은 발표자가 Sample 1과 같은 슬라이드로 주제와 개요를 소개한다.

이런 슬라이드는 청중의 기대감을 완전히 말살시켜, 발표자의 이야기에 귀를 기울이게 되는 것이 아니라 몇 시에 집에 갈 수 있을까만을 생각하게 한다. 이런 목차는 책이나 서면에서는 유용할지 모르지만 프레젠테이션에서는 불필요하다. 개요 슬라이드에는 프레젠테이션의 주제, 발표자의 이름, 또 필요하다면 회사 이름까지, 이 세 가지 정도만 넣어도 충분하다.

SAMPLE 2

"… Today, I would like to talk to you about the Explosion of coffee shops in Korea."

오늘은 여러분께 한국의 커피숍 과잉 현상에 관한 이야기를 하려고 합니다.

Sample 2는 Sample 1에서 다루었던 개요 슬라이드를 주제만을 명시하도록 깔끔하게 개선한 슬라이드이다.

  이 슬라이드를 보면 앞으로 무슨 이야기를 하게 될 것인지에 대한 메시지가 명확하다. 또 텍스트와 대비를 이루도록 검은 바탕을 사용함으로써 텍스트를 더욱 눈에 띄게 해주어 청중의 호기심을 자극한다. 발표자가 이 슬라이드와 함께 "오늘은 여러분께 한국의 커피숍 과잉 현상에 관한 이야기를 하려고 합니다."라고 전한다면, 많은 말이 필요 없다. 이렇게 간단한 주제 소개만으로도 청중은 발표자가 앞으로 무슨 이야기를 할지 기대하면서 흥미를 느낄 수 있다.

SAMPLE 3

"I will talk to you for about 40 minutes, and then I will be happy to take some questions."

진행 시간은 대략 40분이며, 프레젠테이션이 다 끝난 후에 질문해 주시기 바랍니다.

SAMPLE 4

"I am here to talk to you about an exciting project we at Alphatech have been working on over the last few years."

알파테크에서 지난 몇 년간 개발해온 흥미로운 프로젝트에 관해 여러분께 알려 드리고자 합니다.

"Today, I want to introduce to you the world of Alphatech."

오늘은 제가 여러분들께 알파테크의 세계를 소개하려고 합니다.

"I am here today to give you an amazing opportunity …."

오늘은 제가 여러분께 놀라운 기회를 선사하고자 이곳에 오게 되었습니다.

그리고 텍스트에 가득한 목차 슬라이드를 죽죽 읽을 바에는 차라리 Sample 3의 문장처럼 앞으로 얼마 동안 프레젠테이션을 진행할 것인지 미리 알려주는 편이 더 낫다. 또한 청중의 호기심과 기대감을 자극하면서 프레젠테이션을 시작하고 싶다면, Sample 4의 문장들처럼 드라마틱하게 표현할 수도 있다.

프레젠테이션의 올바른 시작은 청중에게 올바른 분위기를 제공한다. 좋은 시작으로 당신은 프레젠테이션의 흐름을 주도할 수 있고, 청중에게 당신의 프레젠테이션은 그동안 숱하게 봐왔던 지루한 프레젠테이션과는 다를 것이라는 희망을 심어주게 된다. 청중에게 프레젠테이션의 전체 개요를 알려주지 않음으로써 약간의 궁금증을 유발하고, 또 "뭔가 정말 특별한", "놀라운 기회"에 대해 말하게 될 것이라고 함으로써 청중들이 당신의 말에 잔뜩 기대하게 할 수 있다.

3 규칙 정하기

A. 질문에 답변하기

"I have allowed a little time at the end of this presentation to answer any of your questions. So if you have any questions, please feel free to ask them at the end of this presentation."
프레젠테이션의 끝에 여러분의 질문에 대답해 드릴 시간을 조금 마련했습니다. 그러니 궁금한 게 있으면 제 발표가 모두 끝난 후에 편안하게 질문해 주시기 바랍니다.

"I will be happy to answer any questions at the end of my presentation."
제 발표가 끝난 후에 어떤 질문이든 기쁘게 답변해 드리겠습니다.

"I have allowed some time at the end of this talk for questions."
발표의 끝에 여러분께서 질문할 시간을 드리겠습니다.

"I will be happy to answer any questions at the end of the talk."
발표의 끝에 어떠한 질문에라도 기꺼이 답변해 드리겠습니다.

영어 프레젠테이션을 하는 도중 갑자기 받은 질문에 영어로 답변해야 한다는 것은 생각만으로도 진땀 나고 두려운 상황일 것이다. 프레젠테이션을 준비하느라 얼마나 많은 시간을 공들여 왔는데, 갑작스러운 청중의 질문 하나로 모든 노력이 자칫 물거품이 될 수 있기 때문이다.

프레젠테이션하는 동안에는 당신이 그 프레젠테이션의 주인이라는 것을 잊지 말자. 당신은 프레젠테이션의 주인이므로, 손님인 청중에게 바라는 것이 무엇인지 규칙으로 정해 알려줄 수 있는 권한이 얼마든지 있는 것이다.

그러므로 청중에게 프레젠테이션이 모두 끝나고 난 후 질문에 대해 답변하는 시간을 갖겠다고 전하라. 당신의 영어실력이 얼마나 좋은지에 관계없이 이렇게 하는 것이 현명한 방법이다. 프레젠테이션 진행 도중 방해를 받으면 발표자가 흐름을 놓칠 수도 있고, 긴장하거나 당황해서 갑자기 얼어붙어 버릴 수도 있기 때문이다.

왼쪽의 샘플들은 프레젠테이션이 끝난 후에 질문해 달라고 요청하는 표현들이다. 잘 익혀두고 프레젠테이션에 응용해보기 바란다.

B. 휴대폰 사용 규칙 정하기

"I would appreciate it if you could please turn your cell phones off during my talk. Thank you very much."

제가 이야기를 하는 동안 잠시 휴대폰 전원을 꺼주시면 고맙겠습니다. 대단히 감사합니다.

"Would you mind turning off your cell phones for the next 30 minutes or so?"

앞으로 약 30분 정도 휴대폰 전원을 꺼주실 수 있겠습니까?

"I would be grateful if you could check that your cell phone is switched off."

휴대폰 전원이 꺼져 있는지 확인해주시면 정말 감사하겠습니다.

어느 사람도 자신이 말하고 있는 도중 휴대폰 벨 소리를 듣고 싶어하지 않을 것이다. 청중 또한 당신의 유익하고도 훌륭한 프레젠테이션을 들으면서 다른 이의 휴대폰 벨 소리로 방해받고 싶어하지 않는다. 이것은 당신의 프레젠테이션을 망칠 수 있을 뿐 아니라 청중의 주의를 흐트러뜨리는 원인이 될 수도 있다. 그러므로 청중에게 휴대폰을 무음으로 설정하거나 전원을 꺼 달라고 요청하는 것은 규칙 정하기에 꼭 필요한 과정이다.

왼쪽의 예문들은 청중에게 휴대폰 전원을 꺼 달라고 정중하게 요청하는 표현들이다. 당신이 프레젠테이션을 진행하는 도중에 어떤 청중의 휴대폰이 울려 전원을 꺼달라고 직접 부탁하는 것은 그 청중에게도 무척 창피한 일이 될 텐데, 아무도 다른 이들 앞에서 이런 창피를 당하고 싶어하지 않는다. 그러므로 당신이 시작 전에 정중히 부탁한다면 청중들도 당신의 요청을 기꺼이 받아들일 것이다.

그런데도 만약 프레젠테이션을 진행하고 있는 도중 어디선가 벨이 울린다면, 프레젠테이션을 잠시 멈추고 벨이 울리는 근처에 시선을 놓아둔 채 벨 소리가 멈출 때까지 기다렸다가 다시 진행하는 것도 좋은 방법이다. 이렇게 함으로써 휴대폰으로 인해 프레젠테이션에 집중하고 있는 청중의 주의가 흐트러지는 것을 허락하지 않겠다는 분명한 메시지를 전할 수 있게 된다. 또 휴대폰을 울리게 한 당사자를 직접적으로 바라보지 않음으로써, 그 사람이 느낄지도 모르는 당혹감을 줄여주려는 발표자의 배려심을 드러내 보일 수 있다.

4 한눈에 정리하기

좋은 시작은 이후에 진행될 프레젠테이션의 전체 분위기를 주도할 수 있는 절호의 기회이다. "첫인상을 만드는 두 번째 기회는 잡을 수 없다.(We never get a second chance to make the first impression.)"라는 영어 표현은, 물론 이 말이 항상 옳은 것은 아니지만 프레젠테이션에 있어서만큼은 정확히 들어맞는 표현이다. 출발이 좋으면 청중의 관심을 사로잡을 수 있을 뿐 아니라, 그들에게 좋은 경험을 선사해주는 뜻깊은 프레젠테이션이 될 수 있기 때문이다.

마지막으로, 앞서 배운 자기소개부터 규칙 정하기까지 모든 것을 한 데 담아낸 아래 예문들을 살펴보고 잘 활용해 좋은 도입부를 만들어보기 바란다.

"Welcome and thank you for allowing me to speak to you today."
환영합니다, 여러분! 오늘 이렇게 여러분께 프레젠테이션하는 것을 허락해주셔서 감사드립니다.

"My name is Hosoon, Kwak and today I want to introduce to you the results of a project that we believe has made the world's best computer game, a game that my colleagues and I at Alphatech have been working on for the last two years."
제 이름은 곽호순입니다. 오늘은 우리가 세계 최고의 컴퓨터 게임을 만들었다고 자부하는 이 프로젝

트의 결과물, 즉 저와 제 동료가 지난 2년간 알파테크에서 제작해온 컴퓨터 게임을 여러분께 소개하고자 합니다.

"Before we get going, I would just like to ask that if you have a mobile phone would you be kind enough to switch it off for the duration of my talk. Thank you."

그에 앞서, 제가 이야기하는 동안 가져오신 휴대폰의 전원을 꺼주십시오. 감사합니다.

"OK. So, I shall be talking for around 20 minutes and then I shall hand over to two of my colleagues, Gitaek, Lee and Hyunjoo, Roh who will demonstrate the game to you."

제 발표 시간은 대략 20분으로, 발표 후에는 저의 동료인 이기택 씨와 노현주 씨가 여러분들께 이 게임을 시연해 보일 것입니다.

"Then I shall be happy to answer any of your questions after the demonstration. OK, so let's begin ..."

시연이 끝난 후에는 여러분의 질문에 기쁘게 답해 드리겠습니다. 자, 그럼 시작하겠습니다.

Case Study:
Guy Kawasaki

가이 가와사키는 신생 벤처 캐피털 회사(기업의 초창기 단계로써, 자본이나 생산 능력, 영업 능력 등 기업의 능력 전반이 초기 단계인, 초창기 기업에 투자하는 회사)인 거라지 테크놀로지 벤처스(Garage Technology Ventures)의 경영 책임자이자, 창업 전문지인 안트러프리너(Entrepreneur)의 칼럼니스트이다. 과거에 그는 애플사의 "Apple Fellow"(이례적인 기술 업적을 이

루어낸 애플인)의 일원이었다. 스탠퍼드 대학을 졸업했고, UCLA에서 MBA를 마쳤으며, 뱁슨 대학에서 명예박사 학위를 취득했다. 또한 〈리얼리티 체크(Reality Check)〉, 〈당신의 기업을 시작하라(The Art of the Start)〉, 〈초심리전략(How to Drive Your Competition Crazy)〉, 〈Rules for Revolutionaries〉, 〈Selling the Dream〉, 및 〈The Macintosh Way〉 등 여러 권의 책을 출간한 저자이기도 하다.

가이 가와사키는 미국의 훌륭한 연설가 중 하나로 손꼽힌다. 그의 연설 스타일은 매우 독특하여 이따금 논란거리가 되기도 하지만, 청중으로 하여금 그가 말하는 주제에 푹 빠져들게 한다. 또한 그는 항상 자신만의 고유한 방식으로 프레젠테이션을 시작하는데, 다음은 2006년 TIECON Conference에서 열린 프레젠테이션의 시작 부분을 발췌한 스크립트이다. (유튜브 등을 검색해서 동영상을 함께 참조하면 더 좋을 것이다.)

"My name is Guy Kawasaki. I am the Managing Director of an early stage venture capital firm called Garage Technology Ventures. However, I'm not really here today to talk to you about venture capital, I'm here to talk to you about entrepreneurship and startups."

저는 가이 가와사키입니다. 저는 신생 벤처 캐피털 회사인 거라지 테크놀로지 벤처스의 CEO입니다. 하지만 오늘은 투자에 관한 이야기를 하러 온 것이 아닙니다. 기업가 정신과 창업에 관하여 말씀드리고자 이 자리에 섰습니다.

그는 이 간단한 오프닝에서 친근하면서도 여유로운 태도로 미소를 머금고 청중들과 눈을 맞추며 자신이 원하는 프레젠테이션의 분위기를 만들어 나간다.

233

"A little bit about my background. I worked for Apple twice in my life. From 1983 to 1987, I was Apple's software evangelist, and I also worked from 1995 and 1997 when I was Apple's Chief Evangelist. My job essentially was to make sure there was a lot of software for Macintosh. And I worked for Steve Jobs in the Mac Division that first time. It was a very very interesting experience. For those of you who know people from Apple, I don't think you will find this surprising, but I consider the Macintosh Division the largest collection of ego maniacs in the history of Silicon Valley, and that's saying a lot in this valley."

제 약력을 조금 말씀드리자면, 저는 그동안 애플사에서 두 번 근무했습니다. 1983년부터 1987년까지 애플사의 소프트웨어 전도사(마치 복음을 전하는 전도사처럼, 사람들로 하여금 애플사의 제품에 열정을 갖고 사랑하게끔 하는 역할)로 근무했고, 1995년부터 1997년까지는 애플사의 수석전도사로서 근무했습니다. 저의 일은 본질적으로 매킨토시용 소프트웨어가 많이 있다는 것을 확인시켜 주는 것이었습니다. 처음 근무할 때는, 맥 부서에서 스티브 잡스를 위해 일했습니다. 너무나도 흥미로운 경험이었죠. 여러분 모두 애플 사람들이 어떤 이들인지 잘 아시니 그다지 놀랍게 느껴지지 않으실 테지만, 저는 매킨토시 부서가, 실리콘 밸리 역사상 자기중심적인 사람이 가장 많이 모여 있는 집단이었다고 생각합니다. 실리콘 밸리에서는 그런 얘기가 많이 나돌기도 했습니다.

이렇게 간단한 자신의 소개를 마친 후에, 가이 가와사키는 다음과 같이 자신의 과거 약력을 하나의 스토리처럼 이야기하기 시작한다. 몇 가지 유머를 섞어가며 일했던 경험을 풀어나간다. 이 시간 동안 그는 스크린에 슬라이드를 띄우지 않는다. 이렇게 함으로써 그곳에는 그와 청중, 그리고 그가 얘기하는 스토리만 존재하게 되는 것이다.

"We worked for Steve, we had very special treatment, unlimited supplies of Anwala Juice at $2 a bottle, on Thursdays and Fridays we had massage therapists come in to our cubicles and give us back rubs. Unlike any other part of Apple Computer, a Macintosh Division employee could fly first class for any flight over two hours. My definition of the two hours, begins at the moment you left your apartment, so I flew first class everywhere for years."

스티브 밑에서 일하면서 저희는 매우 특별한 대우를 받았습니다. 한 병에 2달러씩 하는 Anwala 오렌지주스(당시 환율로 대략 5천 원에서 만 원 사이)가 무한 제공되었고, 목요일과 금요일에는 마사지사가 직원 휴게실로 와서 등 마사지를 해주었습니다. 애플 컴퓨터의 다른 부서와는 다르게, 매킨토시 부서의 직원들은 비행시간이 두 시간이 넘으면 일등석을 탈 수 있었습니다. 저는 집을 떠나는 순간부터 두 시간을 계산해서, 몇 년간 어디를 가든 일등석에 탑승했습니다.

"You know back then the company was divided in to product divisions. There was the Apple II division, which made all the money, and the Macintosh Division, which spent all the money. And the Apple II Division, we really treated them lousy. I regret that. Because of our arrogance, because of our NIH attitude. And so the Apple II Division people were not even allowed in the Macintosh Division people's building. Arguably, they paid for the building, but they were not allowed in to the building. And because of this, the Apple II Division people came up with a great joke about the Mac Division people, which is: how many Macintosh division employees does it take to screw in a light bulb? The answer is one. The Macintosh Division employee holds up the light bulb and expects the universe to revolve around him."

애플사가 두 부서로 나뉘어 있던 때를 여러분도 알 겁니다. 애플II 부서는 이미 만들어진 컴퓨터들을 판매했으므로 돈을 벌어들였고, 매킨토시 부서는 돈을 쓰기만 했습니다. 그런 애플II 부서를 저희는 정말 형편없게 대했습니다. 이제는 그렇게 대했던 것을 후회합니다. 우리의 오만함과 NIH 자세(Not Invented Here: 일종의 배타주의로, 자신의 조직이나 회사에서 개발하거나 만든 것이 아닌 외부의 것은 아무리 뛰어나고 획기적이라 해도 거부하는 것을 의미함) 때문이었습니다. 그래서 애플II 부서원들은 매킨토시 부서 건물에 들어올 수조차 없었습니다. 어찌 보면 애플II 부서에서 사준 건물인데도 그 부서 사람들이 건물 안에 들어올 수 없었습니다. 이 때문에 애플II 부서 사람들은 맥 부서 사람들에 관한 아주 웃긴 농담을 하나 만들어냈습니다. 그 농담은 이런 겁니다. "전구 하나를 끼우려면 맥 부서 직원이 몇 명 필요할까요? 정답은 한 명입니다. 맥 부서 직원이 백열전구 하나를 들고 서서 우주가 그들 중심으로 돌기를 기다리는 거죠."

여기서 가이 가와사키는 애플사의 맥 부서에서 일하는 것이 어떤 것인지 이야기하고 있다. 이렇게 이야기하듯 자신의 이력을 풀어나감으로써 프레젠테이션은 이미 흥미로워지고 있다. 프레젠테이션에서 이야기하듯 말하는 것이 중요한 이유 중 하나는, 당신이 말하는 내용을 청중이 상상하면서 마음속에 그림을 그려보게 되므로 한 층 더 잘 기억할 수 있기 때문이다.

"How many of you use Macintoshes in this room? A lot of oppressed people, ah? So, I'll tell you the Microsoft .... Is Microsoft a sponsor of this conference? OK. Well, they won't be."

이 방에서는 몇 분이나 매킨토시를 사용하십니까? 억압받고 계시는 분들이 많은가요? (맥 사용자는 윈도즈 사용자를 일컬어 '창조성을 억압받고 있는 사람들'이라고 말함) 그렇다면 말씀 드리죠. 마이크로소프트는…. 혹시 이 컨퍼런스가 마이크로소프트의 후원을 받고 있나요? 좋습니다. 그렇다면 앞으로는 후원이 끊기겠군요.

"The Microsoft version of this joke is: how many Microsoft employees does it take to screw in a light bulb? The answer is none, because Bill Gates has declared darkness the new standard."

방금 했던 농담의 마이크로소프트 버전이 있습니다. "전구 하나를 끼우려면 마이크로소프트사 직원이 몇 명 필요할까요? 정답은 '필요없다'입니다. 왜냐하면 빌 게이츠가 어둠을 새로운 기준으로 선언했기 때문이죠."

"Early in my career I sat through many keynote speakers … err speeches. At CONDEX, at Mac World Expo, I saw many many hi-tech CEO's speak, and I have to tell you that one thing I noticed is they pretty much sucked as speakers, and the second thing I figured out sitting in these audiences of sucky keynotes was that if there is anything worse than a CEO who sucks as a speaker, it's a CEO who sucks as a speaker, and you have no idea how much longer he or she will suck. And so, I have adopted the top-ten-format for all my speeches. This way if you think I suck at least you can track progress through my speech. I hope you don't think I suck, but at least you can track progress."

저는 초창기에 많은 기조 연설가들의 연설을 들었습니다. CONDEX에서, Mac World Expo에서, 정말 많은 첨단기술회사 CEO들의 연설을 들었습니다. 그리고 한 가지 여러분께 말씀드릴 것은, 이들 대부분이 연설자로서 형편없었다는 것입니다. 그리고 형편없는 기조연설이 진행되는 청중석에 앉아서 두 번째로 제가 알게 된 것은, 형편없는 연설을 하는 CEO보다 더 나쁜 게 있을 수 있다면 그렇게 형편없는 CEO의 연설이 언제 끝날지 전혀 예측할 수 없다는 것이었습니다. 그래서 저는 제가 하는 모든 프레젠테이션에서 가장 중요한 10가지만 말하는 방식을 취했습니다. 이 방법대로라면 여러분께서 제 연설이 형편없다고 느끼시더라도, 적어도 제가 어느 부분을 말하고 있는지는 아실 수 있을 것입니다. 제가 형편없다고 느끼지는 않으셨으면 하지만, 어쨌든 적어도 여러분은 제가 어디를 말하고 있는지는 알게 되실 겁니다.

"So I'm going to use the top ten. This speech is loosely based on a book I wrote called *The Art Of The Start*."
그럼, 이제 그 10개의 리스트를 사용해보려고 합니다. 오늘의 스피치는 제가 쓴 〈당신의 기업을 시작하라〉라는 책에 기초한 내용입니다.

이처럼 가이 가와사키는 청중에게 어떤 식으로 프레젠테이션을 진행할지 알려주고, 이런 방식으로 진행하게 된 연유와 계기를 이야기로 전한 뒤, 자신이 전달하게 될 프레젠테이션 내용을 간략하게 설명하며 오프닝을 마무리 짓고 있다.

목차나 프레젠테이션 일정에 관한 리스트를 블릿 포인트가 가득한 슬라이드로 제작해서 보여주는 대신, 자신이 이야기할 내용을 간단히 말로 소개하고 그것을 10개로 나누어 구체화할 것이라고 청중에게 미리 알려주었다. 이것으로 그는 프레젠테이션의 분위기를 주도적으로 이끌어가면서 청중이 자신의 이야기를 경청할 준비를 하게 한다.

여기서 가장 주목할 점은 가이 가와사키가 애플사에서 일했던 시절의 일화를 이야기해주었다는 사실이다. 이 스토리는 그의 말에 신뢰감과 휴머니즘을 불어넣어

주고 있으며, 이렇게 청중과 대화하듯 이야기함으로써 마치 그와 함께 바에서 맥주 한잔을 걸치며 이야기를 나누듯 편안한 기분을 느끼게 한다. 이로써 청중은 그와의 교감을 시작하고 그의 인간적인 면모를 느끼게 되는 것이다.

VI

THE DELIVERY-BODY

본론

1 화제 전환하기

발표란 자신의 이야기를 구체화하여 살을 붙여가는 과정으로, 시작 부분에서 프레젠테이션 주제와 스토리에 대한 윤곽을 드러냈다면 이제는 그 이야기의 핵심을 전달할 순간이 왔다. 즉, 당신으로부터 무언가를 배워가고자 온 청중에게 가치 있는 정보를 전달할 가장 중요한 시간이 온 것이다. 이 부분을 제대로 못 해내면, 당신이 프레젠테이션하는 모든 이유가 무의미해질 것이다.

도입부를 끝내고 매끄럽게 본론으로 넘어가는 것이 발표자에게는 때로 어렵게 느껴질 수도 있다. 하지만 적절한 화제 전환 기법과 그에 맞는 표현을 익혀두면 쉽게 해낼 수 있다.

화제를 전환하는 스티브 잡스의 능력은 실로 대단하다. 그는 프레젠테이션에 적합한 분위기와 톤을 얻기까지 철저하게 준비하고 부단히도 연습한다. 이 덕분에 그의 화제 전환은 완벽하리만큼 매끄럽다. 다음은 이런 화제 전환의 좋은 예를 보여주고 있다.

2008년 1월 맥 월드 기조연설에서 스티브 잡스가 어떻게 프레젠테이션을 시작하는지 읽어보자.

"Welcome to Mac World 2008. We've got some great stuff for you. There's something clearly in the air today. But before we dive into all that, I just want to take a look back to 2007. 2007 was an extraordinary year for Apple. Some incredible new products …."

맥 월드 2008에 오신 것을 환영합니다. 이렇게 와주신 여러분을 위해 저희가 아주 특별한 것을 준비했습니다. 오늘은 무언가 심상치 않은 기운이 확실히 느껴지는군요. 우리 모두 함께 뛰어들어 이 특별한 것이 무엇인지 살펴보기 전에, 2007년을 한번 되돌아보려고 합니다. 2007년은 애플에게 있어 특별한 한 해였습니다. 놀라운 신제품들이…

"But before we dive into all that"라는 구절만으로, 환영인사에서 첫 번째 토픽으로 자연스럽게 넘어갈 수 있었다. 이 구절은 아주 짧지만 마치 청중과 대화하는 듯한 어투로 그들을 편안하게 해주었고, 앞으로 진행될 60분가량의 프레젠테이션을 즐길 준비를 하게끔 해준다. (look 대신 dive라는 좀 더 역동적인 단어를 선택함으로써, 청중으로 하여금 그들을 뛰어들게 할 만큼 무언가 획기적이고 흥미로운 프레젠테이션이 진행될 것이라는 기대감을 준다.)

시작 부분을 잘해내는 것도 중요하지만, 시작에서 본론으로 넘어가는 부분 역시 중요하다. 이 챕터에서는 이런 전환에 필요한 다양한 기법들을 살펴보고자 한다.

또한 프레젠테이션의 주요 부분을 풀어가는 전반적인 과정을 통해 발표자가 전달하려는 주제를 명확하고 이해하기 쉽게 만드는 방법도 함께 알려줄 예정이다.

2 프레젠테이션 프로그램 활용하기

A. 발표자 모드 사용하기

SAMPLE 1 | Keynote

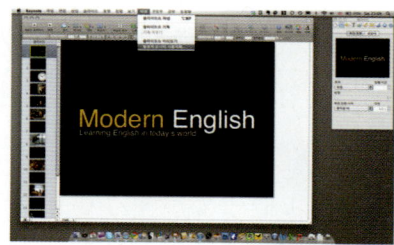 

* 키노트에서 이 기능을 설정하려면 위 사진처럼 모니터 상단 메뉴 바에 있는 "실행"을 클릭한 후 "발표자 모니터 사용자화" 메뉴를 선택하면 된다.

SAMPLE 2 | PowerPoint

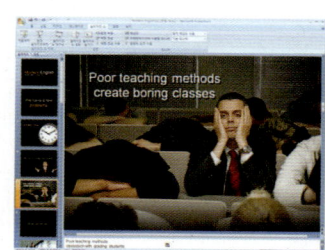 

* 파워포인트도 키노트 설정 방법과 유사하다. 파워포인트의 슬라이드쇼 탭의 모니터 그룹에서 "발표자 도구 사용"을 클릭하면 된다.

외국어로 프레젠테이션하려면 반드시 "발표자용 노트"가 필요하다. 이것을 준비하지 않고서는 모국어로도 프레젠테이션을 진행하기조차 어렵다. 하물며 처음부터 끝까지 외국어로 진행한다는 것은 거의 불가능에 가깝다고 할 수 있다. 슬라이드 화면을 보고 내용을 죽죽 읽어내려가는 처참한 상황을 피하고 싶다면, 발표자 노트는 반드시 준비하라. 파워포인트나 키노트 프로그램에는 발표자의 메모나 스크립트를 일일이 프린트해서 갖고 다니는 불편함을 덜어줄 수 있는 "발표자 도구 사용"(파워포인트)과 "발표자 모니터 사용자화"(키노트) 기능이 있다.

발표자 모드 기능을 사용하면 스크린을 쳐다보지 않고 청중을 바라보며 설 수 있다. 발표자의 컴퓨터 모니터에는 청중이 보게 될 슬라이드뿐 아니라 자신의 메모와 다음 장 슬라이드까지 함께 보이기 때문이다.

이 기능을 사용함으로써 발표자는 철저한 연습을 거친 전문가처럼 능숙한 모습으로 보일 수 있다. 단, 발표 전에 반드시 사용법을 미리 익혀두는 것은 필수다. 한 번도 사용해 보지 않다가 프레젠테이션 바로 직전에 설정해서 실수하는 일이 없도록 말이다.

필자가 아는 한 분은, 몇 년 전에 프레젠테이션을 시작하기 10분 전에 이 기능을 처음으로 배워서 사용한 적이 있다. 안타깝게도 중간에 설정이 바뀌어 청중이 발표자의 슬라이드 화면을 보게 되는 어처구니 없는 일이 벌어졌다. 결국, 설정을 다시 바꾸지 못해 발표자는 노트 없이 프레젠테이션을 진행하느라 진땀을 빼고 말았다. 이런 만일의 사태를 대비해서 메모를 프린트해 놓는 것도 좋은 방법이다.

B. 발표자 노트 사용하기

SAMPLE **Keynote**

왼쪽 샘플은 키노트 프로그램에서 "발표자 모니터 사용자화" 기능을 활성화시켰을 때 발표자의 컴퓨터에 나타나는 화면이다.

이 화면에서는 현재 슬라이드와 다음 슬라이드, 경과 시간 및 발표자 노트까지 함께 볼 수 있다. 이 기능을 사용함으로써 발표자는 슬라이드를 읽지 않고서도 자신이 해야 할 말들을 기억할 수 있게 된다. 또한 자신이 주어진 시간에서 얼마 동안 진행을 했는지, 전체 슬라이드 중 어느 부분까지 마쳤는지를 알 수 있게 해준다.

하지만 발표자 노트에 스크립트를 전부 적어놓는 것은 좋지 않다. 프레젠테이션 내내 청중을 바라보지 않고 컴퓨터만 쳐다봄으로써 청중과의 중요한 교감을 놓쳐버리는 사태를 가져오기 때문이다. 발표자 자신과 프레젠테이션으로 청중의 관심을 끌고 싶다면 그들과 교감해야 한다. 하지만 스크립트나 슬라이드를 읽어서는 결코 교감이 이루어질 수 없을뿐더러, 발표자의 목소리가 자연스럽지 못하고 퉁명스럽게 들려 활기 없고 따분한 프레젠테이션이 되기가 십상이다.

그동안 보았던 가장 기억에 남고 좋았던 프레젠테이션을 떠올려보자. 발표자가 슬라이드를 읽었던가? 결코 아닐 것이다. 슬라이드나 컴퓨터만 바라보지 않고 청중과 직접적으로 소통하고, 뒤돌아서 스크린을 확인하지 않고도 한 내용에서 다른 내용으로 자연스럽게 화제를 전환하고, 상황이 잘못되었을 때에도 당황하지 않고 매끄럽게 다음 진행을 이어가는 그런 발표자만이 훌륭한 프레젠테이션을 만들어 갈 수 있다.

C. 슬라이드를 읽으면 안 되는 또 다른 이유

질문을 하나 해보자. 프레젠테이션하러 간 곳에서 만약 당신의 컴퓨터가 제대로 작동하지 않는다면 어떻게 하겠는가? 혹시 이런 일을 대비해 USB에 백업 파일을 준비해 왔다고 하자. 만약 강연장의 컴퓨터가 파워포인트만 지원된다면 키노트 파일을 준비해 온 당신은 어떻게 하겠는가?

이런 사태가 벌어졌을 때 당신이 할 수 있는 선택은 단 두 가지이다. 당신이 얼마나 열심히 준비했느냐에 따라 그 선택은 달라질 수 있다.

하나는 프레젠테이션을 취소하는 것이다. 12,000km를 날아온 당신이라면 이 선택이 최선이 될 수는 없을 것이다. 그러나 프레젠테이션을 읽으려고 준비해 온 당신이라면 이 방법이 가장 효과적일지도 모른다.

다른 하나의 선택은 슬라이드 없이 프레젠테이션을 강행하는 것이다. 이것은 오로지 준비된 발표자에게만 가능한 선택이다. 주제가 무엇이고 전달할 스토리가 무엇인지, 슬라이드 없이도 충분히 발표할 자신이 있는 그런 발표자에게만 말이다.

훌륭한 발표자가 된다는 것은 그만큼 얼마나 충분히 준비하느냐에 달린 것이다. 단순히 프레젠테이션을 읽으려고 준비했다면, 당신은 시작도 하기 전에 좋은 프레젠테이션을 할 기회를 잃게 되는 셈이다.

프레젠테이션을 읽으려고만 하면 이처럼 사소한 기술적 문제만 발생해도 치명적인 결과에 봉착한다. 예를 들어 프레젠테이션 중반에 프로젝터가 멈춘다든지, 발표자가 가져온 노트북이 배터리가 다 되어 전원이 꺼졌는데 잊어버리고 전원 케이블을 가져오지 않았다든지 하는 사소한 문제가 프레젠테이션 자체를 완전히 망쳐버릴 수 있다.

그러니 제발 프레젠테이션을 읽지 마라. 대신, 준비할 시간을 충분히 가져라. 준비할 시간이 충분하지 않다면 차라리 프레젠테이션 일정을 미루던지, 다른 동료에게 대신 맡아 달라고 부탁하라. 발표자는 청중에게 기억에 남는 좋은 프레젠테이션을 제공할 의무가 있다. 슬라이드를 읽는 행위로는 절대 훌륭한 프레젠테이션을 만들 수 없다.

D. 간단한 팁

숙련된 전문가처럼 매끄러운 진행을 하고 싶다면 프레젠테이션용 리모컨으로 슬라이드를 넘기는 것에 익숙해지도록 연습을 하는 것이 좋다. (만약 리모컨이 없다면, 손에 리모컨을 쥐고 있는 것처럼 비슷한 크기의 물건을 잡고 연습해보자.) 컴퓨터 앞에 앉아 키보드로 슬라이드를 넘기면서 연습하다 보면 몸동작을 연습하지 못하기 때문에 실제 프레젠테이션에서 동작이 부자연스러울 수밖에 없다. 리모컨을 가지고 실전처럼 연습하고 또 연습하다 보면, 몸과 입이 모두 익숙해져 실제 프레젠테이션에서는 무의식적으로 몸에서 배어 나올 만큼 자연스러운 진행을 할 수 있게 된다. 이런 연습 과정을 거치면서 슬라이드의 내용을 충분히 숙지하게 되어 자신감이 생기고, 이 자신감은 발표자인 당신이 하는 말과 완벽한 조화를 이루어 전문가처럼 능숙하게 발표할 수 있게 될 것이다.

3 스토리 전달하기

A. 훌륭한 스토리의 중요성

Simple (단순하다)

Unexpected (뜻밖이다)

Concrete (구체적이다)

Credible (믿을만하다)

Emotional (감성적이다)

Stories (스토리)

- 〈스틱〉에서 발췌

"스토리 텔링" 챕터에서 다루었듯이, 인간의 뇌는 지루한 사실이나 설명보다는 스토리화 된 것을 훨씬 더 잘 기억해낸다. 그래서 스토리 하나 없이 진행되는 프레젠테이션은 기억에 남기도 어렵고 때로는 청중에게 시간 낭비라는 느낌마저 준다.

〈스틱〉에서 보면 히스 형제는 왜 어떤 생각들은 사람들에게 오래도록 기억되고, 또 어떤 생각들은 금방 잊혀지는지에 대한 연구를 통해 '뇌리에 착 달라붙는 메시지들 안에 숨어 있는 6가지 법칙'을 발견하게 된다.

하나의 생각이나 아이디어를 사람들의 기억 속에 오래 남게 하기 위한 6가지 요소에서 볼 수 있듯이, 스토리는 다른 5가지의 요소와 함께 중요한 역할을 하고 있다. 지금부터는 이 스토리의 중요성에 대해 자세하게 다루고자 한다. 독자의 이해를 돕기 위해 〈스틱〉의 내용에 필자의 설명을 덧붙였으니 참고 바란다.

스토리는 영감과 시뮬레이션을 제공한다. 스토리는 무언가를 하고자 하는 우리에게 동기를 부여해 열의를 북돋아 주고, 또 우리에게 그 무언가를 어떻게 해야 하는지 머릿속에 그림을 그리듯 생생하게 알려준다. 우리가 무엇을 해야 하는지, 어떻게 해야 하는지를 배우는 것은 모두 이 스토리를 통해 이루어진다.

박지성이 어떻게 맨체스터 유나이티드에 입적하게 되었는지에 관한 스토리라든지, 김연아가 올림픽에서 어떻게 우승하게 되었는지에 대한 스토리는 사람들에게 자신들의 목표 성취를 위한 동기를 유발하고 그들을 고무시키는 역할을 한다. 유명한 CEO의 성공스토리를 들으면서 자신도 무언가 해낼 수 있다고 자극받아 열심히 노력하겠다고 다짐하는 것 또한 이런 원리이다.

소방대원이나 의사, 구급대원들은 모두 자신들의 경험담을 공유함으로써 특정 상황에서 어떻게 대처해야 하는지 동료나 후배들에게 알려준다. 이것은 바로 지식이 어떻게 서로 공유되는지를 보여주는 예이기도 하다.

또 스토리는 메시지를 좀 더 감성적으로 만들어주기 때문에 듣는 이로 하여금 마치 자신의 일이나 자기 주변의 일인 것처럼 가깝게 느낄 수 있도록 해준다. 예를 들어 2010년 8월, 탄광에 묻힌 칠레 광부에 관한 사건은, 전 세계 모든 사람이 CCTV를 통해 광부들의 영상을 직접 보고, 가족들의 인터뷰를 통해 광부들의 개인적인 이야기를 전해 들으면서 시청자 모두가 자신의 가족인양 안타까워하며 하루 빨리 구조되기를 응원하게 된 경우이다. 즉, 그들의 스토리가 매몰 사건을 전 세계 사람들에게 알리는 데 큰 역할을 한 것이다.

이러한 스토리의 역할은 프레젠테이션에서도 똑같이 적용될 수 있다. 프레젠테이션에서 스토리 텔링을 하게 되면 청중은 발표자의 메시지를 쉽게, 또 오래 기억할 수 있게 되고, 프레젠테이션이 끝난 후 다른 사람들에게 이 메시지를 편리하고 쉽게 전달할 수 있다.

B. 뇌리에 착 달라붙는 메시지에 숨어 있는 6가지 법칙

여기서는 〈스틱〉의 히스 형제가 오랜 연구 끝에 발견한 '뇌리에 착 달라붙는 생각'들의 공통된 6가지 요소들을 프레젠테이션에 접목해, 어떻게 하면 청중의 기억에 오래 남는 프레젠테이션을 만들 수 있을지를 생각해보자.

● **Simple** – 이야기를 간단하게 유지하라. 전달하고자 하는 스토리의 '핵심 메시지'가 무엇인지, 청중이 이해하고 꼭 들어줬으면 하는 가장 중요한 점은 무엇인지, 또 이것이 당신의 주제와 얼마나 관련이 있는지를 생각해보아야 한다. 프레젠테이션에 너무 많은 정보를 담다 보면 청중은 '핵심 메시지'가 무엇인지 혼란을 느끼게 된다. 메시지를 간소화하는 것은 당신이 전하고자 하는 '핵심 메시지'를 부각하면서 훨씬 기억하기 쉽게 만들어준다.

● **Unexpected** – 청중이 예상치 못하는 점을 이용하라. 그들이 전혀 기대하지 않았던 주제, 이야기나 행동이 당신의 프레젠테이션을 좀 더 인상적으로 만들어줄 것이다. 또는 흥미를 자극하는 질문을 던지는 것도 좋다.

● **Concrete** – 자신이 말하고자 하는 내용을 명확하게, 또 이해하기 쉽게 전달하려면 가능한 모든 감각을 총동원해 청중이 자신의 머릿속에 그림을 그릴 수 있도록 해야 한다. 모호한 말은 절대로 머릿속에 들어오지 않으며, 기억 속에 오래 남지도 않는다. "Imagine the feeling you have when you…(여러분께서 ~하실 때의 그 느낌을 상상해 보십시오.)"라는 말로 자신의 스토리나 아이디어를 소개함으로써, 청중은 당신의

이야기 속의 느낌, 맛, 냄새 등 모든 것을 상상하며 그 상황을 구체적으로 떠올리게 되는 것이다. 우리의 뇌는 다른 어떤 것들보다 느낌을 가장 잘 기억해낸다. 어렸을 때 다니던 학교를 오래간만에 다시 찾았을 때 어린 시절의 느낌을 기억해보라. 낡은 책상과 교실에서 풍겨오는 냄새가 그 당시의 기억들을 떠오르게 할 것이다. 이것이 바로 당신의 이야기를 구체적으로 만들어준다.

● **Credible** – 당신의 이야기는 신뢰할 만한가? 즉, 자신이 하고자 하는 이야기가 전문가나 학자에 의해 검증된 내용이냐는 것이다. 물론, 이렇게 확인된 것들이 유용하겠지만, 그럴 수 없을 때는 현실감 있게 들리게 하면 된다. 예를 들면, 대부분의 발표자는 "We have sold over 200,000 copies of our new English text book this year.(올해 저희 출판사의 신간 영어교재가 200,000부 넘게 팔렸습니다.)"라고 말한다. 하지만 이런 말로는 판매가 얼마나 잘 된다는 것인지 청중이 쉽게 파악할 수 없다. 그러나 만약 "This means that nearly 550 books have been sold each day for one whole year.(올 한 해 동안 매일 550권씩 팔려나간 셈입니다.)"라는 부연설명을 덧붙이면, 청중 스스로 판매 부수의 양을 가늠할 수 있게 되면서 현실감 있게 느껴져 발표자가 하는 이야기를 좀 더 신뢰할 수 있다.

● **Emotional** – 사람은 누구나 감성을 가지고 있기에, 감성이 담긴 이야기는 사람들의 머릿속에 더 오래 각인된다. 그러므로 기억에 오래 남는 프레젠테이션을 하고 싶다면, 감성을 자극할 수 있는 사람이나 동물과 관련된 이야기를 사용하는 것도 좋은 방법이다. 만약 직장 내의 건강과 안전에 관한 프레젠테이션을 한다면, 다음과 같이 아이 사진이 담긴 슬라이드로 시작해보는 것은 어떨까? 시작과 더불어 "Health and safety is very important because we never want our children to become fatherless or motherless.(건강과 안전은 우리에게 매우 중요한 사안입니다. 누구도 우리 아이들이 아빠나 엄마가 없는 아이로 자라길 원하지 않기 때문입니다.)"라고 이야기한다면, 청중의 감성을 자극해서 좀 더 강렬하게 메시지를 전달할 수 있게 될 것이다.

One very good reason to take health and safety seriously

● **Stories** – 스토리는 영감과 시뮬레이션을 제공한다. 스토리는 무언가를 하고자 하는 우리에게 동기를 부여해 열의를 북돋아 주고, 또 우리에게 그 무언가를 어떻게 해야 하는지 머릿속에 그림을 그리듯 생생하게 알려준다. 즉, 스토리를 통해 우리가 모두 무엇을 해야 하는지, 또 어떻게 해야 하는지를 배우게 되는 것이다. 그러므로 프레젠테이션에서 이런 스토리를 사용하게 되면, 청중은 발표자의 메시지를 쉽게 기억할 수 있게 되어 프레젠테이션이 끝난 후 다른 사람들에게 이 메시지를 편리하고 쉽게 전달할 수 있게 된다.

이 6가지의 요소들을 프레젠테이션에 잘 담아낸다면, 당신은 분명히 훌륭한 프레젠터가 되어 있을 것이다. 다음 프레젠테이션에서는 이 요소들을 바탕으로 청중의 이목을 확실히 사로잡는 성공적인 발표를 해내기 바란다.

C. 그렇다면 이제 어떻게 스토리를 소개할까?

▍SAMPLE ▍

"Let me give you an example of why English is important in today's world: in December 2004, a friend of mine and myself visited the island of Phuket, off the coast of Thailand, for a short Christmas break. We were …."

오늘날 영어가 왜 중요한지 여러분께 예를 들어 드리죠. 2004년 12월, 크리스마스 연휴 동안 저와 제 친구는 태국의 푸껫 섬에 놀러 간 적이 있습니다. 우리는 …

"아날로그식 기획" 챕터에서 다루었듯이 종이 위에 생각들을 글로 써가며 말할 내용을 준비하다 보면, 자신이 전달하고자 하는 내용을 명확히 이해할 수 있게 된다. 이 과정을 통해 발표자는 어느 부분에 스토리를 넣어야 강력한 효과를 발휘할 수 있을지 알게 될 것이다. 이렇게 적절한 부분과 적절한 스토리를 찾았다면 이제는 실제 프레젠테이션에서 그 스토리를 소개해야 한다. 가장 간단한 예로 "Let me give you an example."이라는 표현을 사용해 스토리 전개를 시작할 수 있다.

왼쪽 샘플은 "영어를 배우는 것이 왜 중요한가?"라는 주제의 프레젠테이션에서 스토리를 어떻게 시작하는지 보여주는 예문이다.

이처럼 "Let me give you an example."이라는 표현을 사용하게 되면 장황한 부연설명 없이 쉽고 간단하게 스토리를 시작할 수 있다. 이외에도 아래와 같은 구문을 사용해 시작해볼 수도 있다.

- **Let me tell you about a situation that …**
- **That reminds me of a story that illustrates this perfectly …**

여기서 잠깐! 실제 프레젠테이션에서는 스토리를 "이야기하는" 것이 중요하지, 어떻게 이야기를 꺼내느냐는 크게 중요하지 않다. 그러므로 스토리를 어떻게 시작할지는 지나치게 고민하지 않길 바란다.

D. 어떻게 하면 스토리를 잘 이야기할 수 있을까?

| SAMPLE |

"Last year was a great year for us. We came third in the constructors championship. James, our number one driver, came second in the drivers championship. Overall it was a good year by anyone's standards. But we were not happy! We were not happy because we are not just "anyone." We want to be the best and we will not be happy until we are the best."

작년은 저희에게 있어 정말 특별한 해였습니다. 작년 컨스트럭터 챔피언십에서 3위를 했고, 최고의 드라이버인 제임스가 드라이버 챔피언십에서 2위를 차지했기 때문입니다. 어느 누가 보더라도 작년은 저희에게 좋은 한 해였습니다. 하지만 저희는 만족하지 못했습니다. 저희는 "어느 누가"가 아니기 때문입니다. 저희는 최고가 되고 싶습니다. 그래서 최고가 되기 전까지는 절대 만족하지 않을 것입니다.

"How can we be the best next year? When we analyzed the results in more detail, we saw that we lost more points in the races when the track was cold, and gained our highest points when the track was warm to hot."

어떻게 해야 저희가 내년에 최고가 될 수 있을까요? 결과를 자세하게 분석한 결과, 트랙이 차가울 때 우리가 경주에서 점수를 더 많이 잃었고, 트랙이 따뜻하거나 뜨거울 때 가장 높은 점수를 얻었다는 것을 알게 되었습니다.

스토리의 사전적 정의는 "하나의 행동이나 사건, 또는 사건의 과정을 상세하게 말로 전달하는 메시지"이다. 그러므로 하나의 스토리가 바로 "메시지"이며, 이것을 얼마나 논리적이고 이해하기 쉬운 방식으로 이야기하는가는 전적으로 발표자인 당신에게 달려 있다.

　새로운 F1 경주용 차를 생산한다고 해보자. 아마도 시작은 전년도에 생산된 차량을 분석하는 데서 출발할 것이다. 전년도 차량의 강점은 무엇이며 약점은 무엇인가? 또 이 차량을 통해 우리가 개선해야 할 점은 무엇인가? 등을 분석하는 데서 말이다.

　이것을 만약 프레젠테이션으로 만든다면 원편과 같이 본론을 시작하게 될 것이다. 샘플에서는 스토리로 본론을 시작하였으며, F1 자동차경주에 관해 전문적이고 복잡한 내용은 빼고 이야기함으로써 F1을 잘 모르는 사람들도 스토리에 몰입할 수 있도록 해주고 있다.

　청중이 당신 회사의 전문용어들을 전부 이해할 것이라고 절대 넘겨짚지 마라. 기술 관련 산업에 종사하는 이들에게 특히 중요한 사항이다. 기술 관련 산업에서는 특정 기술용어나 전문용어들이 많이 쓰이지만, 모든 이들이 그 제품이나 산업의 특정 분야에 있는 것은 아니라는 것을 반드시 유념해야 한다. 청중 가운데 어떤 사람은 마케팅팀에 근무할 수도 있고 어떤 사람은 디자인팀에 근무할 수도 있다. 그러므로 당신이 사용하는 기술 전문용어들을 청중 모두가 이해할 것이라고 단정 짓지 마라. 이런 용어들을 청중이 전혀 모르고 있을 거라고 간주하고 최대한 이해하기 쉽도록 풀어서 말하거나 아예 빼버리는 것이 좋다.

E. 적절한 표현을 이용한 스토리의 순차적 연결

SAMPLE

"When we arrived at Incheon airport, we discovered that we had left the report on the computer in my office. I felt such an idiot. After discussing the problem with my colleagues we decided that the report was too important to leave behind, so we called Jim in our accounts office and asked him to email it to me."

인천공항에 도착했을 무렵, 저희는 사무실 컴퓨터에 보고서를 두고 왔다는 것을 알게 되었습니다. 저 자신이 정말 바보같이 느껴졌습니다. 동료와 이 문제를 상의한 후, 너무 중요한 보고서라 놔두고 갈 수 없다고 결론짓고, 경리과의 짐에게 그것을 이메일로 전송해 달라고 요청했습니다.

"Throughout the whole flight, I was so worried that Jim was unable to find the file and send it. Jim is a great guy, and he knows his numbers, but he is famous for not being very computer literate."

비행기에 있는 내내 저는 짐이 그 파일을 찾지 못해 보내주지 못할까 봐 좌불안석이 되었습니다. 짐은 숫자에 능한 정말 좋은 동료입니다만, 컴맹으로 유명한 친구였기 때문입니다.

"When we finally arrived at the hotel, the first thing I did was check my email. Jim was a superstar! Not only had he sent the correct report, but he had arranged for the report to be placed on our company's website so that I could download it. It was such a relief!"

호텔에 도착하자마자 제가 제일 먼저 한 일은 이메일을 확인하는 것이었습니다. 짐은 슈퍼스타였습니다! 제가 놓고 온 보고서를 제대로 찾아서 이메일로 전송해주었을 뿐 아니라, 회사 웹 사이트에도 올려두어 제가 내려받을 수 있게 해준 것입니다. 얼마나 안심이 되던지요!

스토리를 잘 전달하는 가장 간단한 방법은 스토리를 논리적인 순서에 맞게 전개해 나가는 것이다. 처음에서 끝으로, 다시 중간으로 건너뛰고 있지는 않은지 확인할 필요가 있다. 논리적인 흐름을 위해서는 아래와 같은 단어들을 사용할 수 있다.

After that / Later / Then / Because / And / When

이 단어들은 스토리의 각 부분을 논리적이고 사건의 순서에 맞게 연결할 수 있도록 도와준다.

왼쪽 샘플을 한번 살펴보자. 이는 시간의 순서에 따르는 형식을 유지하면서 각각의 문장들을 어떻게 연결하는지를 잘 보여주는 예문이다. 이렇게 함으로써 청중은 발표자의 스토리에 자연스럽게 몰입할 수 있게 된다.

스토리 텔링은 프레젠테이션의 한 부분일 뿐이지만 프레젠테이션을 뛰어나게 만들어주는 매우 강력한 도구이다. 그러므로 스토리를 잘 전달한다는 것은 당신의 프레젠테이션을 성공적으로 이끌어주는 든든한 후원자를 얻는 것과 같다는 것을 항상 기억하기 바란다.

4 화법

A. 격식체와 비격식체

지나치게 격식을 차린 표현을 사용하다 보면 자칫 프레젠테이션이 너무 딱딱하게 들리거나 과하게 준비했다는 느낌이 들게 된다. 과하게 준비한 것 같다는 느낌이란, 발표자의 프레젠테이션이 마치 대선후보가 유권자들을 한데 모아놓고 연설하는 것처럼 들린다는 의미이다. 어느 사람도 자신의 발표가 정치가의 연설처럼 웅변조로 들리는 것을 원하지는 않을 것이다.

  단, 발표자의 상황에 따라 말하는 스타일을 다르게 갈 필요는 있다. 최첨단 기술 회사의 리더라면 청중은 좀 더 현대적이고 캐주얼한 스타일로 진행하기를 기대할 것이다. 그러나 캐주얼한 스타일에도 균형을 이룰 필요는 있다. "What's up?"과 같이 지나치게 격의 없는 말투나 비속어를 사용하는 것은 자제해야 한다. 이런 단어들은 청중에게 반감을 살 수도 있다. 이와 반대로 국제 법률회사의 CEO라면 좀 더 격식을 차린 어투가 적절할 것이다. 상황에 맞는 적절한 말하기 스타일을 찾아내는 것도 훌륭한 발표자가 되는 데 필요한 요소 중 하나이다.

B. 그렇다면 대화하듯 자연스러운 화법을 어떻게 만들어낼까?

회사에서 동료와 이야기하는데 자신이 할 말을 미리 연습해서 말하는 사람은 아무도 없을 것이다. 종이에 적은 메모를 보면서 친구에게 이야기한다면, 그 친구의 반응이 어떨지 상상만 해도 정말 웃기지 않는가? 이처럼 대화에서는 하고 싶은 말을 적어서 그대로 읽는 것이 아니므로 우리가 하는 말이 부자연스럽게 들리지 않는 것이다. 그리고 사람은 말하는 도중에도 생각을 멈추지 않기 때문에 이것에 대해 얘기하다가 다른 화제를 꺼내기도 한다.

하지만 영어 프레젠테이션을 준비하는 많은 발표자들이 영어로 스크립트를 적어 몇 번이고 반복해서 읽는 것으로 연습을 끝내곤 한다. 그러나 앞에서도 이야기했듯, 스크립트를 반복해서 읽는 연습으로는 결코 대화하듯 자연스러운 스타일을 만들어 낼 수 없다. 대화체 화법을 만들 수 있는 가장 좋은 방법은 영어 원어민 동료와 대화하는 것처럼 상상하며 연습해보는 것이다. 만약 주위에 원어민 친구나 동료가 있다면, 프레젠테이션을 한번 들어봐 달라고 요청하고 그들에게 조언을 구해보는 것도 좋다. 이것이 힘들다면 가까운 학원에서 한두 차례 일대일 수업을 받아보는 것도 큰 도움이 될 것이다.

연습할 때는 스크립트를 읽지 말고 프레젠테이션의 핵심 사항들을 원어민에게 설명하듯 이야기해보자. 설명하는 순서에는 너무 신경 쓰지 말고 그저 스크립트 없이 설명할 정도가 되도록 노력해보자. 녹음기를 사용해 자신이 하는 말을 녹음하여 원어민 친구나 동료, 혹은 강사에게 피드백을 받는 것도 좋은 방법이다.

이렇게 제삼자에게 프레젠테이션의 요점을 영어로 설명하려고 노력하다 보면 상대와 대화하듯 자연스러운 어투를 익힐 수 있으니 꼭 응용해보기 바란다.

C. 수사의문문 사용하기

▎SAMPLE 1 ▎

"… We know communication matters, we know presentations matter. But we have a problem, don't we? Do you know this problem? Have you ever experienced this problem?"

우리는 소통에 대한 것을 알고 있습니다. 또 우리는 프레젠테이션에 대한 것도 알고 있죠. 그래도 우리에겐 여전히 문제가 있습니다. 그렇지 않나요? 여러분은 그 문제가 무엇인지 알고 계십니까? 이런 문제를 한 번이라도 겪어보신 적이 있나요?

▎SAMPLE 2 ▎

"Global warming is one of the world's biggest problems today."

지구 온난화는 오늘날 전 세계가 겪고 있는 가장 큰 문젯거리 중 하나입니다.

▎SAMPLE 3 ▎

"Global warming is one of the world's biggest problems today, right?"

지구 온난화는 오늘날 전 세계가 겪고 있는 가장 큰 문젯거리 중 하나입니다. 맞습니까?

수사의문문을 사용한 질문은 청중으로 하여금 발표자 혼자 떠드는 프레젠테이션이 아니라 발표자가 자신들과 함께 대화를 나누고 있다는 느낌이 들 수 있게 하는 훌륭한 방법이다.

"언어표현" 챕터에서 다루었던 가르 레이놀즈의 수사의문문을 다시 한번 살펴보자.

Sample 1과 같이 이야기하면서 가르 레이놀즈는 청중이 자신의 질문에 직접적으로 대답해주기를 기대하지는 않는다. 대신 그가 하는 질문에 청중이 고개를 끄덕이거나 조용히 혼잣말로 "Yes."라고 해주길 원하는 게 전부이다. 그는 이런 질문들을 통해 청중이 프레젠테이션에 참여하고 있다고 느끼고, 자신과 대화를 나누고 있는 듯한 느낌이 들도록 만든다.

청중이 대화에 참여하고 있다는 느낌이 들게 하는 또 다른 방법은, 청중이 발표자의 말에 동의할 거라는 확신을 하고 말끝에 "right?"을 넣는 것이다. 물론 질문하는 형태이므로 말끝을 살짝 올려주어야 한다.

Sample 2는 실제 사실을 말하고 있다. 그러나 이런 방식은 단지 청중이 이미 알고 있는 사실을 전달할 뿐 청중을 끌어들이지는 못한다.

하지만 Sample 3과 같이, 기존의 의미를 전혀 변경하지 않았지만 'right' 하나를 추가한 것만으로도 청중이 프레젠테이션에 동참하고 있다는 느낌이 들 만큼 문장 전체의 영향력이 완전히 바뀐다.

D. 청중의 참여

SAMPLE 1

"So, can you give me some examples of really effective English learning techniques?"

그럼 여러분이 아는 정말 효과적인 영어 학습법을 제게 알려주시겠습니까?

SAMPLE 2

"Speaking English with your friends would be a good way, right?"

친구들과 영어로 이야기하는 것은 좋은 방법이 될 수 있습니다. 그렇죠, 여러분?

비교적 짧게 끝나는 프레젠테이션에서 청중에게 무언가를 하도록 유도하는 것은 중요한 메시지를 기억하는 데 자칫 방해 요소가 될 수 있지만, 20분 이상씩 진행되는 장시간의 프레젠테이션에서 청중을 참여시키는 것은 흥미와 관심을 계속 유지할 수 있도록 도와준다. 청중을 프레젠테이션에 개입시키는 한 가지 방법은 그들에게 제안을 해보는 것이다. 예를 들면, Sample 1처럼 아날로그식 기획 챕터에서 다루었던 "Learning English in Modern World"에서 정말 효과가 좋았던 영어공부 노하우가 무엇인지 청중에게 직접 물어보면서 본론을 시작할 수 있다.

이렇게 질문한 다음 화이트 보드나 플립 차트에 청중이 준 답안들을 적어 청중이 볼 수 있도록 하는 것도 좋은 방법이다.

그러나 만약 심할 정도로 부끄럼을 타는 발표자라면 위와 같은 적극적인 질문 대신, 앞서 이야기한 "right?"을 사용하는 방법을 권장한다. 이 질문을 받은 청중은 고개를 끄덕거리게 됨으로써 자신도 발표자와 함께 프레젠테이션의 일원임을 느끼게 되고, 또 발표자가 청중을 돕고 있다는 느낌까지 받게 될 것이다.

이처럼 청중의 참여를 유도하는 것은 청중 자신이 프레젠테이션의 한 부분인 것처럼 느끼게 하고, 발표 주제나 요점에 대한 흥미를 높여줄 뿐 아니라, 프레젠테이션이 자신의 소중한 시간을 낭비하고 있는 것이 아니라는 확신을 하게 만든다.

오늘날 비즈니스 세계에서, 지나치게 격식을 차린 영어 프레젠테이션은 구닥다리이고 쓸모없고 무익한 것으로 간주되어 점점 외면당하고 있다. 청중은 자신들이 좀 더 참여할 수 있고 좀 더 흥미로운 프레젠테이션을 원한다. 발표자가 강연대 뒤에 서서 시선은 정확히 컴퓨터 모니터에 고정시킨 채 로봇처럼 슬라이드 내용을 죽죽 읽어나가는 지루하고 낡은 방식의 프레젠테이션을 고수한다면, 스스로를 실망시키는 행동을 하고있을 뿐 아니라 청중에게 고통스러운 시간을 제공하고 있는 것이다. 청중은 이런 발표자를 결코 용서하지 않을 것이다.

5 시연

A. 시연의 중요성

요즘 같은 비즈니스 시대에 시연 없이 제품 출시회를 할 수 있다고 생각한다면 '차라리 다 접고 집에 있는 게 낫다'고 말할 수 있을 정도로, 시연은 프레젠테이션에서 막대한 역할을 한다. 한 가지 에피소드를 살펴보자.

1997년 애플사는 심각한 문제를 겪고 있었다. 컴퓨터 판매 실적은 계속해서 떨어지고, 오래된 사양의 컴퓨터 수천 대가 팔리지 않은 채 창고에서 썩고 있었으며, 회사에서 약속했던 새로운 운영 시스템은 완성될 기미조차 보이지 않았다. 그러자 애플의 CEO인 길 아밀리오(Gil Amelio)는 이미 완성되어 완벽하게 작동되거나 곧 완성될 OS를 애타게 찾아 헤맸다.

어느 날 그의 책상에는 비슷한 종류의 두 가지 OS 제안서가 놓여 있었다. 첫 번째는 Be, Inc.라는 회사의 OS였다. 이 회사의 CEO는 전에 애플사에서 근무했던 장 루이 가네(Jean-Louis Gassee)였다. 두 번째 OS는 NeXTSTEP이라 불리는 시스템으로 NeXT사에서 제작된 것이다. 이 회사의 CEO는 바로 스티브 잡스였다. 두 제안서 모두 가격도 적절하고 애플사의 요구사항에도 맞아떨어지는 훌륭한 OS였다.

최종 결정을 내리기 위해 호텔 미팅룸에 애플의 이사진들이 모였다. 스티브 잡스와 장 루이 가네도 이 미팅에 초대받아 이사진들에게 왜 자신들의 제품을 구매해야 하는지 프레젠테이션하게 되었다.

첫 타자로 스티브 잡스가 나섰다. 그는 예전과 다름없이 power word와 최상급 형용사들을 사용해 유창한 스타일로 프레젠테이션을 이끌어나갔다. 그러고 나서 수석기술관리자에게 프레젠테이션 자리를 넘겼다. 이 엔지니어는 NeXTSTEP OS가 완벽하게 구현되는 노트북을 켜고 애플의 이사진 앞에서 이 OS로 가능한 기능들을 직접 시연해 보였다.

그다음은 장 루이의 차례였다. 그는 프레젠테이션을 위해 준비한 게 아무것도 없었다. 그저 이 OS가 어떤 기능을 할 수 있는지 시연도 없이, 심지어 사진이나 이야기 없이 말로만 설명을 이어갔다.

프레젠테이션이 끝나고 이사진들은 만장일치로 넥스트에 손을 들어주었다.

이날 이후 스티브 잡스는 해고당한 지 11년 만에 애플사로 돌아가는 역사적인 순간을 맞이하게 된다. NeXTSTEP은 애플 컴퓨터의 차세대 OS로(OS X로 불림) 채택됐지만 장 루이 가네는 아무런 성과 없이 집으로 돌아오게 되었다. 이처럼 시연의 파워는 실로 엄청나다. 이런 시연도의 위력을 프레젠테이션에 적용한다면 그 효과는 상상을 초월할 것이다.

만약 제품에 대한 프레젠테이션이라면 기획 과정에서 어떻게 제품 시연을 할 것인지 결정해야 한다. 예를 들어, 최신 컴퓨터 게임에 대한 프레젠테이션이라면 게임이 어떻게 작동되는지 보여줘야 할 것이다. 만약 데모용 제품이 없다면 영상으로라도 보여줄 방법을 찾아봐야 할 것이다.

제품 시연이 가능하다면 시연을 어떻게 진행하고 누가 그 시연을 담당할 것인지 결정해야 한다. 수석 엔지니어가 시연하는 것이 좋을지 아니면 발표자인 당신이 하는 것이 나을지를 고려해봐야 한다. 만약 당신이 시연해야 한다면 청중에게 보여줄 수 있을 만큼 충분히 기능을 숙지하고 있는지도 따져봐야 한다.

또 다른 고려 사항은 청중이 직접 시연해 볼 수 있는 제품이 준비되어 있는지의 여부이다. 제품이 준비되었다면 청중 모두가 직접 사용해볼 수 있도록 하는 데 필요한 장비는 무엇인지, 언제 해야 하는지, 또 어느 곳에서 해야 하는지 등을 모두 생각해 보아야 한다.

"Actions speak louder than words.(행동은 말보다 목소리가 크다.)"라는 경구는 제품 시연에 꼭 들어맞는 말이다. 말로만 전하는 것에 비해 직접 보여줌으로써 얻게 되는 효과는 실로 엄청나다는 것을 유념하라.

그렇다면 시연은 언제 하는 것이 좋을까? 시연에 대한 결정은 어디까지나 프레젠테이션의 주체인 발표자에게 있다. 그러므로 발표자인 당신이 원한다면 제품 시연과 함께 프레젠테이션을 시작할 수도 있고, 클라이맥스가 다가올 때까지 천천히 진행하다가 결정적인 순간에 제품을 보여줄 수도 있다. 참고로, 온라인상에 나와 있는 다양한 프레젠테이션들을 살펴보면 보통 진행 중반에 시연하는 것이 일반적이다. 이렇게 하면 발표자는 그 제품 전에는 어떤 제품들이 있었는지, 왜 그 제품을 만들게 되었는지, 또 개발 과정은 어떠했는지 등에 대해 이야기할 시간을 확보할 수 있다. 발표자는 이런 이야기를 통해 시연이 시작되기 전 극적인 분위기를 연출할 수 있고, 그 덕분에 청중은 그 제품을 보게 될 순간을 기다리면서 발표자의 말에 끝까지 집중할 수 있게 된다.

B. 시연의 힘

정주영 회장은 현대그룹의 창시자이자 시대를 대표하는 인물 중 한 명으로, 1950년대의 참혹했던 한국전쟁 이후 최악의 경제 위기를 벗어나는 원동력이 되었던 한국인 특유 불굴의 정신을 전형적으로 보여주는 인물이기도 하다. 사람들이 가장 존경하는 그의 성품 중 하나가 바로 절대 포기하지 않는 정신이다. 그는 불가능한 것은 없다고 믿었으며, 자신과 직원들을 인간의 한계까지 몰아붙이는 것으로도 유명했다.

다음은 울산에 조선소를 짓기 위해 현대가 어떻게 차관을 받아왔는지에 관한 유명한 일화이다. (Richard M. Steers의 〈Made in Korea〉라는 책의 내용을 요약했다.)

1971년 현대는, 조선소를 건설하기 위해 4,300만 달러의 재정 지원이 필요했다. 이것은 당시 현대의 총자산보다도 많은 금액이었다. 결국 고 정주영 회장은 재정 후원을 받기 위해 유럽으로 날아갔다. 하지만 스위스도 프랑스도 모두 똑같은 이유로 재정 지원을 거부했다. 그들 모두 "노 젓는 보트도 만들어본 적이 없는 회사가 무슨 조선소냐?"는 투였다. 결국 그는 최후의 수단으로 런던행을 결심한다. 그는 영국 바클레이스(Barclays) 은행의 대표를 만나 자신의 야심에 찬 조선소 설립 계획을 피력했다. 바클레이스 은행의 대표는 그의 계획에 관심은 있었지만 대형 선박을 지어본 적도 없고, 그런 기술조차 보유하고 있지 않은 한국에서 과연 현대가 해낼 수 있을지 우려가 되었다. 차관을 확정 짓고자 바클레이스 은행 대표는 결국 현대와 기술 협약을 맺은 영국 애플도어(Appledore)사의 추천에 의지하기로 했다. 이제 칼자루는 애플도어사가 쥔 셈이었다.

그러나 현대의 기술 협력업체인 애플도어사의 사장은 차관을 받아 조선소를 짓는다 하더라도, 과연 현대가 선적 수주를 따낼 수 있을지 확신을 못하고 있는 상태였다. 이를 알게 된 정 회장은 애플도어사 임원 회의 중에 자신의 지갑에서 500원짜리 지폐 한 장을 꺼내 회의실 안의 사람들에게 돌려보게 했다. 그리고 나서 모두에게 그 지폐를 주의 깊게 살펴보라고 요청했다.

이들이 그 500원짜리 지폐에서 본 것은 바로 "거북선" 도안이었다.

〈Made in Korea〉라는 책에서 리처드 스티어스는 고 정 회장이 당시 했던 말을 다음과 같이 인용했다. "한국은 이미 16세기에 장갑함을 지었습니다. 19세기가 되어서야 이런 배를 짓기 시작한 영국은 우리나라를 따라올 수도 없을 것입니다…. 우리가 다시 시작만 하면, 어마어마한 잠재력을 발휘할 것입니다."

이 말은 듣고 난 애플도어사는 현대에 대한 전폭적인 지지를 결정했고, 애플도어사의 추천으로 현대는 결국 바클레이스 은행에서 유럽 차관단을 구성해 약 5,000만 달러를 지원하는 데 동의하는 역사적인 순간을 맞이하게 된다. (단, 그리스와의 선박 발주 계약 이후에 차관이 이루어졌다.) 이것으로 현대는 세계 최고, 세계 최대의 조선소를 설립할 수 있게 되었다.

 이처럼 시연은 실제 서비스나 제품을 보여주는 데만 사용할 수 있는 것은 아니다. 자신의 생각이나 아이디어를 밝히기 위해서도 얼마든지 시연을 활용할 수 있다. 고 정 회장은 시연을 통해 자신의 생각을 최대한 효과적으로 알릴 수 있었다.
 정주영 회장이 500원짜리 지폐 한 장의 시연으로 이룬 신화와 같은 결과를 만들어 내는 것은 어려울지 몰라도, 시연의 강력한 위력을 통해 당신의 프레젠테이션을 좀 더 특별하게, 좀 더 훌륭하게 만드는 작은 기적을 만드는 것은 충분히 가능한 일이다.

6 데이터 발표하기

Slide 1

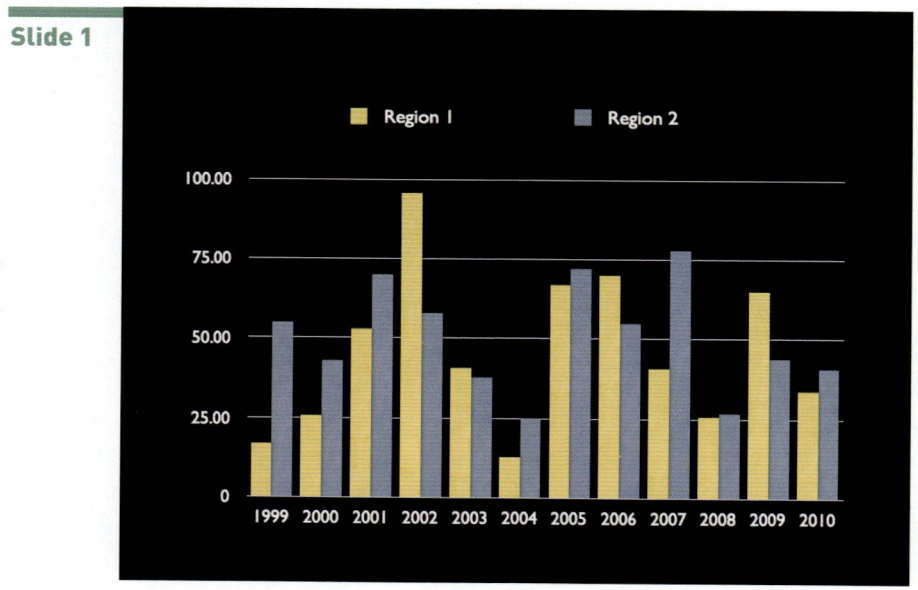

데이터 표시는 파워포인트나 키노트에서 가장 유용한 기능 중 하나이지만, 가장 남용되는 기능이기도 하다.

대부분의 프레젠테이션을 보면 발표자가 설명하고자 하는 것이 무엇인지 도통 이해할 수 없을 만큼 복잡하게 표시되는 데이터들이 수두룩하다. 슬라이드 안에는 선이나 막대그래프가 빽빽하게 들어차 있음에도 실제 발표에서 활용하는 정보는 극소수에 불과하다. 게다가 차트 안 텍스트 크기가 지나치게 작아 맨 앞에 있는 청중조차 읽기 어려울 정도로 난해한 슬라이드를 너무나 많이 보아왔다.

이런 차트의 문제점은 슬라이드 한 장에 너무나 많은 상세 정보들을 욱여넣고 있다는 것이다. "디자인" 챕터에서도 이야기했듯서이, 슬라이드 안의 데이터들은 아주 단순해 보여야 한다. 자세한 차트나 그래프들은 프레젠테이션이 끝난 후 유인물로 나누어 줄 수도 있다. 그러므로 이러한 상세 정보를 프레젠테이션의 한 부분으로 여겨서는 안 된다.

왼편의 차트 샘플들을 한번 살펴보자.

Slide 1의 차트는 십 년 동안의 자료를 보여주고 있다. 하지만 이렇게 방대한 자료를 프레젠테이션 슬라이드에서 보여줄 필요가 전혀 없다. 이런 차트는 청중으로 하여금 데이터의 중요성을 전혀 느낄 수 없도록 방해만 할 뿐이다. Slide 1의 막대그래프 중 주요 세 개만을 보여준다면 훨씬 더 간결하고 효과적인 데이터가 될 수 있다. 예를 들면, 가장 낮은 수치, 중간 수치 그리고 가장 높은 수치를 보여주는 것이다. 이렇게 하면 왜 그 해에 판매 수치가 가장 낮았는지, 또 왜 가장 높았는지 등을 설명하는 시간을 가질 수 있고, 중간 수치는 최저와 최고 수치를 비교하기 위한 기준이 된다.

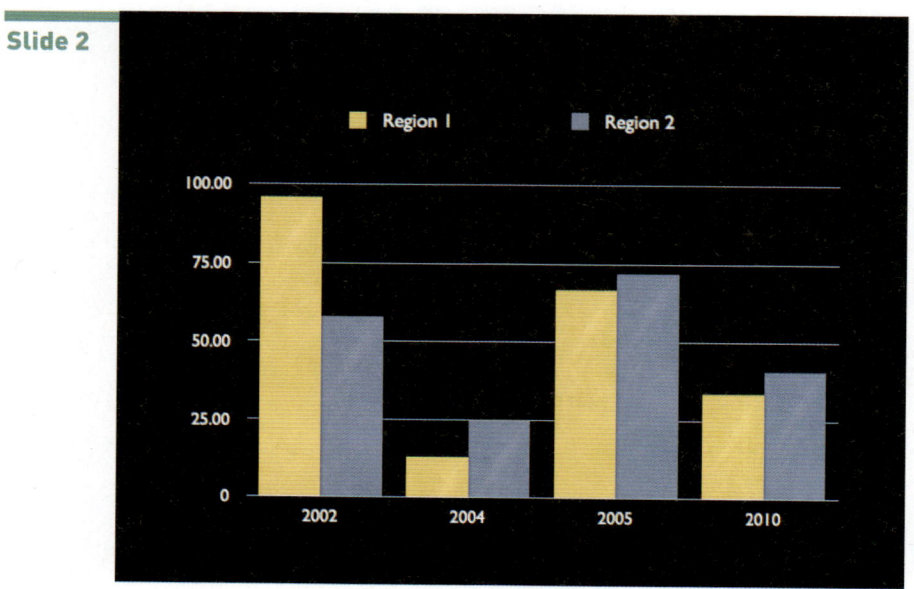

Slide 2의 차트를 보면 2002년도 수치가 가장 높고, 2004년도가 가장 낮으며 2005년도가 중간 수치인 것을 알 수 있다. 물론 현재 수치도 함께 제시해준다. 이렇게 차트를 구성함으로써, 청중에게 꼭 필요한 데이터만을 보여줄 수 있다.

이 차트는 첫 번째 차트에 비해 발표자가 설명하기에도 편하고, 청중이 이해하기도 훨씬 쉽다. 이렇게 차트를 간소화함으로써, 청중은 발표자가 말하는 핵심을 완벽히 이해하게 되고, (Slide 1처럼) 데이터의 홍수에 빠져 허우적대는 일도 없게 된다.

또한, Slide 2의 Region 1과 Region 2처럼 각기 다른 데이터 흐름을 보여줄 때에는 각 데이터가 서로 비교될 수 있도록 색상 대비를 잘 이루어야 한다. 각각의 데이터가 서로 구분되지 않아 청중에게 혼란을 주는 것만큼 최악의 상황도 없기 때문이다.

만약 회계 보고서와 같이 많은 양의 데이터를 반드시 보여줘야 한다면 작은 그룹으로 쪼개서 보여주도록 한다. 한 슬라이드에 정보를 전부 집어넣는 어리석은 짓은 절대로 하지 말기를 바란다. 여러 회사로 이루어진 복합기업과 관련된 자료라면 회사별로, 혹은 제품별로 데이터를 나누어야 할 것이다. 데이터를 보여주는 목적은 청중에게 대략적인 내용을 설명하기 위해서지, 상세한 수치를 보여주기 위해서가 아니다. 이런 수치들은 반드시 유인물로 작성해 프레젠테이션이 끝난 후에 전달하도록 하자.

A. 데이터에 의미 불어넣기

| SAMPLE 1 |
"Our factory in China covers an area of 40 acres."

중국에 있는 저희 공장의 크기는 40에이커입니다.

| SAMPLE 2 |
"Our factory in China covers an area of 40 acres. That is the equivalent of 18 soccer pitches."

중국에 있는 저희 공장의 크기는 40에이커입니다. 축구 경기장 18개와 맞먹는 크기죠.

| SAMPLE 3 |
"Our company has now produced 400,000km of plastic piping in the last two year."

저희 회사는 지난 2년간 400,000km나 되는 플라스틱 파이프를 생산해 왔습니다.

| SAMPLE 4 |
"That is enough plastic piping to go from here to the moon."

이 정도라면 지구에서 달까지도 닿을 수 있는 길이입니다.

데이터 부분에서 발표자들이 범하는 가장 큰 실수 중 하나는 Sample 1처럼 데이터 수치를 그냥 나열하는 것이다. 공장 크기가 40에이커라고 말하고 끝내는 것은 의미가 없다. 40에이커는 대체 얼마나 큰 것일까? 머릿속으로 크기를 가늠해보려 해도 도통 감이 오지 않을 것이다. 그러나 쉽게 이해할 수 있도록 비교 대상을 제시하면 이 데이터는 의미를 가진다. Sample 2처럼 바꾸어 표현하면 40에이커라는 데이터 수치는 의미를 갖게 되고, 청중은 발표자의 말을 듣자마자 공장이 얼마나 큰지 바로 가늠할 수 있다.

Sample 3도 의미 없이 단순히 수치를 나열했다. 청중은 400,000km가 얼마나 되는지 짐작조차 하기 어려울 것이다. 하지만 Sample 4와 같이 데이터에 의미를 부여할 수 있는 내용을 추가하게 되면, 청중은 이 회사가 생산한 파이프의 길이가 어느 정도인지를 파악할 수 있고, 더 나아가 그 엄청난 길이에 감탄하게 되는 것이다. 만약 이런 추가 내용이 없다면, 청중은 그저 이 회사가 플라스틱 파이프를 생산하는 곳이라고만 생각할 뿐 그 수치가 무엇을 의미하는지 알 수 없다. 청중에게 강한 인상을 줄 수 있을 만큼의 엄청난 생산량임에도 전혀 인상적이지 못한 사실로 묻혀버리고 마는 것이다.

청중에게 제시할 데이터는 의미가 담겨 있고 이해하기 쉬워야 한다. 발표자는 어떻게 하면 그들에게 강한 인상을 심어줄 수 있을지를 고민해야 한다. 데이터에 의미를 부여해줄 적절한 비유가 없이는 청중에게 깊은 인상을 줄 수 없다는 것을 기억하고, 또 어떤 데이터를 슬라이드에 삽입하고 어떤 데이터를 유인물로 나누어 줄 것인지 신중하게 생각해보아야 한다.

B. 데이터 발표 시 필요한 표현들

SAMPLE

Revenue Stream	2009	2010
Alcoholic Drinks	£38.4 Million	£51.2 Million
Soft Drinks	£18 Million	£21 Million
Food	£72.3 Million	£86.1 Million

"Here you can see the revenue we have achieved for this year and last year. We are very proud to inform you that this year was the first year that we have achieved an increase in revenues on all our departments."

이것은 저희 회사의 금년도와 작년도 매출입니다. 올해 처음으로, 전 품목 모두 매출액이 증가했다는 사실을 여러분께 알려 드리게 되어 너무나도 자랑스럽습니다.

데이터를 간소화하는 것의 장점 중 하나는 차트나 그래프를 설명할 때 복잡하고 어려운 단어를 사용할 필요가 없다는 것이다.

왼쪽 샘플의 예문에서 볼 수 있듯이, 각 데이터의 수치들은 이미 슬라이드에 적혀 있기 때문에 발표자가 따로 언급할 필요가 없다. 다음 장에서는 발표자와 슬라이드가 거울처럼 서로 비추듯 슬라이드 데이터를 그대로 읽는 것이 아닌, 슬라이드와 발표자가 하나의 팀으로 완벽하게 조화를 이루는 예를 살펴볼 것이다. 발표자인 당신의 목표도 이와 같아야 한다.

C. 한스 로슬링과 데이터 혁명

한스 로슬링(Hans Rosling)은 스웨덴 카롤린스카(Karolinska) 연구소의 국제보건 역임교수이다. 그는 2006년 TED 컨퍼런스를 통해 데이터 제시 방법에 크나큰 혁신을 불러일으켰다. 로슬링 교수는 프레젠테이션에서 청중이 이해하고 따라가기 쉽도록 데이터를 움직일 수 있는 프로그램인 Gapminder를 개발했다.

이 프로그램은 배경화면에 연도가 표시되어 있고, 로슬링 교수가 설명하고 있는 해당 나라의 연도에 따른 각각의 수치들이 마치 춤을 추듯 빠르게 움직이는 식으로 작동된다. 이 책에서 그의 프레젠테이션을 전부 묘사하기는 어려우니 TED 웹사이트를 통해 프로그램이 어떻게 작동하는지 직접 확인해보기 바란다.

로슬링 교수가 시사하는 것은, 너무 자세해서 재미없고 지루한 데이터들도 간단한 그래픽 작업과 독창적인 시연으로 흥미롭게 만들 수 있다는 것이었다. (독창적 시연에 관해서는 2010년 6월 TED Cannes 프레젠테이션을 참조하기 바란다.)

데이터를 간소화하는 것은 발표자의 의무이다. 슬라이드 하나에 온갖 데이터를 쑤셔 넣고서 청중이 이해할 거라 기대하지 마라. 데이터를 최대한 간단하게 만들라. 할 수 있다면 데이터가 움직이도록 애니메이션 작업을 하라. 어느 곳에서 프레젠테이션하던, 당신의 데이터가 생생하게 살아 있도록 만들어라. 당신이 제시하는 것을 청중이 완벽하게 이해할 수 있도록 말이다.

7 한눈에 정리하기

본론은 메시지와 스토리를 전달하는 프레젠테이션의 핵심 부분이다. 그러므로 이 부분을 잘 수행하지 못하면, 프레젠테이션은 결국 실패로 끝나게 된다. 성공적인 프레젠테이션을 위해, 본론 발표에 도움이 되는 아래의 사항들을 꼭 기억해두어라.

1. 절대 프레젠테이션을 읽지 마라. 스크립트에 의지하지 않고 프레젠테이션을 진행할 수 있을 만큼 충분히 연습해야 한다. 진행의 흐름을 알려주는 간단한 노트는 실제 프레젠테이션에서 큰 도움이 되지만 전체 내용을 스크립트로 적는 것은 피해야 한다. 이런 스크립트가 있으면 발표자는 자꾸 읽고 싶어지기 때문이다. "발표자 모드"로 프레젠테이션을 진행하는 데 익숙해지라. 필요한 노트들은 이 프로그램 안에 담아두라. 이 기능을 사용하게 되면, 슬라이드에 담긴 핵심 사항을 정확한 타이밍에 올바르게 전달할 수 있게 될 것이다.

2. 슬라이드 없이도 프레젠테이션을 진행할 수 있을 만큼 사전에 충분히 준비하고 연습하라. 갑자기 컴퓨터 안의 파일들이 모두 사라진다거나 전원이 꺼진다거나 컴퓨터가 다운되는, 이런 말도 안 되는 상황이 당신에게는 일어나지 않을 것이라고 절대 확신하지 마라. 이런 끔찍한 상황에 대비해놓지 않는다면 당신은 정

말 큰 문제에 봉착할 수 있다. 그러니 열심히 준비하라. 슬라이드나 노트를 보지 않고도 프레젠테이션할 수 있을 때까지 연습하고 또 연습하라.

3. 에피소드를 이야기하라. 인간의 뇌는 지루한 사실이나 설명보다는 스토리화된 내용을 훨씬 더 잘 기억해낸다. 회사 제품이 어떻게 개발되었고 왜 그 서비스를 제공하려고 하는지, 청중의 뇌리에 오래 남을 수 있도록 스토리로 만들어서 이야기하라.

4. 당신의 발표를 듣게 될 청중을 조사하고, 말하는 스타일에 신경을 써야 한다. 격식을 갖추어 발표할 것인지, 친근한 말투로 발표할 것인지 신중하게 생각하고 결정하라.

5. 청중과의 교감을 위해 수사의문문을 사용하라. 이것은 청중으로 하여금 자신도 프레젠테이션에 참여하고 있다고 느낄 수 있게 해주고, 발표자의 자신감을 고양할 수 있는 방법이기도 하다. 청중이 발표자의 말에 맞장구를 치거나 고개를 끄덕이는 것은 발표자에게 있어 자신감 증폭기와 같은 역할을 한다.

6. 시연할 수 있을지를 생각해보고, 가능하다면 어떤 식으로 해야 최고의 시연이 될 수 있을지 고민하라. 동료가 시연하는 것이 더 나을지, 발표자인 당신이 하는 것이 더 좋을지를 생각해보아야 한다. 또, 이 시연을 어떻게 소개할 것인지, 언제 소개할 것인지 등 시연에 관한 모든 사항이 기획 과정에서 충분히 고려되어야 한다.

7. 마지막으로 power word를 잊어서는 안 된다. power word는 당신의 프레젠테이션을 생생하게 해주며, 극적인 흥미진진함과 긴박감을 실어줄 것이다.

Case Study:
2007년 iPhone 출시 기조연설

스티브 잡스는 세계 최고로 손꼽히는 프레젠터이다. 하지만 이것은 우연히 이루어진 것이 아니다. 스티브 잡스는 청중과 어떻게 소통하는지를 알고 있으며, 또 그와 팀원들은 하나의 기조연설을 위해 6개월이라는 시간 동안 프레젠테이션을 준비하고 다듬는다. 뿐만 아니라, 그는 팀과 별도로 프레젠테이션을 연습하고 개선하는 데만 2주의 시간을 더 공들이는 것으로 알려졌다. 이 준비 기간이 끝나면, 프레젠테이션 이틀 전부터 무대 위에서 리허설에 리허설을 반복한다. 카마인 갈로(Carmine Gallo)의 책 〈스티브 잡스 프레젠테이션의 비밀(The Presentation Secrets of Steve Jobs)〉에서는, 이와 같은 철저한 준비와 연습이 스티브 잡스 프레젠테이션의 가장 근본적인 비결이라고 전했다.

2007년 1월, 스티브 잡스는 전 세계에 iPhone을 선보였다. 이것은 휴대폰의 개념을 완전히 바꾸어버린 역사적인 순간이었다. 그러나 이날의 행사가 더욱더 특별할 수 있었던 이유는, 스티브 잡스가 iPhone을 선보인 방식이 역사상 최고의 제품 출시회 중 하나로 여겨지기 때문이다.

iPhone처럼 회사의 주력 상품을 출시하게 되는 기업이라면 보통 프레젠테이션의 시작과 함께 제품을 선보일 것이다. 하지만 스티브 잡스는 프레젠테이션이 시작한 지 26분이 지나서야 제품을 보여주었다. 26분 동안 그는 기존의 애플 제품들을 되돌아보고 최근 소식을 전하거나 판매 수치 등을 알려주면서 청중의 호기심과 집중을 부추기며 분위기를 서서히 달구어갔다. 그러고 나서 잠시 말을 멈춘다. 슬라이드 화면에는 애플 로고만이 떠오르고 그가 다시 말을 이어나간다.

"This is a day I have been looking forward to for two and half years."
오늘이 바로 제가 2년 반 동안 기다리고 기다리던 순간입니다.
〔2초간 포즈〕
"Every once in a while a revolutionary new product comes along that changes everything …"
이따금 혁신적인 신제품은 모든 것을 바꾸어버리기도 합니다.

스티브 잡스가 이 말을 마치자 좌중은 쥐죽은 듯 고요해진다. 기대와 흥분만이 컨퍼런스장을 가득 메우게 된다. 청중은 뭔가 특별한 것이 곧 발표되리라는 것을 직감적으로 알아차린다. 심지어 그들은 곧 역사적인 순간이 탄생할 것이라는 생각마저 하게 된다.

그러고 나서 스티브 잡스는 매킨토시 컴퓨터부터 iPod까지, 수년간 애플에서 출시한 제품들을 보여준다.

"In 1984, we introduced the Macintosh. It didn't just change Apple, it changed the whole computing industry. And in 2001 we introduced the first iPod, and it didn't just change the way we all listen to music, it changed the whole music industry."

1984년, 저희는 처음으로 매킨토시를 선보였습니다. 이것은 단지 저희 회사에만 변화를 준 것이 아니라, 전체 컴퓨터 업계에 큰 변화를 가져다주었습니다. 그리고 2001년에는 첫 iPod를 출시했습니다. 이것 또한 음악을 듣는 방식에만 변화를 준 것이 아니라, 전체 음악 업계에 커다란 변화를 안겨주었습니다.

위 이야기를 통해 그는 청중으로 하여금 산업계를 변화시킬 또 다른 제품을 기대하게 한다. 스티브 잡스가 4,000명 가까이 되는 청중 모두 흥분을 감추지 못하고 그의 말에 빠져들어 좌석 앞으로 몸을 빼며 어서 빨리 제품을 보여주기를 기대하게끔 만드는 데는 단 30초밖에 걸리지 않았다.

여기서 중요한 것은, 스티브 잡스가 청중의 이목을 끌기 위해 화려한 볼거리를 제공하지 않았다는 것이다. 그는 스토리 텔링과 포즈(잠시 멈춤)의 위력을 이용해 애플 역사상 가장 중요한 순간들을 되돌아보고 그것들이 애플사와 산업계에 미친 영향을 설명했을 뿐이다.

웹상에서 iPhone 출시 기조연설을 직접 확인해보고 참고하기 바란다. 발표자로서 당신도 이와 같은 스토리 텔링, 흥분과 기대감, 또 흥분을 고취할 수 있는 포즈의 위력을 활용한 프레젠테이션을 만들어 보라.

VII

THE DELIVERY-
THE ENDING
결말

1 결론 짓기

English: Because we are all global citizens

결론이란 기본적으로 프레젠테이션의 핵심 사항들을 요약하는 곳이다. 즉, 본론에서 이야기했던 핵심 사항들을 다시 한번 강조하고, 이것들은 프레젠테이션이 끝난 후에도 반드시 기억해야 하는 내용이라는 것을 확인시켜주는 부분이다. 단, 본론에서 발표했던 내용을 전부 반복하라는 것이 아니라, 서너 개 정도의 핵심 사항만을 간추려 요약하라는 것이다.

아래와 같은 방법으로 핵심 사항을 요약해 보자.

슬라이드를 사용해 프레젠테이션한다면, 핵심 사항을 명확히 반영하는 이미지를 찾아 마치 신문의 머리기사처럼 만들어보자. 본론에서 사용했던 말을 그대로 반복하지 말고, 주요 포인트만을 반복하라. 영어학습에 관한 프레젠테이션을 예로 들어 살펴보자.

SAMPLE 1

"So ladies and gentlemen, to summarize the main points of what I have been talking about …"

자 여러분! 제가 오늘 말씀드린 내용 중 핵심 사항을 요약하자면…

SAMPLE 2

"So ladies and gentlemen, to summarize the main points of what I have been talking about. English is here to stay, it has become the global language and if we are to become true global citizens then we need to seek new ways of integrating English into our lives without destroying our wonderful native languages …"

여러분, 오늘 제가 말씀드린 내용 중 핵심 사항을 요약하자면 다음과 같습니다. 영어는 계속해서 존재할 것입니다. 영어는 이제 글로벌 언어가 되었습니다. 진정한 세계 시민이 되고자 한다면, 우리는 우리의 아름다운 모국어를 훼손하지 않고 영어가 우리의 삶과 하나가 되는 새로운 방법을 모색해야 합니다.

이처럼 결론 부분에서 메시지를 강조하게 되면 청중은 당신이 무엇을 이야기하고 싶어하는지 정확히 이해하게 되고, 또 이 이야기의 핵심을 기억하면서 떠나게 되는 것이다.

2008년 구글 본사에서 열린 가르 레이놀즈의 프레젠테이션을 보면, 그는 45분 동안 이루어졌던 프레젠테이션의 내용을 슬라이드 한 장으로 요약했다. 실제로 이것은 생각처럼 쉬운 작업이 아니다. 50장이 넘는 슬라이드를 단 한 장으로 요약하려고 시도해본다면 이것이 얼마나 어려운지 당신도 알게 될 것이다.

많은 발표자들이 결론 부분에서, 프레젠테이션 중반에 했던 말들을 그대로 옮겨와 블릿 포인트와 항목들이 가득 담긴 여러 장의 슬라이드로 본론을 요약한다. 이것은 청중에게 '어디 가서 저녁을 먹지?', '언제쯤 담배 피우러 갈 수 있는 거야?'와 같은 잡생각만 떠올리게 하는, 그야말로 끔찍한 요약 방식이다. 요약은 말 그대로 요약이다. 그러므로 간결해야 한다. 즉, 한두 개의 문장만으로 요약해낼 수 있어야 한다.

단 한 장의 슬라이드로 프레젠테이션을 요약하려면 핵심 메시지가 무엇인지, 프레젠테이션이 끝난 후에도 청중에게 기억되었으면 하는 메시지가 무엇인지 발표자 자신이 명확하게 파악하고 있어야 한다.

그러므로 기획 과정에서 결론 부분을 준비할 때, 주제를 다시 한번 살펴보고 자신에게 되물어야 한다. "가장 중요한 메시지가 뭘까? 핵심은 뭘까?"하고 말이다.

# 2 프레젠테이션 끝내기

| SAMPLE 1 |

"Ladies and gentlemen, that is the end of my presentation. But before I finish, I feel that the points I have raised in my presentation are so important that I want you to go away and tell everyone you know. I hope you share my feeling, because together we can achieve a significant change in the way people think about English and the way they learn English. Thank you very much."

"여러분, 이제 프레젠테이션을 마무리할 때가 왔습니다. 끝내기에 앞서, 오늘 제가 전해 드린 내용은 너무나도 중요합니다. 그러니 집으로 돌아가셔서 주위 분들에게 이 내용을 꼭 얘기해주셨으면 합니다. 여러분도 저와 같이 느끼시기를 소망합니다. 함께 함으로써 우리는 영어에 대한 사고방식과 영어를 배우는 방식에 눈에 띄는 큰 변화를 이룰 수 있기 때문입니다. 감사합니다."

| SAMPLE 2 |

"Thank you for listening to my presentation and I hope you have found the story of our company interesting. Please join us on our journey to creating a better environment for our futures and for our children's future."

경청해주셔서 감사합니다. 저희 회사에 대한 제 이야기가 흥미로우셨기를 바랍니다. 끝으로 우리의 미래를 위해, 그리고 우리 아이들의 미래를 위해 더 좋은 환경을 만들어가는 여정에 여러분도 동참해 주시기 바랍니다.

어떻게 끝을 맺어야 청중으로 하여금 뭔가 유익한 것을 배워간다는 느낌이 들게 하고, 우레와 같은 박수를 쳐주고 싶을 만큼 당신의 프레젠테이션을 즐겼다고 생각 하게 할 수 있을까?

프레젠테이션을 끝내는 데 있어 발표자들이 자주 잊어버리는 것 중 하나가 청중에게 행동 방침(실행 계획)을 일러주는 것이다. 발표자는 청중에게 무언가를 실천하도록, 예를 들어 돌아가서 영상 매체나 관련 자료들을 살펴보도록 요청하거나 아니면 주변의 다른 이들에게 당신의 메시지를 전하도록 당부하는 것을 잊지 말아야 한다.

Sample 1의 엔딩에서는 모든 이들이 영어를 배우는 데 있어 도움이 될 수 있도록 발표자가 청중의 친구, 가족 또는 동료에게 자신의 메시지를 전달해 달라고 요청하고 있다.

만약 단순히 회사나 부서를 소개하는 프레젠테이션이라면, 끝난 후 청중에게 무언가 행동을 권하기는 어려울 것이다. 그럴 때는 Sample 2와 같은 방식으로 요청할 수 있다. 여기서는 회사의 미래와 관련된 요청을 하고 있다. 이런 종류의 끝맺음은 회사의 고객이 될 사람들을 초대하는 전시회나 취업 박람회 같은 데서 사용할 수 있겠다.

이처럼 청중에게 무언가 행동하라고 요청하는 것은 청중이 왜 이 자리에 와 있는지, 또 당신과 당신 회사를 위해 할 수 있는 일이 무엇인지 등을 알려주는 좋은 방법이다.

3 프레젠테이션 끝맺음을 위한 팁

| SAMPLE 1 |

"So, there you go ladies and gentlemen, that is our 2012 line up and I hope you feel as excited as we do for the coming year. Do you have any questions?"

여기까지 저희 회사의 2012년 제품군입니다. 내년을 위해 저희가 열심히 일하는 만큼 여러분께서도 많은 관심을 가져주십시오. 혹시 질문 있으십니까?

| SAMPLE 2 |

"Ladies and gentlemen, I have spent the last two years of my life working on this project. It has been a great personal honor and pleasure to show you today the results of the hard work my team mates and I have put in to make this product a reality. I hope that you get as much pleasure from this product as we have got from making it a reality."

여러분! 저는 지난 2년 동안 오직 이 프로젝트를 위해 일해왔습니다. 오늘 저희 팀이 열심히 노력해서 얻어낸 결과물을 여러분께 보여 드리게 되어, 개인적으로 정말 큰 영광이자 기쁨이 아닐 수 없습니다. 저희가 이 프로젝트를 세상에 내놓게 되어 느끼는 기쁨만큼, 여러분께서도 이 제품을 통해 크나큰 만족을 느끼시기 바랍니다.

프레젠테이션 참고 자료나 관련 블로그들을 보면 프레젠테이션에서 가장 중요한 부분은 엔딩이라고 끊임없이 이야기한다. 이런 부담감 때문에 발표자들은 프레젠테이션을 종결짓는 것이 왠지 더 어렵게 느껴지기도 한다. 하지만 절대 그럴 필요가 없다. 시작과 중반을 훌륭하게 마쳤다면, 또 시연을 성공적으로 마치고 프레젠테이션이 잘못된 부분 없이 매끄럽게 진행되었다면, 엔딩은 간단하게 끝내도 문제가 없다.

Sample 1에서는 간단한 문장으로 프레젠테이션을 끝내고 청중에게 질문이 있는지 확인했다. 대부분의 프레젠테이션을 보면 청중에게 이미 했던 이야기들을 엔딩 부분에서 여러 번 반복하는 경우가 많다. 그러나 발표자가 주요 내용을 자꾸 반복하고 싶어진다는 것은 프레젠테이션 본론에서 핵심 메시지를 충분히 설명하지 않았다는 의미이기도 하다. 그러니, 이미 했던 이야기들을 엔딩 부분에서 지나치게 반복해 중반부에서 이미 잘 전달했던 핵심 메시지에 역효과를 불러일으키지 않도록 유의하자. 특별한 끝맺음으로 가장 효과적인 방법은 Sample 2와 같이 발표자의 개인적인 감정을 좀 더 드러내는 것이다. 단, 맺음말에 개인의 감정을 끌어들일 때는, 맺음말을 시작하기 전 몇 초간 말을 멈추었다가 감정이 실린 목소리 톤으로 변화를 줘서 천천히, 그리고 아주 명확하게 말해야 그 효과를 제대로 볼 수 있다.

▎SAMPLE 3 ▎

"Finally, on a personal note, I want to thank you all for the hard work you have all put in to making this project come alive. I know it has not been easy, I know your managers and myself have pushed you hard, and asked you to sacrifice your weekends for this project. But now it is finished. Now you have produced a simply remarkable product that we can all be proud of, and a product that can take our company in to the future with confidence. Thank you."

마지막으로 개인적인 이야기를 몇 마디 하겠습니다. 이 프로젝트를 실현할 수 있도록 열심히 일해 준 여러분 모두에게 감사의 말씀을 전하고 싶습니다. 이 프로젝트가 절대 쉽지 않았다는 것을 잘 압니다. 또 팀장들과 제가 여러분을 심하게 재촉하기도 했고, 주말을 반납하면서까지 일하기를 요구하기도 했죠. 하지만 이제 모두 끝났습니다. 이제 여러분은 모두가 자랑스러워 할만한, 우리 회사를 확신에 찬 미래로 이끌어 줄 정말 놀라운 제품을 만들어냈습니다. 감사합니다.

▎SAMPLE 4 ▎

"If there is one thing I'd like you to walk away with today it is …"

오늘 여러분이 돌아가시면서 딱 한 가지 기억하셨으면 하는 것이 있다면…

만약 한 회사의 CEO라면, 엔딩 부분은 새 프로젝트나 제품의 개발 과정 동안 열심히 일해준 모든 직원에게 감사를 표현할 좋은 기회가 될 수 있다. 또는 새로운 영업 기록을 세운 영업팀에게 감사를 전할 수도 있다.

　Sample 3과 같은 엔딩은 매우 힘차면서도 청중이, 이 경우에는 직원들 자신이 이루어 낸 것에, 또 그들이 회사를 위해 보여준 희생과 노고를 CEO가 알아준다는 것에 자부심을 느끼게 해줄 것이다. 그리고 "you"나 "our"라는 단어를 사용함으로써, 발표자 개인뿐 아니라 직원 모두를 위한 프레젠테이션이었다는 걸 느끼도록 해주고 있는 것이다.

　프레젠테이션하다 보면 청중이 꼭 기억해줬으면 하는 중요 부분이 한 가지씩은 있을 것이다. 자신이 이야기한 것 중 그 무엇보다도 가장 중요하다 싶은 부분 말이다. (그러나 앞에서 언급했듯이 중반부의 내용을 지나치게 반복하는 것은 메시지 전달 면에서 효과적이지 못하다. 강조하고 싶은 메시지 한두 가지로 끝을 맺어야 한다.) Sample 4는 이처럼 강조하고 싶은 구문 앞에 사용할 수 있는 맺음말이다.

　이 문장은 청중의 주의를 발표자가 말하는 핵심 사항에 집중하도록 해준다. 단, 한 가지라고 이야기했으면 딱 한 가지만 이야기하자. 여기서 여러 가지 이야기를 늘어놓게 되면, 이 말의 효력은 사라지게 된다. 이 구문은 당신의 핵심 메시지를 다시 한번 언급하기 위해 사용하는 것이다.

　재차 강조하지만 엔딩을 너무 복잡하게 만들지 마라. 핵심 사항을 요약하고 감사의 말을 전하는 것으로 충분하다. 주 메시지는 프레젠테이션 중반부에서 이미 확실하게 모두 전달되었어야 한다.

4 질의 · 응답

〈Check List〉

1 프레젠테이션하기 전 동료나 친구에게 질문해 달라고 요청하라.

2 "Sorry, I do not understand."라고 말하는 것을 두려워하지 마라.

3 "I do not know the answer to that question."이라 말하는 것을 두려워하지 마라.

4 절대로 거짓말하지 마라. 거짓말은 반드시 들통 나게 되어 있다.

질문자의 관점에서 한번 생각해보자. 청중이 질문하는 이유는 발표자에게 창피나 모멸감을 주기 위해서가 아니라 일부 내용이 이해되지 않거나 좀 더 부가적인 정보를 알고 싶기 때문이다.

바꾸어 말하자면, 질문을 많이 받을수록 그만큼 당신의 프레젠테이션이 좋았다는 의미가 되는 것이다. 질문을 한 개도 받지 못하는 프레젠테이션이라면, 그것은 청중이 발표자의 이야기에 전혀 관심이 없거나 빨리 집으로 돌아가고 싶다는 의미인 셈이다. 당신은 질문이 없어 다행이라고 좋아할 수도 있겠지만, 청중들은 어쩌면 재미없는 당신의 프레젠테이션이 끝나서 안도의 한숨을 내쉬는 중일 수도 있다. 그러므로 질문받는 것을 두려워하지 말고 긍정적인 마음가짐으로 대처해야 한다.

A. 어떻게 연습해야 할까?

이 질문에 대한 답은 간단하다. 주위의 동료나 친구들에게 영어로 질문해 달라고 요청하면 된다. 기획 과정을 통해 예상 질문에 대한 답변을 미리 준비했다 하더라도, 실제 프레젠테이션 자리에 서보면 긴장해서 답변을 제대로 못 해낼 때가 있다. 프레젠테이션의 토픽에 관해 사람들이 당신에게 질문하는 것에 익숙해지게 되면 실제 질의·응답시간에도 자연스럽게 답변할 수 있게 된다.

최근 의학 세미나를 준비하는 발표자의 프레젠테이션 작업을 도운 일이 있는데, 발표자는 청중의 질문을 받게 될지도 모르는데 어떻게 준비해야 하느냐고 물었다. 그래서 필자는 주변의 교수님을 상대로 리허설을 해보라고 권해주었다. 프레젠테이션을 마친 후, 그들이 무슨 질문을 하는지 확인해보라고 말이다. 실제로 그녀는 이렇게 예행연습을 했고, 자신이 예상했던 질문들 외에 전혀 생각하지 못했던 질문을 두세 가지나 더 받게 되었다. 그녀는 이 연습을 함으로써, 실제 프레젠테이션에서 답변하지 못할 뻔했던 질문까지도 준비할 수 있게 된 것이다. 주위 사람에게 리허설을 해보는 것은 질문을 준비하는 데 있어 매우 유용한 방법이므로 프레젠테이션을 준비하면서 꼭 응용해보기 바란다.

B. 답을 모를 경우는 어떻게 해야 할까?

답변을 모를 때의 해결 방법은 다양하다. 그러나 거짓말은 답변이 될 수 없다. 거짓말을 하게 되면 언젠가는 들통 나게 마련이다. 프레젠테이션을 훌륭하게 마쳤음에도 당신이 거짓말했다는 것을 청중이 알게 된다면, 프레젠테이션은 실패로 끝나고 당신의 평판도 흔들릴 것이다. 답변을 모르는 질문을 다루는 방법은 간단하다. 바로 진실을 말하는 것이다.

"I'm sorry, I do not know the answer to that right now. However, if you can give me your email address later, I will get back to you."
죄송합니다. 지금은 제가 그 질문에 대한 답을 모르겠습니다. 하지만 나중에 이메일 주소를 알려주시면 바로 답변드리겠습니다.

답을 모른다면 이처럼 이야기하는 것이 최고의 방법이다.

여기서 중요한 것은 답을 모르고 있다는 것에 대해 먼저 사과해야 한다는 것이다. 영어는 "I'm sorry."라는 말을 정말 많이 사용하는 언어이다. 그러니 사과하는 것을 절대로 두려워하지 마라. 당신이 답을 모른다는 것을 당당하게, 그리고 분명하게 인정하라.

C. 질문을 잘 이해하지 못했을 때 어떻게 해야 할까?

청중이 던진 질문에 대해 잘 이해하지 못하는 것은 외국인 청중에게 프레젠테이션 하는 경우라면 흔히 발생할 수 있는 일이다. 질문자가 너무 빠르게 말을 한다거나, 각국의 독특한 억양으로 영어를 발음하다 보면 충분히 일어날 수 있는 상황이다.

이런 문제가 발생한다면, 청중에게 아래와 같이 요청할 수 있다.

"I'm sorry, could you repeat the question more slowly?"
죄송합니다. 질문을 다시 한번 천천히 말씀해주시겠습니까?

이렇게 묻는 것은 전혀 창피한 일도 아니고 당신의 자존심이나 명예에 먹칠하는 일도 아니다. 발표자로서, 질문에 대해 명확하게 짚고 넘어가는 것이 올바른 자세이다. 오히려 잘못된 질문에 그대로 답하려고 애쓰는 것이 당신을 멍청해 보이게 한다는 것을 알아야 한다.

또한, 청중들 중 당신의 프레젠테이션을 망치려고 오는 사람은 하나도 없다. 발표자가 질의·응답 시 어려움에 부닥치면 대부분 청중은 당신이 안쓰러워서 빨리 다음 질문으로 넘어가도록 유도해 줄 것이다.

필자는 한국어를 잘하지 못한다. 하지만 택시를 탈 때면 기사들이 종종 한국어로 질문해온다. 다행스럽게도 질문 대부분은 "어느 나라에서 오셨어요?", "한국에 온 지는 얼마나 되었나요?", "결혼하셨나요?" 등과 같은 일상적인 것들로, 질문에 들어 있는 키워드는 모두 필자가 아는 단어들이기 때문에 문장 전체를 이해하지는 못해도 키워드만으로 간단하게 답을 할 수 있었다. 이 방법은 프레젠테이션하는 당신에게도 적용될 수 있다. 예를 들어보자.

"In your experiment, why did you use only the patients with confirmed cases of influenza and not unconfirmed cases as well?"
실험 부분에서, 인플루엔자가 확정된 환자들만 사용하고 비 확정된 환자들은 왜 사용하지 않았나요?

이 질문에서 당신이 짚어내야 하는 단어들은 why, only use, confirmed cases, 그리고 unconfirmed이다. 이 부분들을 세심하게 신경 써서 들었다면 충분히 답할 수 있다.

그러므로 질문을 받으면 먼저 키워드를 짚어내고, 각각의 단어보다는 전체 문맥을 파악하려고 노력하라. 그리고 문제를 정확히 이해하기 위해 청중에게 다시 질문하는 것을 절대로 두려워하지 말기 바란다.

5 한눈에 정리하기

결론 부분에서는 어려운 말을 새로 쓸 필요가 없다. 당신에게 필요한 것은 주요 메시지를 요약하는 간단한 마무리이다. 한 문장이 가장 좋긴 하지만, 안 된다면 최대한 문단으로 간단하게 요약할 수 있어야 한다.

기획 단계에서 얻어낸 핵심 메시지를 다시 한번 검토하고, 결론 부분에서는 청중이 이 메시지를 기억할 수 있도록 강조해야 한다.

한 장의 슬라이드로 핵심 메시지를 요약해보라. 이것은 중반부에 말했던 내용을 반복하는 것이 아니라, 청중이 핵심 메시지를 기억하고 떠날 수 있도록 해주는 의미임을 잊지 말자.

프레젠테이션을 끝낼 때는, 청중에게 끝났음을 명확하게 알려야 한다. (많은 발표자들이 마무리하고 나면 끝인사도 없이 바로 무대를 떠나버린다.) 최소한 "Thank you very much for listening to me."라는 끝인사는 해야 한다.

Great Presentation Resources 2

Duarte Design - www.duarte.com
낸시 두아르떼는, 가르 레이놀즈와 함께 프레젠테이션 디자인 및 전달에서 세계 최고의 저자 중 하나로 손꼽힌다. 그녀가 집필한 〈slide:ology〉와 〈Resonate〉는 프레젠테이션에 관한 아주 훌륭한 참고 서적으로 전 세계 많은 독자에게 사랑받고 있다. 두아르떼 디자인은 전 미국 부통령 앨 고어가 출연한 "불편한 진실"이라는 영화 속 프레젠테이션을 작업한 팀이기도 하다. 프레젠테이션에 관한 그녀의 이야기가 궁금하다면, 그녀의 블로그(http://blog.duarte.com)를 방문해보기 바란다.

Slideshare - www.slideshare.net
Slideshare는 전 세계의 훌륭한 프레젠테이션들을 공유하는 웹 사이트로, 프레젠테이션 디자인이나 제작에 특별한 아이디어가 떠오르지 않아 고민이 될 때 영감을 받을 수 있는 유용한 곳이다.

Guy Kawasaki - www.guykawasaki.com
가이 가와사키는 애플사의 전도사로 활동했었고, 비즈니스와 커뮤니케이션에 관한 많은 책을 집필한 저자이기도 하다. 그의 책 〈당신의 기업을 시작하라〉와 〈Enchantment〉에서는 비즈니스 관련 토픽 이외에도 청중의 상상력을 사로잡고 이들에게 흥미를 주며 함께 소통할 수 있는 프레젠테이션 전달 방법에 관해 다루고 있다. 청중과 대화하듯, 또 재미와 흥미를 느낄 수 있도록 프레젠테이션을 전달하는 최고의 프레젠터인 가이 가와사키만의 스타일을 배워보고 싶다면 그의 블로그를 방문해보기 바란다.

VIII

PRACTICAL TIPS
프레젠테이션 실전 팁

1 일찍 도착하라!

프레젠테이션하는 것은 누구에게나 극도로 긴장되는 시간이 될 수 있다. 그럼에도 아직도 많은 발표자들이 이 긴장감에 대비해 신중하고 철저하게 프레젠테이션을 준비하지는 않고 있다.

프레젠테이션을 시작하기 전에 우리가 당신에게 해줄 수 있는 최선의 충고는 '일찍 도착하라'는 것이다!

강연장에 늦게 도착해놓고 자신의 노트북이 프로젝터와 호환되지 않는다거나 프로젝터가 제대로 작동하지 않는 것을 이제야 발견했다고 변명하지 마라. 이런 세부 사항들은, 프레젠테이션을 시작하기 전에 미리미리 파악했어야 하는 것들이다. 프레젠테이션하려면 적어도 1시간 전에는 도착해서 컴퓨터를 세팅하거나, 그곳에 준비된 컴퓨터에 당신이 준비한 슬라이드 파일을 옮기고 이것들이 제대로 작동하는지 확인해봐야 한다.

몇 년 전, 한 학교에서 주최하는 교과서 저자의 프레젠테이션을 참관한 적이 있었다. 저자는 시작 시각보다 20분이나 늦게 도착했고, 그녀가 들어왔을 때는 이미 청중 모두가 언짢아져 있었고 기다림에 지쳐 집에 가고 싶은 생각이 간절했다. (토요일 오후 2시면 말 다했다.)

그녀는 도착하자마자 가방에서 노트북을 꺼내 부랴부랴 프로젝터에 연결하더니, 프레젠테이션 파일을 찾는 데만 5분을 더 지체했다. 청중으로서 이 과정을 지켜보는 게 점점 참기 어려워졌고, 초반에 언짢았던 감정은 결국 그녀에게 화가 나는 지경까지 이르게 되었다.

마침내 프레젠테이션이 시작되었고, 그녀는 간간이 유머를 섞어 진행을 이어갔다. 그녀가 한 농담들은 정말 웃긴 유머였지만 누구 하나 웃어주는 청중이 없었다. 강연장은 정말 말 그대로 쥐죽은 듯 조용했다. 이어서 그녀는 다음 슬라이드 버튼을 눌렀는데 슬라이드 4장이 한꺼번에 앞으로 넘어가 버렸고, 결국 되돌아가기 버튼을 여러 번 누른 후에야 원래 슬라이드로 돌아왔다. 컴퓨터와 리모컨 연결에 문제가 있었던 것이다. 그 후로도 그녀는 45분 동안 계속 이런 식으로 프레젠테이션을 진행했다.

프레젠테이션은 힘겹게 끝이 났고, 아무도 손뼉을 치거나 질문하지 않았다. 이날의 프레젠테이션은 정말이지 "악몽" 그 자체였다.

이 모든 사태는 그녀가 조금 일찍 도착해서 프로젝터를 미리 연결해 파일을 열어두고 리모컨만 체크해 두었더라면 전부 피할 수 있는 것들이었다.

이런 문제는 당신에게도 충분히 일어날 수 있다. 그러나 딱 한 시간만 일찍 도착한다면 이와 같은 문제들은 방지할 수 있다. 그리고 이 한 시간이면, 오프닝도 연습하고 슬라이드가 빠짐없이 잘 연결되어 있는지도 충분히 확인할 수 있다. 그러니 제발 일찍 도착해서 프레젠테이션에 관한 모든 것을 사전에 체크하고, 작동이 잘 되는지 테스트해보도록 하자.

프레젠테이션에서 키노트를 사용하는 사람들이 점점 늘어나고 있는데, 파워포인트는 애플 컴퓨터에서도 작동하지만 키노트는 윈도즈 컴퓨터에서는 작동하지 않는다. (단, 키노트 파일을 퀵타임 형태로 export한 후에, 윈도즈 컴퓨터에 퀵타임 플레이어를 설치하면 파일 보기는 가능하다.) 만약 애플 키노트를 사용하는 사람 중 하나라면, 이런 이유에서라도 파워포인트로 된 백업 파일을 항상 가지고 있어야 한다.

또, 리모컨의 배터리를 체크하지 않고 오거나, 노트북 전원 케이블을 안 가져 온다든지, 심지어 파일을 노트북에 옮겨오는 것조차 깜빡하는 사람들이 있다. 이런 모든 것들은 프레젠테이션 장소로 출발하기 전에 몇 번씩 체크했어야 하는 사항들이다. 청중은 당신의 프레젠테이션에 참가하려고 일부러 소중한 시간을 내서 온 것이다. 조금만 일찍 도착해서 이 모든 것들을 완벽하게 준비하고, 나눠줘야 할 자료들도 제대로 프린트되고 복사되어 있는지 반드시 확인하자.

2 영어를 잘 못하는 것에 대해 꼭 사과해야 할까?

대답은 "절대 아니다"이다.

이렇게 말하는 데는 다 이유가 있다. 발표자가 서툰 영어실력을 사과하면서 프레젠테이션을 시작하면, 청중은 속으로, "이런! 앞으로 발표자가 하는 말은 제대로 못 알아 듣겠군."이라고 생각하며 마음을 닫아버리게 된다. 발표자는 자신의 서툰 영어실력에 대해 청중에게 양해를 구하고자 하는 의도였겠지만, 청중은 발표자의 메시지에 집중하기보다는 (어디 한번 얼마나 못하나 볼까?하는 마음으로) 오히려 발음이나 문법에 더 신경을 쓰며 듣게 되는 역효과를 가져온다. 그러므로 미리 청중의 기대를 깨고 프레젠테이션 자체를 지루하게 만들 수 있는 이런 식의 사과는 전혀 할 필요가 없다. 솔직히 말해서, 당신의 영어실력이 그 정도로 나쁘다면 애당초 영어 프레젠테이션은 하지 말았어야 한다.

하지만 당신이 중급 수준의 영어책을 읽을 수 있고 영어로 일상적인 의사소통이 가능하다면 굳이 영어실력에 대해 양해를 구할 필요가 없다.

당신이 (청중 기준으로) 외국에서 왔다면, 청중은 이미 영어가 당신의 모국어가 아니라는 것을 알고 있기 때문에 영어로 말하는 도중 약간의 실수를 저지를 수도 있을 거라는 예상할 수 있다. 영어가 모국어인 사람들도 가끔 말이 뒤엉키고, 문법이나 문장 구조를 틀릴 때가 있다. 누구나 할 수 있는 실수들이다. 그러므로 당신이 영어로 이야기하면서 실수하는 것은 지극히 자연스러운 일이며, 또 이런 실수들 탓에 청중이 당신을 좀 더 편하게 느낄 수도 있다. 그러니 영어실력에 대한 걱정은 제발 멈추기를 바란다. 프레젠테이션을 연습할 시간이 충분히 남았을 때 열심히 준비하라. 그러면 당신의 영어도 얼마든지 좋아질 수 있다.

영어는, 수학 공식처럼 문법적으로 정확히 맞아떨어지는 언어가 아니다. 하지만 애석하게도, 우리 모두 학교에서 문법 위주로만 영어 교육을 받아왔다. (물론 요즘 학생들은 다양한 커리큘럼으로 영어를 배우고 있다.) 학교에서 이런 교육 방식을 고수하는 이유는, 필기시험과 같은 테스트를 거치지 않고서는 학생들의 영어실력을 측정하기 어려운 데다, 문법은 특히 테스트를 통해 실력을 판별하기가 쉬워 학교에서 문법 위주로 시험을 개발해왔기 때문이다.

사실상 영어는 단어들로 이루어진 언어이다. 문법이 최우선이 될 수는 없다는 소리이다. 예를 들면, 'come down with(~ (병에) 걸리다)'라는 단어도 come, down, with라는 세 단어가 모여 각자의 원래 의미와는 전혀 다른 의미의 숙어가 된다. 'take place(일어나다, 발생하다)', 'out of shape(몸이 쇠약한)' 등도 모두 같은 원리이다. 또 대부분의 영어단어는 주로 라틴어와 프랑스어, 그리고 독일어에서 기원되었다. 이 세 가지의 언어가 각기 다른 문법 구조를 이루고 있기 때문에 영어가 매우 불규칙한 형태를 갖추게 되었다. 그러므로 실제 쓰이는 표현들을 많이 연습해봄으로써 습득하는 수밖에 없다.

우리는 학교가 아닌, 사람과 사람이 서로 소통하는 실제 사회에서 살고 있다. 그러므로 더는 문법 때문에 영어로 말하는 것에 지나치게 스트레스받는 일이 없어야 한다. (작문이라면 당연히 문법적으로 정확해야 하지만, 우리는 영어로 프레젠테이션하는 것이지 보고서를 작성하는 게 아니다. 그러니 제발 이런 걱정은 멈춰라!) 프레젠테이션에서는 약간의 문법적인 실수가 오히려 당신에게 이로울 수도 있다. "언어 표현" 챕터에서 이야기했듯, 이런 실수들은 마치 로봇이 발표하는 양 딱딱한 느낌이 드는 대신 청중에게 좀 더 인간미 있게 다가갈 수 있어 더욱 신뢰감을 주기 때문이다.

영어 프레젠테이션은 문법 테스트도 어휘 테스트도 아니다. 영어든 한국어든 어떤 언어를 사용하건, 프레젠테이션은 결국 메시지 전달이다. 이것이 바로 청중 앞 무대에 섰을 때 당신이 이루어야 할 목표이자 목적이다. 청중은 당신의 문법을 테스트하러 온 것이 아니라 당신의 메시지를 듣고 무언가 새로운 것을 배우고 돌아가기 위해 온 것이라는 사실을 명심하기 바란다.

3 농담을 해야 할까 말아야 할까?

"To tell a joke or not to tell a joke, that is the question."
농담하느냐 마느냐, 그것이 문제로다!

가벼운 농담 한두 개로 본론을 시작하는 것은, 청중을 편안하게 해주고 발표자에 대한 호감을 안겨줄 수도 있다. 또 발표자에게는 자신감을 북돋아 주고, 이 자신감이 프레젠테이션을 훌륭하게 수행할 수 있게 해주는 힘의 원천이 될 수 있다. 그러나 만약 이 농담이 전혀 웃기지 않거나 역효과를 불러오게 된다면, 청중은 무표정한 얼굴로 발표자를 바라보게 되고, 혼자 웃으면서 농담하는 발표자는 더할 나위 없이 멍청해 보일 것이다. 이렇게 되면 발표자는 본론을 꺼내기도 전에 자신감을 잃게 되고 결국 프레젠테이션을 완전히 망쳐버릴지도 모른다.

개인적으로는 프레젠테이션에서 농담하지 말라고 권하고 싶다. 예상외로 역효과를 가져올 수 있는 경우가 너무 많기 때문이다. 예를 들면, 한국어로는 굉장히 웃긴 농담도 영어로 하면 전혀 웃기지 않을 때도 있고, 한국에서는 전혀 불쾌한 농담이 아니지만 영어권이나 혹은 청중이 속한 나라에서는 매우 모욕적인 말이 될 수도 있기 때문이다. 재미있는 농담을 효과적으로 하는 것은 원어민 발표자에게조차 가장 어려운 일 중의 하나이다. 또, 이런 농담을 적절하게 그리고 재미있게 만드는 데는 엄청난 연습과 자신감이 필요해 시간에 쫓기는 발표자에게는 무리일 수 있다.

청중의 얼굴에 웃음을 띠게 하고 발표자에게 집중하도록 하기 위해서는, 농담보다는 본론에 들어가기 전에 흥미로운 에피소드를 하나 이야기해주는 것이 훨씬 나을 것이다. 앞서 다루었던 가이 가와사키의 프레젠테이션을 보면, 그는 본론 시작 전에 맥 부서와 애플 부서에 관한 이야기를 해준다. 이것은 매우 흥미로운 이야기였으며, 가이는 이 스토리를 전하면서 전구 하나를 켜는데 맥 부서와 마이크로소프트사의 인원이 각각 몇 명 필요한지에 대한 농담을 자연스럽게 꺼낼 수 있었다. 이것이 먹힐 수 있었던 이유는 첫째, 그가 실제 있었던 이야기를 스토리로 전했고, 둘째, 그곳에 있던 청중들이 모두 같은 업계에 종사하는 사람들로서 애플사와 마이크로소프트사의 역사에 대해 잘 알고 있었기 때문이다. 그는 청중에 대한 조사를 통해 이 농담이 통할 것으로 파악했다.

다행히도 가이는 사전에 주최 측을 통해 청중에 대한 정보를 얻을 수 있었지만, 당신은 이처럼 확실한 정보를 얻기 어려울 수도 있고, 청중을 전부 예측하는 것 또한 불가능하다. 그러므로 농담으로 말미암아 실패할 가능성도 충분히 있는 것이다.

예를 들면, 요즘 SK와 KT의 경쟁은 가히 전설적이라 할 만큼 치열하다. SK와 KT가 서로의 경쟁에서 살아남기 위해 어떤 제품이나 서비스를 내놓는지, 무슨 전략을 세우는지 등의 기사가 하루가 멀다 하고 나온다. 하지만 외국에서는 SK와 KT의 경쟁에 대해 모르는 사람들이 대다수이다. SK나 KT 같은 업체 이름은 들어보았을지언정 경쟁 관계에 대해 자세하게 아는 사람은 그리 많지 않다. 그러므로 이들의 경쟁에 대한 이야기는 한국을 잘 아는 청중이 아니라면 가이가 했던 것처럼 재미있는 농담이나 흥미로운 이야기가 되기 어려울 것이다.

그러므로 재미있는 스토리를 꼭 이야기하고 싶다면, 그 스토리가 청중 모두에게 익숙한 분야이거나 청중이 종사하는 업계에 관련된 내용이 되도록 해야 한다. 애플의 역사는 실리콘 밸리에 있는 사람들에게는 전설과도 같으며, 청중 대부분이 실리콘 밸리에서 온 사람들이었기 때문에 앞에서 이야기한 가이의 농담이 효력을 발휘할 수 있었던 것처럼 말이다.

4 문화적 차이 이해하기

문화는 전 세계를 통틀어 전부 다 다르다. 서양의 문화는 오랫동안 외향적인 매너가 발전되어왔다. 그래서 길 가다가 처음 보는 낯선 사람과도 대화를 쉽게 나눌 수 있고, 프레젠테이션 도중 발표자의 진행을 방해하기도 한다. 이와 반대로 동양에서는 다소 내향적인 문화가 발전되어, 낯선 이와 편하게 대화를 주고받는 모습을 흔히 볼 수는 없다. 이러한 차이가 프레젠테이션 스타일에서도 차이를 만들어낸다. 서양의 문화에서는 이미지와 동영상을 이용한 좀 더 재미있고 경쾌한 프레젠테이션을 원하지만 동양의 문화는 이미지나 동영상보다 좀 더 상세한 텍스트에 초점을 맞추는 편이다.

청중에게 적합한 스타일의 프레젠테이션을 하기 위해서는 이런 문화적 차이를 이해하는 것이 매우 중요하다. 보수적인 의학교수들로 구성된 아시아태평양 의학 컨퍼런스에서 농담을 던지는 것은 그리 현명한 생각은 아닐 것이다. 반면에 영국의 자동차 영업사원들이 모인 컨퍼런스에서 농담 한두 마디 하지 않는 것은 시작한 지 5분도 되지 않아 프레젠테이션을 포기하는 거나 마찬가지이다. 이런 차이점을 이해하지 못한다면 당신의 프레제테이션과 당신이 보유한 스킬은 청중의 관점에서는 문제를 제기할 수밖에 없다.

또, 사람들은 자신과 다른 나라의 문화에 호기심을 가지고, 좀 더 알고 싶어한다.

그러므로 다른 문화의 청중을 대상으로 프레젠테이션할 때는, 발표자 자신의 문화를 덧붙여 이야기해보기 바란다. 이런 이야기가 불안한 농담보다 훨씬 더 효과적일 것이다. 이처럼 사람들 각자가 다른 생각과 배경을 가지고 있다는 것을 기억한다면 영어 프레젠테이션에 많은 도움이 될 것이다. 그러니 문화적 차이를 두려워하지 말고 즐겨라. 이 챕터를 통해 문화적 차이를 배우고, 자신의 프레젠테이션에 적절하게 응용할 수 있기를 바란다.

A. 눈 맞추기

국제적인 청중 앞에서 프레젠테이션해야 하는 발표자라면, 청중과 눈을 맞추고 또 얼마나 자주 맞춰야 하는지가 종종 큰 걱정거리로 다가올 것이다.

대부분의 미국이나 유럽, 그리고 히스패닉 문화에서 눈을 맞추는 것은 상대에게 관심을 표현하기 위한 매우 중요한 행위이다. 그러나 대부분의 아시아 문화에서 상대의 눈을 똑바로 바라보는 것은 일부 사람들에게는 부담감을 줄 수 있다. 또 상사와 부하직원 간에 이런 눈 맞춤은 무례한 것으로 여겨지기도 한다.

그러나 프레젠테이션을 하면서 청중과 눈을 맞추는 것은, 청중과 발표자가 교감을 나누고 유대감을 형성하는 매우 중요한 행동이다. 청중과 눈을 맞추지 않는다면 프레젠테이션 내내 슬라이드나 스크립트만 쳐다보게 될 것이다. 이것은 당신의 프레젠테이션을 급격한 실패로 이끄는 원인이 된다.

만약 청중의 눈을 바로 보는 게 긴장되거나 부담스럽다면, 프레젠테이션이 열리는 공간의 왼쪽, 오른쪽 그리고 중앙의 세 지점을 지정해 넌지시 바라보는 방법을 써보자. 아니면 자신의 시선을 편하게 둘 수 있는 의자나 책상을 정하거나, 한두 사람을 지정할 수도 있다. 이것은 직접적인 눈 맞춤은 피하되, 청중으로 하여금 발표자가 자신을 계속 바라보고 있다고 느끼게끔 해주는 좋은 방법이다.

하지만 강연장 앞을 돌아다니며 청중 한 사람 한 사람의 눈을 부드럽게 바라보는 것이 그들과 강한 유대감을 형성하는 가장 훌륭한 방법이라는 것은 불변의 진리이다.

B. 언어

프레젠테이션에서 비속어를 사용하거나 지나치게 격식을 차리지 않는 말투로 진행하는 것이 소위 말하듯 "쿨"해 보인다고 생각할 수도 있지만, 실제로는 그렇지 않다. 프레젠테이션에 격식에 대한 가이드 라인이 있는 것은 아니지만, 그래도 균형을 유지할 필요는 있다. 특히 비속어를 사용하는 것은 청중을 불쾌하게 만들거나 모욕감을 줄 수도 있다. 그러므로 자신이 사용하게 될 단어들이 적절한지 반드시 확인해야 한다.

TV 쇼나 영화에서 들은 유행어나 멋진 표현들은 자칫하면 청중이 잘못 이해할 수도 있다. 또, 청중이 당신과 마찬가지로 영어가 모국어가 아닌 사람들이 대다수일 수도 있다는 것을 염두에 두어야 한다. 그러므로 가능하면 사용하는 언어를 단순화할 필요가 있다. 자신이 사용하는 표현이 이해하기 쉬운 것인지, 사전에 주변의 친구나 동료들을 통해 확인해보도록 하자.

C. 호칭

외국인 청중을 대상으로 하는 프레젠테이션에서 다른 사람의 이름을 언급할 때는 신중해야 한다. 한국과 일본, 독일 등에서 한 개인의 조직 내 직위는 매우 중요하므로 꼭 불려야 한다. 그러나 이와는 다른 문화, 특히 미국이나 영국에서는 상대방이 먼저 성을 제외한 자신의 이름만 불러달라고 부탁해오면, 그 즉시 상대의 이름만을 부르는 것은 아주 흔한 일이다. 예를 들어 발표자인 당신이 진행자와 통성명을 하고 나면, 진행자는 아래처럼 성을 제외한 자신의 이름만 불러줄 것을 먼저 제안하곤 한다.

"Hello, my name is Bill Jones. Please call me Bill."
안녕하세요? 저는 빌 존스입니다. 빌이라고 불러주십시오.

단, 위와 같이 당사자가 자신의 이름을 불러줄 것을 제안하기 전까지는, "Mr Jones"라고 칭하는 것이 훨씬 안전하다. 또, 동료나 상사를 소개할 때 주의해야 할 점이 있다. 만약 회사 회장님을 영국이나 미국의 동료들에게 소개하면서, "Chairman Kim"이라 칭하게 되면 마치 회장님이 공산당원인 것처럼 들리게 된다. (영어권 국가에서는 중국의 전 공산당 주석인 마오쩌둥을 칭할 때 'Chairman Mao'라고 하는 것처럼, 공산당 지도자를 부를 때 성 앞에 Chairman을 붙인다.)

영어에서는 의사(Dr)나 교수(Professor), 군인 계급을 제외하고는 이름 앞에 직위를 붙이지 않으므로 상대를 소개할 때에는 "Mr"나 "Miss" 또는 "Mrs"를 호칭으로 사용하는 것이 가장 일반적이다. (Mr Jones, Miss Kim, Mrs Park과 같이)

D. 전문용어

프레젠테이션에 참석한 청중들 중에는 마케팅이나 영업처럼 기술 분야와 관련 없는 업무를 하는 사람들이 있을 수 있으므로, 엔지니어만이 이해할 수 있는 고난도의 기술용어를 사용하는 것은 효과적인 메시지 전달을 방해할 수 있다.

전에 일본에서 열릴 의학 컨퍼런스를 준비하는 의사진과 함께 일한 적이 있다. 이들의 프레젠테이션에는 복잡한 의학용어들이 너무 많아서, 필자가 제일 처음으로 제안한 것이 바로 이런 용어들의 사용을 금하는 것이었다.

예를 들어, 그들이 사용하는 용어들은, 'carcinoma of the lung', 'myocardial infarction'과 같은 것으로, 'carcinoma of the lung'은 폐암, 'myocardial infarction'은 심근경색이라는 것을, 설명해주기 전까지는 무슨 뜻인지 도통 알 수가 없는 것들이었다. 의사들 사이에서야 당연히 이런 용어들이 자연스럽게 오갈 수 있지만, 이 의학 컨퍼런스는 의사들뿐만 아니라 제약회사 대표들도 참여하는 자리였으므로, 'carcinoma of the lung'는 'lung cancer'로, 'myocardial infarction'은 'heart attack'으로 바꾸는 등 모든 이들이 이해할 수 있는 쉬운 용어들로 전환하도록 했다.

최근 한 대기업과 함께 작업한 적이 있었다. 이 회사의 프레젠테이션 슬라이드는 기술 용어들로 꽉꽉 들어차 있었고, 일부 용어들은 발표자조차도 뜻을 파악하지 못할 정도로 난해한 것들이었다. 회사의 전반적인 환경 사업 모델을 주제로 하다 보니 여러 부서의 다양한 사람들이 이 작업에 참여하게 되었는데, 이렇게 되면서 프레젠테이션 전체를 꿰뚫고 있는 사람이 한 명도 없었고, 결국 프레젠테이션을 진행해야 하는 발표자가 불안에 떨게 된 것이다. 이것은 바꿔 말하면 프레젠테이션이 실패할 거라는 의미였다.

　다양한 부서가 서로 합작으로 프레젠테이션을 기획할 때에는, 각 부서의 인원들이 전부 모여 발표자에게 프레젠테이션의 각 부분을 충분히 설명해야 한다. 기술용어나 표현들은 과감히 없애버리고, 쉬운 단어들을 사용해 다양한 분야의 청중들이 모두 이해할 수 있게 하여야 한다.

　프레젠테이션에서 기술용어를 꼭 사용해야 한다면 아래와 같이 청중에게 충분히 설명해주어야 한다.

"We are a market leader in RFID. RFID means "Radio Frequency Identification" and is used for gaining access to your office, or even in countries like Singapore and the United Kingdom where there are "congestion charge" zones for people driving in and out of cities and also like 'Hi-pass' in Korea."

저희는 RFID 업계를 선도하는 회사입니다. RFID란 "Radio Frequency Identification(전자 식별, 무선 주파수 인증)"의 약자로, 사무실 출입증이나 한국의 '하이패스'처럼 싱가포르와 영국에서 "혼잡 통행료"를 받는 구역에서 사용됩니다.

　이러한 설명과 함께 제품을 직접 보여주거나 이미지 또는 다이어그램을 사용하는 것도 좋은 방법이 될 수 있다.

　프레젠테이션에서 사용할 기술용어나 일상용어들을 쓸 때는 반드시 세심한 주의가 필요하다. 자신이 회사에서 너무도 익숙하게 사용하는 단어들이 콩글리시나 일본식 영어라는 것을 의식하지 못한 채 프레젠테이션에 사용하는 발표자들이 뜻밖에 많기 때문이다. 이런 단어들이 회사와 무관한 청중에게 이해될 리 만무하다.

또, 의사들은 병명이나 의학적 치료법을 설명할 때 라틴어를 많이 사용하는데, 같은 의미의 라틴어 용어인데도 병원마다 서로 다른 약자를 사용하거나 전혀 다른 방식으로 표현하기도 한다. 그러므로 자신이 사용하고자 하는 용어의 의미를 정확히 파악한 후, 국제적으로 통용되는 용어를 찾아 사용해야 한다. 구글이나 위키피디아가 많은 도움이 될 것이다. 이렇게 청중이 이해하기 쉽도록 전문용어들을 확인하는 데 단 한 시간만 투자해도, 질의·응답시간 내내 용어의 뜻을 묻는 청중들의 질문으로 식은땀을 흘리는 일은 없을 것이다.

당신이 사용하는 용어나 표현들은 한국에서 통용되는 것으로, 다른 나라에서는 사용되지 않을 수도 있다는 것을 기억하고, 청중이 그 표현과 용어들을 쉽게 이해할 수 있을지 꼭 확인하기 바란다. 당신이 들인 그 시간만큼 당신의 프레젠테이션도 성공을 향해 좀 더 다가가고 있는 것이다.

E. 콩글리시

회사마다 사용하는 영어 명칭이나 용어들이 전부 달라서 회사에서 사용하는 콩글리시에 대한 예를 들기는 어렵지만, 그동안 필자와 주변의 친구들이 한국에 와서 겪었던 콩글리시에 관한 몇 가지 이야기를 들려줄까 한다.

● **Copy = Coffee**

영어 원어민들이 직장 내 한국인 동료들과 가장 많이 겪게 되는 해프닝 중 하나이다. 한국에서는 coffee를 주로 [f] 대신 [p]로 발음하다 보니, 한국인 동료에게 '카피'를 요청하면 '커피'를 가져다주는 웃지 못할 사연이 종종 발생한다. 필자는 매년 네다섯 번 정도 뜻밖의 커피 선물을 받곤 한다.

● **Stamina = Energy**

이 단어는 한국에 있는 외국인을 가장 많이 혼동시키는 단어 중 하나이다. 필자가 "He works very hard he has a lot of stamina.(그 사람은 일을 진짜 열심히 해요. 에너지가 정말 넘쳐나나 봐요.)"라고 이야기하면 한국인 동료나 학생들은 항상 키득키득 웃는다. 영어 원어민에게 stamina는 남자들의 정력과 전혀 관계없는 내용이라는 것을 좀 알아주었으면 한다.

● **Our wife = My wife**

이것은 필자의 친구가 겪은 실화이다. 한국인 직장동료 두 명이 필자의 친구와 이야기하고 있는 도중 동료 한 명의 부인이 도착했고, 그 동료는 필자의 친구에게 말했다. "Please let me introduce our wife.(우리 부인을 소개할게요.)" 친구는 '이 두 사람이 부인 하나를 나눠 가진 거야?'하며 소스라치게 놀라, 하마터면 한국이 일처다부제의 나라로 소개될 뻔한 적이 있다.

● **Let's meet at pm 4. = Let's meet at 4 pm.**
한국에서는 시간 앞에 오전이나 오후를 붙이기 때문에, 영어로 이야기하면서도 pm이나 am을 습관적으로 시간 앞에 붙이곤 한다. "Let's meet at pm 4."라고 말하면, 외국인은 이렇게 물을 것이다. "Where is it?(pm 4가 어디에 있는 건데?)" 이처럼 pm을 시간 앞에 붙이게 되면 장소로 오해받을 수 있으니, 유의해서 사용하기 바란다.

● **Dutch pay = Let's go Dutch.**
'더치페이 하자.'의 올바른 표현은 "Let's go Dutch."이다. 하지만 대부분의 한국인은 "Let's Dutch pay."라고 말한다. 이 말을 처음 듣게 되는 외국인은 "네덜란드 화폐-유로"로 계산하자는 말인 줄 알고, 유로가 없는 외국인이 당황스러워하며 "Why don't we pay in Korean Won?(원화로 계산하면 안 될까?)"이라는 말을 꺼내게 될지도 모른다.

F. 옷차림

프레젠테이션에 적합한 옷차림을 정하기 위해서는, 물론 자신이 종사하는 산업분야에 대한 참고도 필요하지만, (예를 들어 컴퓨터와 같은 하이테크 산업에 종사하고 있다면 좀 더 캐주얼하게 입는 것이 일반적이다.) 가장 중요한 사항은 당신이 방문하게 될 나라와 그 나라의 청중에 대한 고려이다.

프레젠테이션하면서 어떤 타입의 옷을 입어야 하는지에 관한 규칙이 있는 것은 아니지만, 기본적으로 청중보다 좀 더 격식을 갖추어 입는 것이 안전하다고 이야기한다. 이러한 이유는, 예의를 갖추어 차려입음으로써 발표자가 프레젠테이션을 진지하게 여기고 있다는 것을 나타내고, 또 옷차림까지 신경 쓸 정도로 세세하게 프레젠테이션을 준비하고 있음을 무언중에 알릴 수 있기 때문이다. 생각해보면 이 말이 일리가 있기는 하지만, 청중을 전혀 모르거나 한번도 만나보지 못한 발표자라면, 대체 얼만큼 격식을 차려야 그들보다 좀 더 예의를 갖추어 입는 것인지 가늠하기 어려울 것이다.

이를 위해서는 일반적인 경향을 기준으로 삼는 것이 가장 좋은 방법이 될 것이다. 만약 유럽에서 주말에 프레젠테이션한다면, 청중 대부분이 캐주얼한 옷차림으로 참석할 것이다. 반면 주중에 이루어지는 프레젠테이션이라면, 넥타이를 맨 정장 차림처럼 격식을 갖추어 입는 것이 최선의 선택일 것이다. 이것은 미국과 캐나다, 호주와 뉴질랜드에서도 적용되는 일반적인 룰이다.

프레젠테이션이 열리는 곳의 문화를 연구하는 것도 필요하다. 예를 들어, 아시아 문화권에서는 진지한 비즈니스맨들에게 여전히 정장과 타이를 갖춰 입기를 기대한다. 이와 반대로 캘리포니아에서, 특히 실리콘 밸리에서 프레젠테이션한다면 좀 더 캐주얼한 옷차림이 적절할 것이다. 이와 더불어 프레젠테이션이 열리는 나라의 기후나 종교도 옷차림을 위해 고려되어야 하는 사항들이다. 이와 관련된 자료들은 인터넷 등을 통해 쉽게 찾아볼 수 있으니 사전에 충분히 조사하고 준비해두기 바란다.

　참고로, 지나치게 또각또각 소리가 나는 구두나 주머니 속에 동전을 넣어두는 것은 반드시 피하자. 이런 소음은 청중의 주의를 흐트러뜨리기 때문이다. 또 너무 눈에 띄는 색상의 셔츠나 타이도 피해야 한다. 이것 또한 청중의 주의를 산만하게 만들 수 있기 때문이다. 깔끔하면서도 절제된 의상이 가장 안전할 것이다―프레젠테이션은 패션쇼를 하러 오는 것이 아니므로. 청중의 주의를 산만하게 만드는 옷차림은 반드시 당신의 프레젠테이션에 피해를 주게 된다는 것을 명심하라.

G. 제스처와 동작

발표자가 프레젠테이션하면서 너무 많이 움직이거나, 아예 꼼짝도 않고 진행하는 것은 문화적 차이에 따라 청중이 받아들이는 느낌도 다르다. 한국이나 일본과 같이 격식을 좀 더 중시하는 문화에서는 발표자가 너무 많이 움직이는 것을 거북해 할 수 있고, 반대로 유럽이나 미국 문화권에서는 강연대 뒤에 서서 전혀 움직이지 않는 것이 별로 좋지 않게 보일 수 있다.

이렇듯 동작에 있어 균형을 유지하는 것도 좀처럼 쉬운 일은 아니다. 이를 위해서는 한쪽에서 다른 한쪽으로, 무대 위나 청중 앞을 천천히 움직이면서 이야기하는 것이 좋은 방법이 될 수 있다. 강연장 한쪽에만 서있게 되면, 그쪽 청중만을 선호하는 것으로 자칫 오해받을 수 있기 때문이다. 회의실에서 프레젠테이션하는 경우라면, 테이블의 끝에서 끝으로 움직이며 진행하는 것이 좋다.

이런 움직임 외에도, 프로젝터에 대해 주의할 필요가 있다.

최근에 필자는 프레젠테이션을 평가하는 자리에 참석한 적이 있다. 그곳에서, 한 발표자가 프로젝터를 정확히 마주하고 서서 진행하는 모습을 볼 수 있었다. 그는 열정적으로 발표에 임하고 있었지만, 계속해서 슬라이드 영상의 일부가 그의 얼굴을 비추더니 결국 그의 이마에 또렷하게 숫자 21이 새겨지자, 필자를 포함한 청중 모두는 그의 말에 전혀 집중할 수가 없었다. 그러므로 프로젝터를 이용한 프레젠테이션이라면, 슬라이드와 프로젝터 사이에 서지 않도록 조심해야 한다.

너무나 당연한 이야기라고 생각할 수도 있겠지만, 이날 참석한 25명의 발표자 중 18명이 이와 비슷한 실수를 저질렀다. 프로젝터의 빛이 발표자의 눈을 비추지 않는 이상 발표자는 슬라이드 영상의 일부가 자신의 몸에 투영되는지를 감지하지 못하기 때문이다. 이런 이유에서라도 꼭 강연장에 일찍 도착해 미리미리 확인해 두라는 것이다.

이와 더불어, 제스처에도 신중을 기해야 한다. 발표자의 손가락이나 펜, 또는 포인터로 청중을 가리키는 것은 대부분의 문화권에서 무례한 행동이다. 손바닥을 펼쳐 가리키는 것이 훨씬 예의를 갖춘 행동이다. 또 양손을 모아 기도하는 자세는 일부 종교 문화권에서는 불쾌하게 받아들여질 수 있으므로 주의하기 바란다.

편안하게 열린 자세, 즉 양손을 몸 옆에 자연스럽게 놓는 자세를 유지하는 것 또한 중요하다. 주머니에 손을 꽂거나 팔짱을 끼는 자세는 발표자가 지나치게 편안해 보여 청중에게 부정적인 이미지를 심어줄 수 있다.

1. 강연대 뒤에 서 있지 말라!

강연대 뒤에 서 있는 것은 당신을 경직되어 보이게 만든다. 또, 이런 강연대는 청중과 당신 사이를 가로막는 장애물과 같은 역할을 하게 된다. 당신은 '안전하다'고 느낄 수 있지만, 강연대에 서 있는 당신을 보는 청중은 발표자가 자신들을 배려하지 않고 있다고 느끼게 된다.

2. 움직여라!

무대 위에서 움직여라. 이것은 당신의 긴장을 풀어줄 뿐 아니라, 청중이 당신에게 더 집중할 수 있도록 해준다.

3. 천천히 말하라!

프레젠테이션하다 보면 긴장되는 게 당연하다. 또 긴장하다 보면 말이 빨라질 수 있다. 숨을 깊게 한번 내쉬고 천천히 자신이 하는 말에 집중해라. 당신의 영어실력이야 어떻든, 청중의 영어실력은 당신보다 못할 수도 있다는 것을 기억하라. 그러니 그들이 이해하기 쉽게 천천히 진행해야 한다.

5 한눈에 정리하기

다양한 인종, 다양한 국적의 청중을 대상으로 프레젠테이션하면서 맞닥뜨리게 될 문제를 예상하는 데 있어 문화적 차이를 먼저 이해하는 것이 좋은 시작이 될 것이다. 프레젠테이션하기 전, 시간을 들여 이 차이를 조사하는 시간을 가져야 한다. 인터넷에는 각기 다른 문화에 대한 좋은 조언들이 넘쳐난다. 꼭 찾아보고 참고하기 바란다.

자신이 사용할 언어를 단순화시켜라

모든 청중이 당신처럼 영어를 유창하게 하지는 못한다. 그러므로 사용하는 단어들을 단순하게 줄이고, 뜻에 대한 설명 없이 축약을 이용하지 말아야 한다. 기술 용어를 사용하고자 할 때는 모든 이들이 이해할 수 있도록 충분히 설명해줘야 한다.

옷차림에도 신경 쓰자

상황에 어울리도록 옷을 갖춰 입어야 한다. 주말 프레젠테이션은 주중과 비교하면 좀 더 캐주얼하게 입는 것이 보통이다. 그러나 사전에 프레젠테이션 주최 측이나 관계자에게 확인해 드레스 코드를 반드시 알아두자.

몸을 움직이면서 자신의 열정을 보여줘라

하지만 상황에 맞는 움직임을 유지해야 한다. 프레젠테이션 도중 무대 위에서 춤을 추는 것이 어떤 나라에서는 괜찮을 수 있어도 (미국이나 영국), 어떤 나라에서는 부정적으로 보일 수 있다. 그러므로 좀 더 차분하게 움직이도록 신경을 써야 한다.

기회가 있다면, 자신의 문화를 소개하도록 해보라

문화에 대한 이야기를 자기소개 부분에 넣거나 프레젠테이션 중반에 넣어보자. 사람들은 늘 다른 나라의 문화에 대한 이야기를 듣기 좋아한다.

말하는 속도를 천천히 유지해야 한다

또한 어조와 포즈도 청중이 따라올 수 있을 만큼의 템포로 유지해야 한다. 청중 모두가 영어 원어민이 아닐 수도 있다.

마지막으로, 모든 문화가 다르다는 것을 항상 기억하라

다른 나라의 문화를 두려워하라는 의미는 아니다. 우리는 다른 나라의 문화로부터 많은 것을 배울 수 있으며, 이런 다양한 배울 거리로부터 얼마든지 즐거움을 찾을 수 있다는 것이다.

IX

RESOURCES
참고자료

1 한국인이 생각하는 최고와 최악의 프레젠테이션

Best and worst presentations

Good	Bad
자신감 넘치는 목소리	무표정
듣기 좋은 억양	너무 빠른 발표 속도
간단한 슬라이드	너무 작거나 조용한 목소리
보기 좋은 제스쳐	부정확한 발음
단조롭지 않은 목소리 톤	거짓말
실제 사례 들어주기	스크립트만 바라보는 발표자
눈 맞춤	중간 중간 너무 잦은 멈춤
유익한 지식정보	너무 많은 내용이 담긴 슬라이드
유머	부적절한 옷차림
여성 발표자	어려운 전문 용어
간단하면서도 짧은 내용	청중에 대한 배려가 없는 발표

얼마 전, 한 기업체에서 프레젠테이션 트레이닝 코스를 맡아 진행한 적이 있었다. 트레이닝을 마친 후, 구글 프레젠테이션에서 가르 레이놀즈가 어떤 프레젠테이션을 최고와 최악으로 손꼽는지 청중에게 물었던 장면이 떠올라, 필자도 트레이닝에 참여한 직원들에게 똑같은 질문을 해보았다.

직원들의 대답은 왼쪽의 차트와 같았다.

대답에서 흥미로웠던 사실은, 직원들 모두가 눈 맞춤을 두려워하지 않고 자신감에 차 있는 발표자의 짧고 간단하면서도 유머가 겸비된 프레젠테이션을 원한다는 것이었다. 모두들 너무 많은 내용을 담고 있는 슬라이드와 전문용어로 가득 찬 프레젠테이션 스크립트를 시종일관 읽어내려가는 발표자를 원치 않았다.

또 하나 인상적이었던 것은, 이들 대부분이 동서양의 문화 차이 탓에 청중이 프레젠테이션에서 원하는 부분들 또한 동양과 서양이 다를 것으로 생각한다는 점이다. 하지만 가르 레이놀즈의 구글 프레젠테이션을 확인하면 알 수 있듯, 서양인들이 느끼는 좋은 프레젠테이션과 나쁜 프레젠테이션도 왼쪽의 표와 별반 다르지 않다. 다시 말해, 프레젠테이션에서 청중이 원하는 것은 동서양에 관계 없이 전 세계적으로 비슷하다는 것이다.

그러므로 앞으로 해야 할 영어 프레젠테이션을 대비해, 왼쪽의 표를 참고해서 어떻게 하면 자신의 프레젠테이션을 최악에서 최고로 만들 수 있을지 스스로 연구하고 연습하는 시간을 가져보기 바란다.

2 프레젠테이션 예: 회사 소개

SAMPLE 1

"Our factory in Gwangju is 18,000 Meters square."

저희 회사의 공장 규모는 18,000제곱미터로 광주에 있습니다.

SAMPLE 2

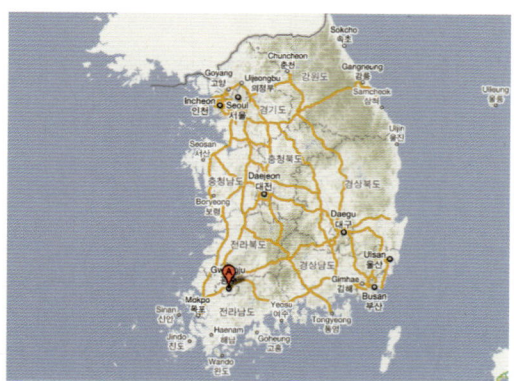

"Our factory in Gwangju, in the south west of Korea, is 18,000 Metres square, which is roughly the size of 32 soccer pitches."

저희 회사의 공장은 한국 남단의 광주에 있습니다. 크기는 18,000제곱미터로, 축구경기장 32개와 맞먹는 규모입니다.

비즈니스 (영어) 프레젠테이션에서 제일 처음으로 말하게 되는 것은 아마도 자신의 회사를 소개하는 일일 것이다. 회사 소개란, 상세 기획안을 제시하는 것이 아니라 다음과 같이 4개의 핵심 요소에 초점을 맞추어 진행되어야 한다.

A. 회사 개요 (무엇을 하는 회사인가?)
B. 회사 연혁
C. 타사와의 차이점 (타사와 다르게 우리 회사만이 보유하고 있는 고유성)
D. 고객을 위한 회사의 전략

이 네 가지 요소만 들어가도 회사 소개는 충분하다. 하지만 안타깝게도, 대부분의 발표자들이 회사에 대해 너무 많은 내용을 소개하는 바람에 청중의 흥미를 금세 앗아가 버리곤 한다. 청중의 흥미를 유지하기 위해서는, 위 네 가지의 핵심 요소와 관련된 내용만으로 짧고 간단하게, 또 청중이 이해하기 쉽도록 회사를 소개해야 한다.

청중이 이해하기 쉬운 회사 소개의 예를 한번 살펴보자. Sample 1은 한국의 지리를 잘 모르는 청중에게는 의미가 없는 내용이다. 가장 먼저 청중이 혼란스러워 하는 것은 바로 '광주가 어디에 있느냐?'이다. 이름만 들으면 외국인들은 이 지역을 중국의 광저우(Guangzhou)로 착각할 수도 있다. 이런 혼동을 피하기 위해서는, 반드시 회사나 공장이 한국의 어느 지역에 있는지 정확하게 알려줄 필요가 있다.

Sample 2처럼 지도를 보여주며 광주가 정확히 어느 곳에 위치하는지 알려준다면, 위와 같은 문제는 간단하게 해결된다. 이런 식으로 이미지를 활용해 공장을 소개하면 청중은 회사의 위치를 정확하게 알 수 있다. 그뿐만 아니라 18,000제곱미터를 축구장 32개와 비교함으로써 회사의 규모 또한 어느 정도인지 쉽게 가늠할 수 있다.

A. 회사 개요 – 무엇을 하는 회사인가?

▎SAMPLE 1 ▎

"We make highly strong cables for suspension bridges. An example of our cables in use are on the Humber Bridge in the United Kingdom."

저희는 현수교용 초강력 케이블을 제작하는 회사로, 영국의 험버 브리지도 저희 회사가 생산한 케이블로 건설되었습니다.

▎SAMPLE 2 ▎

"Here at Samsung we not only make consumer electronics and their components, we are also a leading construction company involved in many large international construction projects and we even own Korea's largest theme park, called Everland …"

저희 삼성은 가전제품과 전자부품을 제조할 뿐 아니라, 수많은 대규모 해외 건설 프로젝트에도 관여하고 있는 전도유망한 건설업체이기도 합니다. 또한 에버랜드라고 불리는 한국 최대의 가장 큰 테마파크를 보유하고 있습니다.

회사 소개를 듣다 보면, 자신의 회사가 무엇을 하는 회사인지 청중이 으레 알고 있으리라 추측하는 발표자들이 종종 있다. 물론 삼성이나 LG 등의 대기업이라면 당연히 그럴 수도 있겠지만, 비교적 규모가 작은 회사라면 정확히 무엇을 하는 회사인지 청중이 모르는 경우도 많다. 그러므로 당신 회사가 무슨 일을 하고 어떤 제품을 생산하는지, 또 어떤 상품들을 판매하는지 등을 청중에게 정확히 소개할 필요가 있다.

Sample 1과 같이 회사에서 판매하고 있는 제품이나 서비스 등을 예로 들며 설명하는 것도 좋은 방법의 하나이다. 험버 브리지 사진처럼 설명과 동시에 이미지 슬라이드를 함께 보여줌으로써 청중의 이해도를 극대화할 수 있다. 회사의 제품이 어떻게 이용되고 있는지 청중이 직접 볼 수 있기 때문에, 대교 이름을 제외한 다른 세부적인 사항은 슬라이드에 넣을 필요가 없다. 사진 자체가 모든 것을 말해주고 있으므로, 구구절절 초강력 케이블이 무엇인지, 어디에 쓰이는지 등을 텍스트로 나열해 보여줄 필요가 없게 되는 것이다.

만약 대기업과 같이 여러 자회사나 계열사를 보유하고 있는 회사라면, Sample 2의 예문처럼 청중이 모르고 있을 법한 부분을 알려줄 필요가 있다.

이런 사항들은 한국인 청중이라면 대부분 알고 있겠지만 외국에서 온 청중이나 동료들은 모를 수도 있는 사실이니 반드시 알려주어야 한다.

다른 예로, 현대는 세계 최대의 조선소를 보유하고 있는 회사이지만, 미국이나 유럽 사람들은 현대라는 이름을 들으면 즉각적으로 자동차만을 떠올리게 된다. 그러므로 무엇을 하는 회사인지 세심하게 소개할 필요가 있다는 것을 꼭 기억하자.

B. 회사 연혁

SAMPLE 1

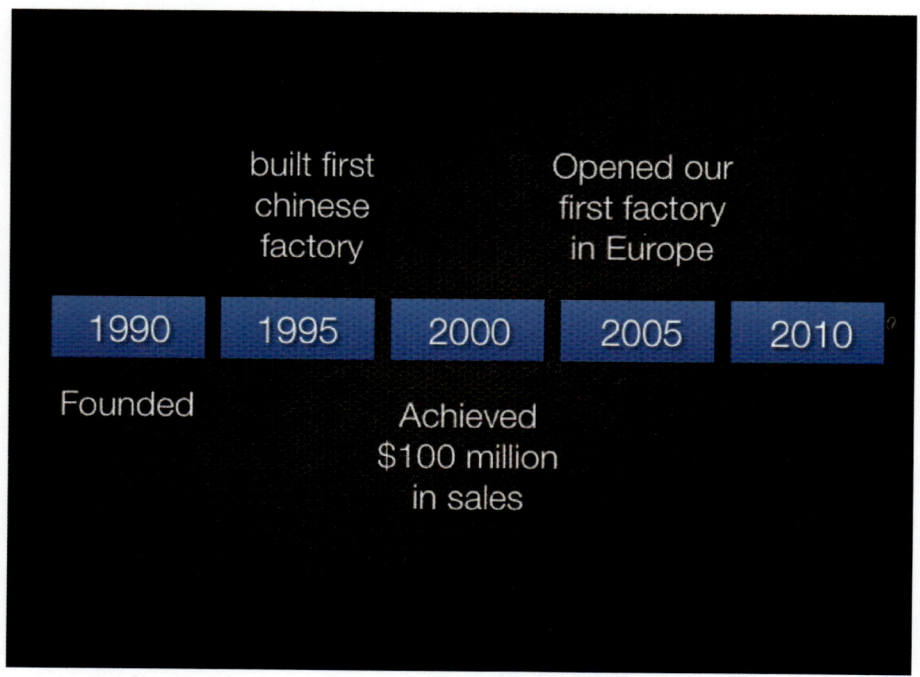

회사 소개에서 발표자들이 가장 많이 하는 실수 중 다른 하나는, 회사가 연도별로 이루어낸 업적들을 무수한 블릿 포인트로 나열한다는 것이다. 현재 우리가 사용하고 있는 프레젠테이션 소프트웨어에는 응용할 수 있는 기능들이 말 그대로 무궁무진하다. 그럼에도, 1990년대에 사용하던 방식 그대로 단순히 리스트만을 나열한다면, 이는 발표자가 게으르다는 것을 보여주는 것밖에 되지 않는다.

Sample 1은 블릿 포인트만 가득한 스타일에서 벗어나 한층 개선된 방법으로 회사 연혁을 보여주는 슬라이드이다. 여기에 애니메이션 기능을 추가한다면, 훨씬 더 돋보이는 슬라이드를 만들 수 있다. 이를테면, 각 연도를 소개할 때마다 연도 상자에서 회사의 업적에 관한 내용이 차례로 나오게 하는 것이다. 이렇게 하면, 발표자가 말하기도 전에 청중이 내용을 다 읽어버리는 일도 방지하고, 청중이 발표자의 말에 더욱 집중할 수 있게 될 것이다.

회사 연혁을 소개하면서, 회사가 어떻게 설립되었는지, 회사 이름이 어떻게 만들어졌는지 등을 스토리로 이야기해보면 어떨까? 예를 들면, 현대아산병원은 고 정주영 회장이 태어난 곳에서 따온 이름으로, 외국인 청중에게는 매우 흥미로운 이야기가 될 수 있다. 애플사의 첫 번째 사무실은 스티븐 워즈니악의 부모님 침실이었다. 이처럼 모든 회사들이 어떻게 설립되었는지에 관한 흥미로운 스토리를 가지고 있다. 이런 이야기라면 누구나 더 관심이 가고 더 듣고 싶어진다. 몇 년도에 회사가 설립되고, 몇 년도에 공장이 지어졌는지와 같은 내용만 이야기한다면, 청중은 금방 지루해지고, 당신의 회사는 그들의 머릿속에 결코 기억될 수 없을 것이다.

SAMPLE 2

"In 1997, Korea was hit by the Asian financial crisis. It was at this time that many people lost their jobs. Our founder Mr Shim, was one of these people. He lost his job. It was a very stressful time for both him and his family. Mr Shim took a few months off and travelled around Korea. During that time he thought about what he was going to do. When he returned home, he had decided that he was going to start his own business. So with his life savings he invested in a small office and purchased a high quality computer and printer. He then began designing presentations for small to medium sized companies around Seoul. Quality, well designed presentations were very rare in those days and the business soon took off. Today we are one of Korea's leading design companies and recently we floated on the Korean stock market."

1997년 한국에는 아시아 경제 위기가 불어닥쳤습니다. 이 때문에 많은 사람들이 직장을 잃었으며, 저희 회사의 설립자이신 심 회장님도 이들 중 하나였습니다. 해고된 것이죠. 회장님과 가족들에게는 무척이나 힘든 시간이었습니다. 심 회장님은 몇 달간 한국의 여기저기를 돌아다니며 앞으로 무엇을 해야 할지 고민했습니다. 여행을 마치고 집으로 돌아왔을 때, 마침내 회장님은 회사를 차리기로 합니다. 평생 모은 재산으로 작은 사무실을 차리고, 고급 사양의 컴퓨터와 프린터를 마련했습니다. 이것을 발판으로 회장님은 수도권의 중소기업들을 대상으로 프레젠테이션을 기획해주기 시작했습니다. 그 당시만 해도 잘 디자인된 프레젠테이션이 매우 드물었기 때문에, 사업은 곧 번창했습니다. 오늘날 저희 회사는 한국의 앞서나가는 디자인 업체 중 하나가 되었으며, 최근 국내 주식시장에 상장되었습니다.

Sample 2의 예문은 회사 설립에 관한 흥미로운 스토리를 어떻게 소개하는지 보여주고 있다. 이 예문은 단지 스토리를 담아낸 것이 아니라, 한 인간의 삶을 조명하는 휴먼 스토리를 포함하고 있다. 이런 식의 스토리들은 청중의 이목을 집중시키고 프레젠테이션을 더 특별하게 만들어 주는 효과를 가져다준다.

C. 타회사와의 차별성- 무엇이 당신 회사를 다르게 만들어 주는가?

당신의 회사를 방문한 청중에게, 특히 다음날 당신의 경쟁사를 방문하게 될지도 모르는 청중이라면, 당신의 회사가 왜 다른 회사들과 다른지를 설명해주는 것은 매우 중요하다. 당신의 회사가 왜 최고인지, 다른 회사들과 어떻게 다른지 청중에게 확실히 이해시켜줘야 한다.

자신의 회사가 다른 회사들과 다르다는 것을 강조하는 것은 회사 소개에서 매우 중요한 부분이며, 회사만의 고유성을 보여줄 좋은 방법이기도 하다.

"We are different because we not only consult with our student, we are also the only Language institute that tailor makes each programme for each individual student. Doing this is much more expensive and time consuming than putting students in classes with the idea that 'one size fits all' which we do not believe works. We believe, and we have proven, that tailor made English programmes work and are much more effective than the traditional method of English learning. We believe that this investment is better for our future."

저희는 학생들을 직접 컨설팅해줄 뿐 아니라 학생 개개인을 위한 맞춤 교육을 진행하는 유일한 어학원으로, 타 학원들과는 차원이 다릅니다. 이런 맞춤식 교육 과정은, 각기 다른 학생들의 수준을 일정 수준별로 통합해 그룹으로 강의하는 방식에 비해 가격 면에서 훨씬 비싸고 더 많은 시간이 소요됩니다. 그러나 저희는 레벨에 따라 프로그램을 정하는 것은 효과 없는 교육 방식이라 생각합니다. 저희는 맞춤식 영어 교육이 이런 기존의 영어 학습법과 비교하면 훨씬 더 효과 있다는 것을 믿고 있고, 또 증명해 왔습니다. 저희는 이것이 우리의 더 나은 미래를 위한 투자라고 믿고 있습니다.

D. 고객을 위한 회사의 전략 – 고객을 위해 회사에서는 무엇을 하는가?

다른 회사와의 차별성을 이야기하면서 만약 어떠한 고객을 보유하고 있는지 설명하지 않았다면, 이제는 고객을 위해 당신의 회사가 무슨 일을 하는지, 또 고객들이 왜 이 회사의 제품이나 서비스를 구매하는지에 대한 설명을 해야 할 차례이다. 회사의 고객은, 발표자로서도 회사로서도 자랑스러운 대상이며, 회사가 왜 이 고객들을 자랑스러워하는지, 그 고객들은 왜 당신의 회사만을 이용하는지를 청중에게 알려주어야 한다.

    회사 소개는 복잡할 필요가 없다. 그저 짧고 간단하게, 그리고 이해하기 쉽게 만들면 된다. 청중이 알고 싶어하는 것만을 이야기하고 불필요한 것들은 과감하게 버려라. 당신의 회사에 관한 어떤 스토리를 알고 있다면, 청중에게 그 스토리를 전하라. 이렇게만 해도, 청중에게 충분히 기억될 만한 뛰어난 회사 소개 프레젠테이션이 될 수 있다.

"Here at CP Construction we are not just another construction company, we are a company with a focus on client expectations. Because of this, we work closely with our clients—involving them in every decision made about the construction project so that our clients feel a part of the whole project. This is something unique among construction companies who often see clients as 'a necessary evil'."

저희 CP건설은 여타의 건설회사와는 달리, 고객의 기대를 만족하게 하는 것에 심혈을 기울이는 회사입니다. 그래서 저희는, 건축 공정에 관한 모든 결정 사안에 고객을 직접 참여케 함으로써 고객과 밀접하게 일하고 있습니다. 그리하여 저희 고객들은 전체 프로젝트의 일원이라고 느끼고 있습니다. 이는 간혹 고객을 '필요악'으로 간주하는 건설회사들 사이에서는 좀 독특한 모습입니다.

3 프레젠테이션 실습 1: Conway Stewart

지금부터, 회사 소개 프레젠테이션 제작의 전반적인 과정을 살펴보고자 한다. 고급 필기도구를 제작하는 영국의 한 회사의 실제 약력으로 이 과정을 연습할 것이다. 우리가 연습할 내용은 콘웨이 스튜어트(Conway Stewart)라는 오랜 역사를 자랑하는 필기도구 회사이다.

* 이하 내용은 Conway Stewart의 웹 사이트(www.conwaystewart.com)에서 발췌했다.

A. 회사 개요 예

"In 1905, Mr Frank Jarvis and Mr Thomas Garner formed Conway Stewart Limited in London, next to St. Paul's Cathedral in London."

1905년, 프랭크 자비스와 토마스 가너는 런던 세인트 폴 대성당 옆에 콘웨이 스튜어트 회사를 설립하였습니다.

"Jarvis and Garner had a single aim, to produce elegant, timelessly beautiful, yet functional writing instruments—a principle that Conway Stewart holds true to this day."

자비스와 가너의 목표는 단 하나, 우아하고 변함없이 아름다우면서도 기능적인 필기구를 생산하는 것—바로 콘웨이 스튜어트가 오늘날까지 지켜오고 있는 원칙이었습니다.

"From 1905, the Company became one of the era's leading suppliers of fountain pens in England and upgraded its facilities numerous times to meet expanding demand. Moving to 31/32 Shoe Lane London in 1919 and to 75/82 Shoe Lane in 1923, where it occupied six floors and employed over 500 people. In 1935, Conway Stewart listed its shares on the London Stock Exchange, raising further capital for expansion and development."

1905년부터 회사는 영국 내에서 시대를 이끌어가는 만년필 제조업체 중 하나가 되었으며, 날로 커지는 수요를 충족시키고자 수차례 설비를 강화해 나갔습니다. 1919년에는 런던 Shoe Lane 31/32으로 회사를 이전했으며, 1923년에는 6층 규모의, 500명이 넘는 사원들이 근무할 수 있는 Shoe Lane 75/82으로 다시 이전했습니다. 1935년 콘웨이 스튜어트는 확장과 성장을 위해 자본금을 늘려 런던 주식 거래소에 주식을 상장하게 되었습니다.

"Conway Stewart pens have been associated with many of the most famous moments of 20th Century British history. During the huge growth in letter writing during the First World War (1914 - 1918) Conway Stewart pens played a significant part in those cherished letters that passed between soldiers at the front and loved ones at home. Conway Stewart pens were also used throughout World War II (1939 - 1945) by British Prime Minister Winston Churchill. Indeed, although our own factory was bombed and slightly damaged during the Blitz and a significant portion of the factory converted to military equipment manufacture, pens were still produced throughout this period in a limited range. In 1951, we moved our factory to Mile End London and the modern post war era of Conway Stewart started."

콘웨이 스튜어트 펜은 20세기 영국 역사의 가장 유명한 순간의 상당 부분을 함께 해왔습니다. 1차 세계대전(1914년~1918년) 당시 편지쓰기가 엄청나게 확산하면서, 콘웨이 스튜어트 펜은 전방에 있는 군인들과 고국의 사랑하는 이들 사이를 오가던 소중한 편지들에서 중요한 구실을 했습니다. 또한 2차 세계대전(1939년~1945년) 기간 내내, 당시 영국의 총리였던 윈스턴 처칠도 콘웨이 스튜어트 펜을 사용했습니다. 공습 동안 공장이 폭파되어 약간의 손상을 입었으며, 공장의 주요 부분들이 군사장비 제조업체로 전환되었지만, 이 기간에도 펜은 제한적으로나마 여전히 계속 생산되었습니다. 1951년에 저희는 런던의 마일 엔드로 공장을 이전했고, 콘웨이 스튜어트는 전쟁 이후 현대화 시대를 맞이하게 됩니다.

"Conway Stewart introduced such timeless classics as the Conway Stewart Dinkie "the smallest practical fountain pen ever made" (launched in 1922) and still being made in the same traditional way at our factory today. This was the world's first pen to be made in volume in coloured resin and began a historical connection between Conway Stewart and the use of exciting vibrant colours, a part of our heritage that we continue to this day. Other major product developments included the introduction of Universal and Pixie pens (1922), Dandy pen (1924) a name we still use and the Scribe and International pens (1933). The Conway Stewart Duro pen also first appeared in the 1920's and remains highly regarded for its classic profile and understated elegance; and, the No.58 (1949) which was introduced as "the finest pen ever produced by Conway Stewart," was the first of the great post-war Conway Stewart fountain pens."

1922년 콘웨이 스튜어트에서는, 실용성을 갖춘 초소형 만년필로 세월이 흘러도 단아함을 잃지 않는 Conway Stewart Dinkie 펜을 출시하였으며, 현재까지도 이 펜은 전통적인 방식 그대로 제조되고 있습니다. 이 모델은 착색된 합성수지(플라스틱)로 대량 생산된 세계 최초의 펜으로서, 콘웨이 스튜어트가 흥미진진하고 생동감 넘치는 색상들과 역사적인 결합을 시작한 시초이며, 지금까지도 이어지고 있는 우리 유산의 일부입니다. 다른 주요 제품들로는 Universal&Pixie 펜(1922년)과 Dandy 펜(1924년, 현재까지 계속 생산 중)과 Scribe&International 펜(1933)이 있습니다. Conway Stewart Duro 펜 역시 1920년대에 처음 선보였으며 클래식하고 절제된 우아함으로 매우 주목받고 있습니다. No.58(1949년)은 "콘웨이 스튜어트가 생산해낸 가장 우수한 펜"으로 소개되었으며, 전쟁 이후 처음 출시된 위대한 콘웨이 스튜어트 만년필입니다.

"In the 1960's, the Company continued to produce, however, the advent of the cheap "biro" and ballpoint pens and mass production in lower cost countries began to alter the market for quality fountain pens dramatically. The use of fountain pens, like mechanical watches, began to wane, a trend that the quality conscious consumer of the 21st Century has now significantly reversed, but at the time had a devastating impact on traditional producers. As a result, in 1975, the Company stopped production, however, the trademarks, designs and archives were maintained intact and interest in the Company, its beautiful pens and its history remained very high. Following a significant investment in research and development a new era began with a focus on making pens for those who appreciate traditional craftsmanship, objects of timeless beauty and utility and the pleasure of using a fine pen, as well as, for the growing number of pen collectors around the world who treasured the Conway Stewart name and all that it stood for as Britain's greatest pen maker. Thus a new era of Conway Stewart was born."

1960년대에도 회사는 생산을 지속했으나, 저가의 "biro(볼펜 명)"와 볼펜들이 출현하고 저비용 국가에서의 대량생산이 시작되면서 고급 만년필 시장은 급변하기 시작했습니다. 만년필은 기계식 시계처럼 쇠퇴하기 시작했습니다. 21세기의 품질을 중시하는 소비경향 덕에 지금은 판세가 완전히 뒤바뀌었지만, 당시 전통 방식의 제조업자들에게는 엄청난 충격이었습니다. 그리하여 1975년, 회사는 생산을 중단하게 됩니다. 하지만 상표와 디자인, 그리고 기록들은 원래 그대로 보존되어 있었고, 아름다운 제품들과 제품의 역사를 비롯한 회사에 대한 관심은 여전히 높게 유지되고 있습니다. 연구와 개발에 막대한 투자를 한 결과, 전통적인 장인정신과 변치 않는 아름다움을 간직한 물건들과 유용성, 또 펜을 사용하는 즐거움을 제대로 평가할 줄 아는 사람들을 위해, 또한 영국 최고의 펜 제조 회사를 의미하는 콘웨이 스튜어트라는 이름을 소중히 여기고 있는 전 세계의 급증하는 펜 수집가들을 위해 펜을 만드는 데 집중하면서 새로운 시대가 열렸습니다. 이렇게 해서 콘웨이 스튜어트의 새 시대가 탄생한 것입니다.

"Owners of modern Conway Stewarts are in excellent company, as Conway Stewart pens have always been the preferred choice of the most discerning and famous people from around the world and this tradition continues to this day."

최신 콘웨이 스튜어트 제품을 소유하신 분들은 훌륭한 벗들과 함께하는 것입니다. 왜냐하면 콘웨이 스튜어트 펜은 전 세계에서 가장 안목이 높고 유명한 분들이 항상 선호하던 제품이고, 이러한 전통은 오늘날까지 이어지고 있기 때문입니다.

"Her Majesty Queen Elizabeth II and The Duke of Edinburgh were presented with two Conway Stewart pens from "the Elite Collection" to commemorate their Golden Wedding Anniversary. Recently Prime Minister Blair presented Russian President Putin a Conway Stewart Churchill Burgundy Fountain pen on a state visit to Russia and French President Jacques Chirac was given a Brown Marble Churchill to celebrate his 70th birthday. Conway Stewart was the official pen chosen by the British Government for the G8 Summit at which Prime Minister Blair presented a Conway Stewart No. 58 set to each of the G8 world leaders. We are suppliers to No.10 Downing Street the official residence of the British Prime Minister, as well as, the British Royal Palaces."

엘리자베스 여왕 2세와 에든버러 공작은 금혼식 기념으로 두 자루의 Elite Collection 펜을 선물 받았습니다. 블레어 총리는 푸틴 대통령에게 Conway Stewart Churchill Burgundy 만년필을 러시아 방문 기념으로 선물했으며, 프랑스의 시라크 대통령은 일흔 번째 생일 선물로 Brown Barble Churchill을 선물 받았습니다. 콘웨이 스튜어트는 영국 정부가 지정한 공식 펜으로, G8 정상회담에서 블레어 총리가 G8 세계 정상들에게 No. 58 세트를 선물했습니다. 현재 저희는 다우닝가 10번지에 있는 영국 총리관저뿐 아니라 영국 왕실에도 제품을 제공하고 있습니다.

"President Bush and President Clinton both own a Conway Stewart."
부시 대통령과 클린턴 대통령도 콘웨이 스튜어트 펜을 소유하고 있습니다.

"Handcrafted by master pen makers the rich heritage of Conway Stewart rests in your hand every time you use one of our beautiful

British pens. We strive to continue our heritage, to make the most beautiful and elegant British pens and to give pleasure to those who appreciate the art of fine writing or who wish to give or receive a gift that will provide a life time of pleasure."

전문 펜 제조업체의 손으로 만들어진 콘웨이 스튜어트의 풍부한 유산은, 저희의 아름다운 영국 펜을 사용하는 매순간 여러분의 손안에 그대로 남아 있습니다. 저희는 가장 아름답고 우아한 영국 펜을 만들기 위해, 글씨쓰기 예술에 매료된 분들께 기쁨을 드리기 위해, 그리고 일생의 즐거움을 선사할 선물을 받거나 주기를 희망하는 분들을 위해, 우리의 유산을 이어가는 것에 힘쓰고 있습니다.

"In 1905, when Conway Stewart was started Jarvis and Garner had a single aim, to produce elegant, timelessly beautiful, yet functional writing instruments, today one hundred years later we still hold true to these original goals."

1905년 자비스와 가너가 회사를 설립할 당시 세웠던 유일한 목표, 우아하고 변함없이 아름다우면서도 기능성을 갖춘 필기구를 생산하는 것은, 100년이 지난 현재까지도 여전히 우리의 목표입니다.

추가 사항

좀 더 매끄러운 프레젠테이션 기획을 위해, 뒷장에서 마인드맵을 작성할 때 아래의 내용을 참고하기 바란다. 아래는 콘웨이 스튜어트 웹 사이트 및 기타 웹 사이트에서 얻어낸 이 회사의 추가 정보이다.

1. 1975년 생산 중단 이후 1998년 회사 재가동 - 영국 Plymouth에 새 공장 설립.
2. 현재 미국, 유럽 및 아시아에 판매 대리점을 두고 전 세계에 제품을 수출하고 있음.

B. 마인드맵 작성하기 예

자, 이제 회사 개요를 통해 마인드맵을 만들고 프레젠테이션에서 사용할 핵심 사항들을 한번 걸러 내보자.

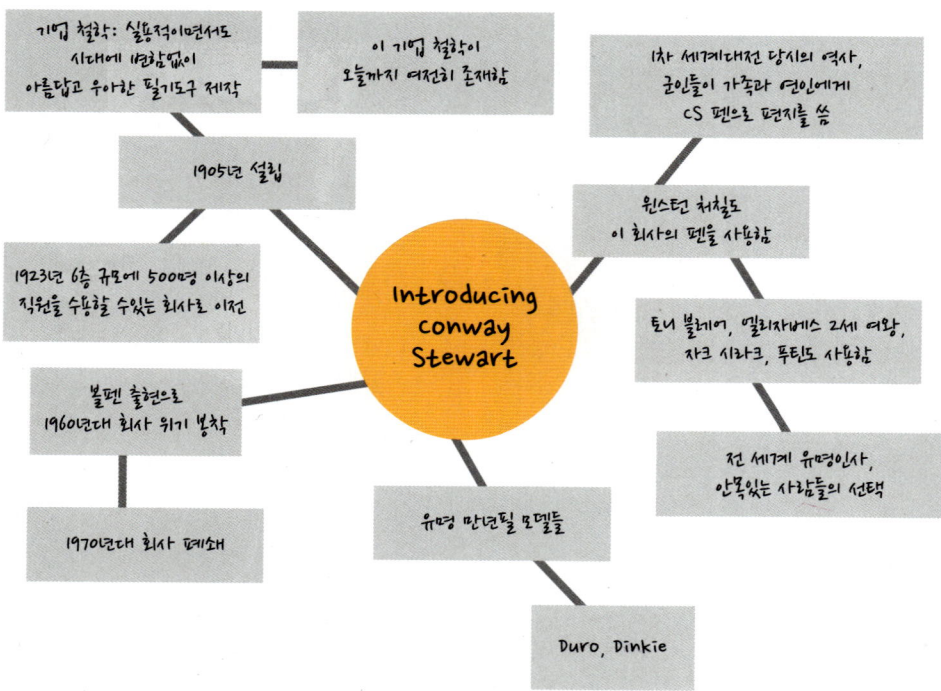

C. 스토리 보드 작업하기 예

이렇게 마인드맵을 완성했으면, 맵 안의 내용들이 전반적인 회사 소개에 적절한지 살펴보고 슬라이드를 만들기 위한 스토리 보드 작업을 할 차례이다.

회사 로고	The Beginning	〈창립자 사진〉	The Vision — to produce elegant, timelessly beautiful, yet functional writing instruments
환영 인사	프레젠테이션 시작 - 자기소개	창립자 소개	창립자의 비전
〈1차 세계대전 당시의 군인들 사진〉 1st World War	〈참호 안에서 편지 쓰는 군인들 사진〉 Soldiers Writing Home	〈초창기 컬러 펜 사진〉	〈공장과 전시실 사진〉
No 인터넷 / 휴대폰 / 트위터	Conway Stewart 펜으로 쓰여진 편지들	1920년대, 셀룰로이드를 이용한 다채로운 컬러 펜	지속적인 성장 500명 이상의 직원 채용
〈2차 세계대전 당시의 군인들 사진〉 Second World War	〈윈스턴 처칠 사진 및 2차 세계대전 당시 그가 사용한 펜 사진〉 Second World War	〈Duro펜 사진〉	〈오랜 전통을 지닌 고급 펜들 사진〉 Vintage Conway Stewarts
유럽 - 전쟁의 공포	Conway Stewart 펜을 사용한 윈스턴 처칠 스토리	필기구 시장의 변화 - 볼펜 펜 시장 침체	1975년 - 회사 운영 중단
〈새 공장 사진〉 Today's Factory	〈펜을 소장하고 있는 유명인사들의 사진〉 Famous Conway Stewart Owners	〈최근 제품들 사진 1〉	〈최근 제품들 사진 2〉
거액 투자 - 새 공장 설립	특별한 분들의 높은 안목	색동감 넘치는 컬러들 변치 않는 회사의 비전	
〈최근 제품들 사진 3〉	〈최근 제품들 사진 4〉	〈현재 제품이 제공되고 있는 나라들 - 세계지도〉	〈회사 로고〉
		전 세계적으로 성장하고 있는 Conway Stewart	끝맺음 질의 · 응답

D. 슬라이드 디자인 예

마인드맵과 스토리 보드를 준비해 놓음으로써, 프레젠테이션하기가 한결 수월해졌다. 마인드맵을 통해 무엇을 이야기해야 할지 정했고, 스토리 보드를 통해 언제 무엇을 이야기해야 할지 전부 결정했다. 이제 프레젠테이션 소프트웨어를 열고 이미지와 텍스트를 삽입하는 일만 남았다.

회사 소개는 10분이 넘어서는 안 된다. 이보다 길어지면, 너무 많은 정보를 담게 되고 청중 또한 집중력이 흐트러지게 된다. 시간을 10분 이내로 정해 필요한 핵심 정보와 이야기들만을 담아 끝낼 수 있도록 해야 한다.

앞서 작성한 스토리 보드를 토대로 완성된 슬라이드는 다음과 같다.

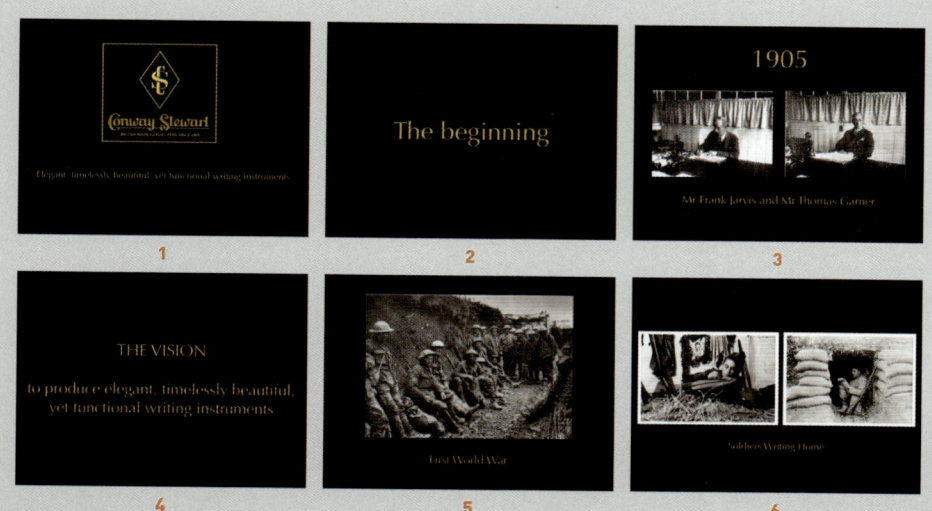

E. 스크립트 예

아래는 실제 프레젠테이션에서 말하게 될 내용을 스크립트로 만들어 본 것이다. 슬라이드와 대조해보면서, 슬라이드마다 어떤 내용을 이야기하고 있는지 참고하고 자신의 회사 소개에서도 응용해 보기 바란다.

"Good morning ladies and gentlemen. Thank you for coming today."
안녕하십니까? 오늘 이렇게 와주신 여러분께 감사드립니다.

"My name is Carl Pullein and today I have the honor of introducing a special company, steeped in history that produces something that is iconic of yesteryear, yet today carries with it something timeless and elegant and for anyone using one clearly states that this person understands quality and heritage."
제 이름은 칼 풀린입니다. 오늘은 제가 여러분께 특별한 회사를 소개하는 영광을 누리게 되었습니다. 이 회사는 지난 시대를 상징하는 제품을 생산하는 역사에 발을 담그고 있는 회사지만, 이 회사의 제품을 하나라도 사용하는 분이라면 '이 사람, 품질과 전통이 뭔지 좀 아는군'이라고 주저 없이 말할 정도로, 세월이 흘러도 변치 않고 우아한 무언가를 오늘날까지 제품 안에 담아내고 있습니다.

"That company is Conway Stewart and the product is fine quality writing instruments."
이 회사는 바로 고품격 필기구를 제조하는 콘웨이 스튜어트입니다.

"Before we go into the products we produce today, I would like to talk to you about our heritage and our history."

저희 회사에서 최근 생산하는 제품을 살펴보기 전에, 저희 회사의 역사와 전해 내려오는 유산에 대해 말씀드리고자 합니다.

"So, let us begin."

자, 그럼 시작해 볼까요?

"It all started in 1905, when two entrepreneurially spirited gentlemen decided to start their own pen making company. Those gentlemen were Frank Jarvis and Thomas Garner."

1905년, 기업가 정신으로 가득 찬 신사 두 분이 펜 만드는 회사를 세우기로 하면서 저희 회사의 역사는 시작되었습니다. 이 두 분이 바로 프랭크 자비스와 토마스 가너입니다.

"Both Frank Jarvis and Thomas Garner had the vision to produce elegant, timelessly beautiful, yet functional writing instruments. This vision soon led to Conway Stewart becoming one of England's leading suppliers of fountain pens."

프랭크 자비스와 토마스 가너는 우아하고 변함없이 아름다우면서도 기능적인 필기구를 제작한다는 비전이 있었습니다. 이 비전은 곧 콘웨이 스튜어트를 영국 만년필 제조의 선두주자가 되도록 이끌었습니다.

"1914 saw the start of the First World War. This was a time without mobile phones, the internet or Twitter and the only way for soldiers fighting on the front lines in France to communicate with their loved ones back home in England was through writing letters. It was during this period that Conway Stewart really began to make a name for itself. Conway Stewart's focus on quality and durability made their pens perfect for writing in difficult environments such as the trenches in France."

1914년 1차 세계대전이 시작됩니다. 휴대폰도 인터넷도 트위터도 없던 시대였죠. 프랑스 전방에서 전투를 벌이고 있는 군인들이 후방의 영국 고국에 있는 사랑하는 이와 소통할 수 있었던 유일한 방법은 편지쓰기였습니다. 이 전쟁 기간을 통해 콘웨이 스튜어트는 확실하게 명성을 떨치기 시작했습니다. 품질과 내구성에 초점을 맞추어 제작된 콘웨이 스튜어트의 펜은 프랑스의 참호 속 같은 열악한 환경에서 글씨를 쓰기에 완벽한 제품이었습니다.

"It is difficult to imagine today just how many words of love, fear and terror must have been written by Conway Stewart pens during that time - but it is part of our history and a part of our history that we are very proud of."

그 시기 동안 과연 얼마나 많은 사랑, 두려움, 공포의 말들이 콘웨이 스튜어트 펜으로 쓰였을까요? 상상하기도 어렵습니다. 하지만 그것은 우리 역사의 일부분이며, 저희가 자랑스러워하는 역사의 일부분이기도 합니다.

"During the 1920's, we began making full use the material known as Celluloid. Celluloid is a type of plastic that can be used to make vibrant colors and we at Conway Stewart have never been afraid to produce pens with exciting and strikingly beautiful colors."

1920년대에는, 셀룰로이드라고 알려진 원료를 사용해 만년필을 제작하기 시작했습니다. 셀룰로이드는 생생한 색채를 만드는 데 사용되는 일종의 플라스틱입니다. 저희 콘웨이 스튜어트는 자극적이고 눈에 띄는 색깔로 펜을 제조하는 것을 절대 두려워하지 않았습니다.

"Conway Stewart has always been proud of its attention to quality and during the 1920's we were producing high quality writing instruments at affordable prices."

콘웨이 스튜어트는 품질에 주력하는 것을 언제나 자랑스럽게 여겼으며, 1920년대에는 저렴한 가격으로 고품질의 필기구를 제작하게 됩니다.

"Throughout this time our company was expanding and growing rapidly—we now employed over 500 people in our factory in London."

이 기간에 회사가 확장되고 급속히 성장하였습니다. 그리하여 당시, 런던 공장에서는 500명이 넘는 직원을 채용했습니다.

"In 1939, the terrors of war in Europe began again with the start of the Second World War. It was during this time that one of our most famous users made full use of our pens. That person was Sir Winston Churchill and throughout the Second World War he used a Conway Stewart. This is something we are very proud of and today we celebrate that with our famous "Churchill" model fountain pen. This is a pen that captures the huge personality of Sir Winston and his eye for quality and detail."

1939년, 2차 세계대전이 발발하면서 유럽 전역에 전쟁의 공포가 다시 시작되었습니다. 저희 회사 제품을 애용했던 가장 유명한 사람 중 한 분이 전쟁 동안 항상 저희 펜을 사용하셨습니다. 그분이 바로 윈스턴 처칠 경이며, 2차 세계대전 내내 콘웨이 스튜어트 펜을 애용하셨습니다. 이것은 저희가 매우 자랑스러워할 만한 일이며, 현재 저희는 유명한 만년필 모델 "Churchill"로 이것을 기념하고 있습니다. 이 모델은 윈스턴 경의 위대한 인격과, 품질과 세심함에 대한 그의 안목을 담아내고 있습니다.

"The 1960's saw a big change in the writing instrument market. The ball point pen began to become more and more popular and this period saw a decline in our fortunes."

1960년대에는 필기구 시장에 큰 변화가 찾아옵니다. 볼펜의 인기는 점점 더 높아져만 갔고, 사세는 기울기 시작했습니다.

"Conway Stewart suffered badly during this period, and although we continued to make fine quality pens, the kind of pens we made were simply not fashionable enough for the market at that time."

콘웨이 스튜어트는 이 시기 동안 극심한 고통을 겪었지만, 그럼에도 저희는 고품격 만년필을 계속해서 만들어냈습니다. 우리가 만든 펜은 간단히 말해 당시 시장의 유행에 뒤처지는 것들이었습니다.

"It must be remembered that Conway Stewart has never moved away from its founders' vision of producing elegant, timelessly beautiful, yet functional writing instruments, and although the temptation to move into the mass market of poor quality plastic ball pens was strong we never did."

콘웨이 스튜어트는 우아하고 변함없이 아름다우면서도 기능적인 필기구를 만든다는 설립자의 비전에서 한치도 멀어지지 않았음을 기억해두십시오. 품질이 떨어지는 플라스틱 볼펜의 대량 판매 시장으로 전환하라는 유혹이 엄청나게 강했음에도 저희는 결코 그렇게 하지 않았습니다.

"Sadly, this led to production ending in 1975 and for the next 23 years no Conway Stewarts were made, except for a very few limited editions."

하지만 애석하게도, 이로 말미암아 1975년에 생산이 중단되기에 이르렀고, 이후 23년간 콘웨이 스튜어트 펜은 소량의 한정판을 제외하고는 만들어지지 않았습니다.

"Then in 1998, the second era of Conway Stewart began. Following a significant investment, Conway Stewart began producing pens again in a new factory in Plymouth, England. The same desire for quality and durability with timeless beauty and elegance prevailed and today Conway Stewart make some of the most beautiful and elegant writing instruments made."

그러고 나서 1998년, 콘웨이 스튜어트의 제2의 전성시대가 열렸습니다. 거액의 투자에 이어 콘웨이 스튜어트는 영국 플리머스의 새 공장에서 다시 펜을 만들기 시작합니다. 변함없는 아름다움과 우아함, 고품질과 내구성에 대한 열망은 여전했으며, 현재 콘웨이 스튜어트는 가장 아름답고 우아한 필기구를 생산해내고 있습니다.

"Just some of the famous people around the world who own Conway Stewarts—Her Majesty Queen Elizabeth II, Duke of Edinburgh, Tony Blair, Bill Clinton, Jacques Chirac and Vladimir Putin—it puts owners of Conway Stewart pens in fine company. And is something we cherish."

현재, 엘리자베스 여왕 2세, 에든버러 공작, 토니 블레어, 빌 클린턴, 자크 시라크, 블라디미르 푸틴과 같은 세계적으로 유명한 인사들이 콘웨이 스튜어트의 제품을 소지하고 있습니다. 이것은 저희 콘웨이 스튜어트 펜을 갖고 계신 분들이 훌륭한 벗을 두고 있다는 뜻입니다. 그리고 이것이 바로 저희가 소중히 여기는 점입니다.

"Today, Conway Stewart make writing instruments with vibrant colors, high quality materials and a pride that goes back more than one hundred years and we never forget our founders' vision of producing elegant, timelessly beautiful, yet functional writing instruments."

현재, 콘웨이 스튜어트는 생생한 색채와 고급 원료를 사용해 필기구를 생산하고 있습니다. 100년 이상을 거슬러 올라가는 자부심을 생산하고 있습니다. 그리고 우리는 우아하고 변함없이 아름다우면서도 기능적인 필기구를 생산해내고자 하는 창립자들의 비전을 절대로 잊지 않을 것입니다.

"We now supply our pens all over the world from the USA and Europe to Asia. We are still growing and we are fast becoming known as one of the best makers of handmade pens in the world."

현재 저희는 미국 및 유럽에서 아시아까지 전 세계에 만년필을 공급하고 있습니다. 회사는 계속해서 성장하고 있으며, 세계 최고의 수제 만년필 제조업체 중 하나로 빠르게 인식되고 있습니다.

"I am sure you will agree that Conway Stewart is a company with a fine history with many great stories and we plan to make many more stories by being around for many more years to come."

저는, 콘웨이 스튜어트가 멋진 이야기들과 훌륭한 역사를 지닌 회사라는 것에 여러분도 동의하실 거라고 확신합니다. 또한 저희는 앞으로 다가올 훨씬 더 많은 시간 동안 여러분 곁에서 훨씬 더 많은 이야기를 만들어갈 계획입니다.

"Thank you for taking the time to listen to me today. Now if you have any questions I will be very happy to answer them."

오늘 저의 이야기를 경청해주신 여러분께 대단히 감사드립니다. 질문이 있으시면 기꺼이 답변해 드리겠습니다.

4 프레젠테이션 실습 2: IBS Company Introduction

회사 소개에 대한 또 다른 샘플로 가상의 회사를 만들어 소개 프레젠테이션을 작성해 보았다. 프레젠테이션을 만들어 나가는 과정들을 차근차근 살펴보고, 슬라이드와 함께 스크립트를 비교해가며 실제 프레젠테이션에서 응용해보기 바란다. 여기서 만들어진 스크립트는 이해를 돕고자 작성한 것이다. 그러니 실제로 프레젠테이션을 기획할 때 될 수 있으면 스크립트는 작성하지 말기를 바란다. 앞에서 수차례 언급했듯이, 스크립트를 만들어서 연습하게 되면 청중이 발표자의 목소리에서 신뢰감을 얻을 수 없고, 목소리 톤에 변화가 없어 지루한 프레젠테이션이 되기 쉬우니 반드시 주의하자.

A. 회사 개요 예

회사 설립자인 임봉수 회장은 고등학교를 졸업한 후, 한국의 어묵회사에 취직해 소매업자들에게 어묵을 납품하는 업무를 맡았다. 정말 열심히 일했지만, 그는 다른 동료들이 승진하는 것만을 지켜봐야 했다. 이것이 6년 동안 일하면서 그가 가장 힘들었던 점이다. 대졸 학력의 동료들보다도 항상 더 열심히 일했지만, 고졸이라는 학력 때문에 승진 대상에서 매번 제외되었다. 어묵 납품과 학력이 대체 무슨 상관이 있길래 매번 승진의 기회조차도 잡을 수 없는지, 그는 이 불공평함을 도저히 참을 수 없었다. 6년이면 충분히 참을 만큼 참았다고 생각한 그는 회사를 사직하고, 학력이 필요 없는 자신만의 회사를 설립하기로 한다.

그렇게 해서 IBS는 1985년 임 회장에 의해 설립되었으며, 식재료 소매상과 지역 식당에 식품을 배달하는 납품업체로 첫 발돋움을 시작한다.

1990년, 임 회장은 창고 하나를 매입해 서울과 주변 지역의 급증하는 식자재 소매업체들을 상대하기 시작했다. 창고를 매입하면서 직원이 필요했던 임 회장은, 이력서에 학력을 기재하지 않는 파격적인 채용 방식을 채택한다. 그는 학력이 아닌 오로지 업무 능력만으로 구직자들을 평가하고 채용했다. 이런 채용방식으로 10명 남짓한 채용 공고에 엄청난 수의 구직자들이 몰렸다. 파격적인 채용 방식으로 회사에 필요한 인재를 뽑을 수 있었을 뿐 아니라, 회사를 위해 열정을 불사르는 믿음직한 직원들을 얻을 수 있었다. 창고 하나로 시작했던 도매업은 1995년 창고가 12개로 늘어났고 국내의 유명한 도매업체 중 하나가 되었다. 임 회장은 사업이 확장되면서 계속해서 직원 수를 늘렸는데, 직원 채용 시 업무 능력만으로 지원자를 평가하는 그의 철칙은 한결같았다. 이 덕분에 그는 늘 회사에 열과 성을 다하는 훌륭한 인재들을 등용할 수 있었다. 이것이 바로 IBS를 국내 최고의 식품 도매업체로 성장시킬 수 있었던 원동력 중 하나이다.

1997년에는 부천에 있는 대형 슈퍼마켓을 인수했으며, 아시아 금융 위기 때문에 성장 속도가 잠시 둔화하는 듯했으나, 곧 경영 위기를 극복하고 1998년 말에는 소매시장뿐 아니라 도매시장까지 전부 장악하는 국내 최고의 도매업체로 거듭났다. 이를 계기로 한국 전역에 대형 마켓을 확산시켜 나갔다.

IBS의 기업 철학은 "최저 가격으로 최고의 식품을 소비자들에게 가장 편리하게 제공하자"였다. 이 철칙을 지키기 위해 회사는 절대로 한 업체와 단독으로 거래하지 않고 경매나 업체 탐색 등을 통해 최고의 품질을 갖춘 새로운 업체들을 발굴해 식품을 매입했다.

2002년, IBS는 중국 하얼빈에 대형 마켓을 오픈하였으며 4년 만에 중국 전역에 6개의 체인점을 두게 되었다.

2005년에는 유럽으로 사세를 확장해 아일랜드 골웨이에 첫 대형 마켓을 오픈하게 되었고, 성장률이 더디긴 했지만 IBS의 판매 전략은 유럽에서도 적중했다. 회사는 점점 상승세를 타기 시작해 북아일랜드의 벨 파스트와 영국의 리즈까지 시장을 넓히게 되었다.

오늘날 IBS는 아시아와 유럽 전역에 60여 개의 마켓을 보유하고 있으며, 연간 매출액이 무려 480억 달러 이상으로 집계되고 있다.

임 회장은 항상 IBS는 한국의 정신을 가진 글로벌 회사라고 이야기한다. 그리고 그의 이런 신조는 오늘날까지 계속해서 이어져 오고 있다. 오늘날 IBS는 국내에서 가장 근무 환경이 좋은 업체 중 하나로 손꼽히며, 모든 구직자가 일하기를 희망하는 회사이기도 하다.

B. 마인드맵 작성하기 예

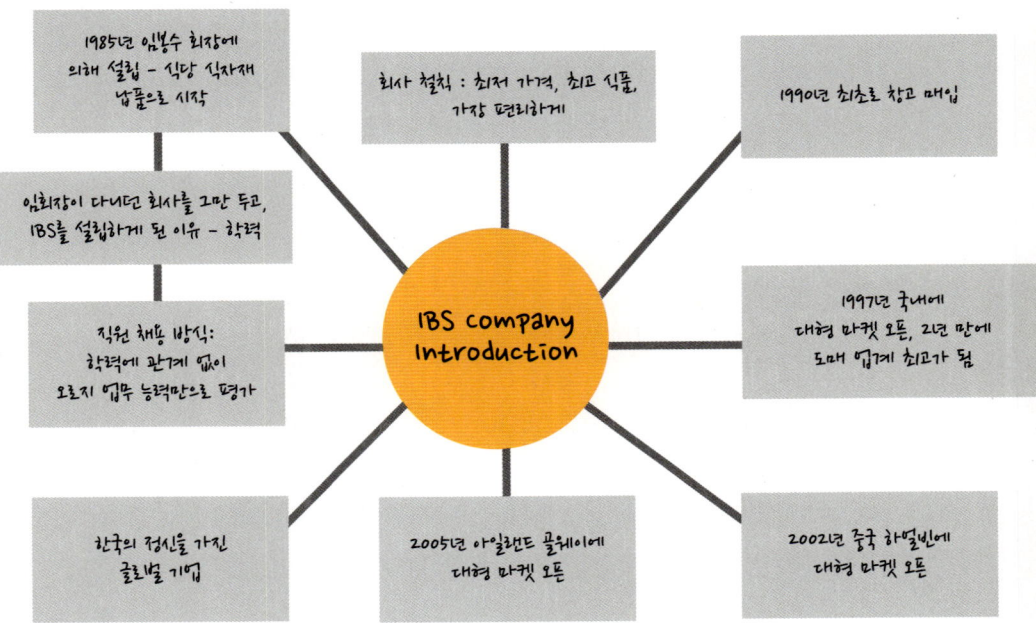

C. 스토리 보드 작업하기 예

회사 로고 Welcome	**The Beginning** 임봉수 회장 사진 "Global company with a Korean heart"	첫 번째 창고 사진	Company's vision
음식 사진	첫 번째 도매 전용 대형 마켓 사진	중국 하얼빈 사진 Going Global	아일랜드 사진
음식 사진 quality at great prices	Thank you		

D. 슬라이드 디자인 예

E. 스크립트 예

"Good morning ladies and gentlemen. Thank you for joining me here today. It is a great pleasure for me to be the one to tell you about our company, IBS, and how it has grown over the years to become one of the world's best known food wholesalers."

안녕하십니까? 오늘 이렇게 저와 함께 해주셔서 대단히 감사합니다. 여러분께 저희 IBS가 어떤 회사인지, 또 세계적으로 유명한 식품 도매업체 중 하나가 되기까지 저희가 그동안 어떻게 성장해왔는지를 소개해 드리게 되어 매우 영광입니다.

"My name is Jaekwon, Im and I have been with IBS for over ten years now. I was lucky, I began as a delivery driver, delivering food to restaurants around the area I lived. As I grew with the company, I rose to become the Vice-President of IBS. It has always been an honor for me to serve with IBS."

저는 IBS에서 10년 넘게 근무한 임재권이라고 합니다. 저는 참 운이 좋게도, 제가 사는 곳 주변 식당에 식재료를 납품하는 배달원으로 시작해 회사와 함께 성장하면서 부사장으로까지 승진하게 되었습니다. 저는 IBS에서 일하는 것을 언제나 명예롭게 생각하고 있습니다.

"Today, I would like to talk to you for about ten minutes or so and give you a brief overview of our company. After that I would like to have a good Q&A."

오늘 저는 여러분께 10분가량 간략하게 회사 개요를 이야기해 드리고자 합니다. 프레젠테이션이 끝나면, 질의·응답 시간을 갖겠습니다.

"So, let's begin."

그럼 시작하겠습니다.

"IBS's history began in 1985, when our founder Mr Bongsu Im left his job with one of Korea's largest fish cake manufacturers to begin his own company. There is an interesting story here. Mr Im wanted to get promoted and so he worked very hard and for many hours each day. Sadly, because he had not attended university, he kept getting 'passed over' for promotion."

IBS의 역사는 설립자이신 임봉수 회장님이 한국의 대형 어묵 제조업체를 퇴사한 후 회사를 창립하신 1985년부터 시작됩니다. 여기에는 흥미로운 이야기가 하나 있습니다. 임 회장님은 승진을 위해 매일매일 열심히 일했지만, 안타깝게도 대학을 나오지 않았기 때문에 번번이 승진에서 제외되는 것이었습니다.

"In the end, the frustration and disappointment of never getting promoted became too much and Mr Im decided to quit his job and begin his own company. That company was IBS."

결코 승진할 수 없을 거라는 좌절감과 실망이 너무 커, 임 회장님은 결국 회사를 그만두고 직접 회사를 설립하기로 결심하게 됩니다. 그 회사가 바로 IBS입니다.

"The rest is history, within 13 years IBS was Korea's largest food wholesaler and it took only ten years for IBS to grow larger than the company who passed Mr Im over for promotion. – This a good lesson to us all who think academic study is the only way to success. It is because Mr Im passionately believes in promoting only by ability that IBS is one of the top companies people in Korea want to work for. – Ability not education matters at IBS."

이후 13년 만에 IBS는 한국에서 가장 큰 식품 도매업체가 되었으며, 임 회장님을 승진에서 매번 탈락시켰던 그 회사보다 큰 기업체로 성장하는 데는 단 10년밖에 걸리지 않았습니다. 이것은 학벌이 좋아야만 성공할 수 있다고 생각하는 우리에게 큰 교훈을 줍니다. IBS가 한국인들이 가장 일하고 싶어 하는 기업 중 하나가 된 것은, 임 회장님이 승진은 오직 업무 능력에 따른다는 원칙의 열렬한 신봉자이기 때문입니다. IBS에서는 업무 능력만이 중시되지, 학력은 중요하지 않습니다.

"Anyway, back to the story of IBS."

다시 회사 이야기로 돌아가겠습니다.

"IBS has a goal that Mr Im has always believed strongly in. IBS is a global company with a Korean heart. What this means is that IBS will never forget where it came from and what its beliefs are."

IBS에는 임 회장님께서 항상 강력하게 믿는 목표가 하나 있습니다. 그것은 바로 IBS는 한국의 정신을 가진 글로벌 기업이라는 것입니다. 즉, IBS는 회사가 어디에서 시작되었는지, 회사의 신조가 무엇인지를 결코 잊지 않겠다는 뜻입니다.

"We began with a small company selling fresh food and produce to the local restaurants and stores, and then in 1997 we opened our first hypermarket, just outside Seoul in Bucheon. Although it was not an instant success, it was soon making a profit and within two years was one of Korea's most successful hypermarkets."

저희는 신선한 식품과 농산물을 지역 식당과 식료품점에 납품하는 작은 회사로 시작했습니다. 이후 1997년 서울 근교인 부천에 대형 마켓을 오픈하게 되었습니다. 대형 마켓은 오픈하자마자 큰 성공을 거두지는 못했지만, 점점 수익을 내기 시작해 2년 만에 한국에서 가장 성공한 대형 마켓 중 하나가 되었습니다.

"Our company's philosophy is "to give our customers the best quality food at the lowest prices with the convenience." This was true when we began and it is still true today. It is a philosophy we are proud of and one we shall never sacrifice."

저희의 기업 철학은 "소비자들에게 최저 가격으로 최고의 식품을 가장 편리하게 제공하자"입니다. 이 문구는 회사를 시작했을 때도 진실이었고, 지금도 여전히 진실입니다. 저희는 이 철학이 자랑스러우며 절대 저버리지 않을 것입니다.

"The one thing that makes us so different from our competitors is that all our products are the best quality you can buy. We do not have exclusive suppliers because we are constantly searching for the best quality and so we buy from anyone and everyone. What matters is that what we buy is the best quality and it is that that we will never sacrifice."

저희 회사를 경쟁사들과 차별화시켜주는 한 가지는, 바로 저희가 공급하는 식품이 여러분께서 구입할 수 있는 가장 최고의 품질이라는 것입니다. 저희는 구매할 수 있는 가장 최상의 품질을 지속적으로 찾고 있습니다. 따라서 독점 공급을 받지 않습니다. 저희는 누구에게서나 매입을 하고 모든 사람으로부터 매입을 합니다. 상품 매입에 가장 중요한 것은 최상의 품질이며, 이것은 절대 놓칠 수 없는 부분이니까요.

"As I mentioned, we opened our first hypermarket in 1997 and we followed this with many more hypermarkets throughout Korea. In 2002, we opened our first international store in Harbin in China. This store was an almost instant success and we soon opened more throughout China."

앞서 말씀드렸듯이 저희는 1997년에 첫 번째 대형 마켓을 오픈했으며, 이것을 시초로 한국 전역에 대형 마켓을 확산시켜 나갔습니다. 2002년에는 중국 하얼빈에 최초로 국제 점포를 오픈하게 되었습니다. 이 점포는 순식간에 성공하였고, 곧 중국 전역에 더 많은 점포를 오픈하게 되었습니다.

"In 2005, we opened our first European store in Galway, Ireland. This store was slow to begin with, but within two years the store was one of our most profitable stores."

2005년에는 아일랜드의 골웨이 지역에 유럽식 점포를 처음으로 열게 됩니다. 이 점포는 시작은 더뎠지만, 2년 만에 수익성이 가장 좋은 점포 중 하나가 되었습니다.

"Today, IBS still focuses on our core values. That is the best quality at the best prices. This is something we will never forget. It is what made us successful and it is what will keep successful in the future."

현재 IBS는 여전히 최저 가격에 최고 품질이라는 회사의 핵심 가치에 초점을 맞추고 있습니다. 이것은 저희가 절대 잊지 말아야 할 점입니다. 그것이 바로 회사를 성공으로 이끌어주었고, 앞으로도 성공적으로 유지해 줄 것이니까요.

"Thank you ladies and gentlemen."
감사합니다, 여러분.

"Now if you have any questions, I will be very happy to answer them."
이제 질문 있으시면, 기꺼이 답변해 드리겠습니다.

스토리 프레젠테이션

초판 1쇄 인쇄 2011년 8월 30일
초판 1쇄 발행 2011년 9월 9일

지은이 칼 풀린(Carl Pullein), 임랑경
펴낸이 김선식

Story Creator 김희정
Marketing Creator 이주화

1st Creative Story Team 변지영, 신현숙, 김희정, 양지숙, 이정, 송은경
Creative Design Dept. 최부돈, 황정민, 박효영, 이명애, 김태수, 손은숙
Creative Management Team 김성자, 권송이, 윤이경, 김민아, 류형경, 김태옥
Creative Marketing Dept. 모계영, 이주화, 김하늘, 정태준, 신문수
　　　　　　　　　　　　Communication Team 서선행, 박혜원, 김선준, 전아름
　　　　　　　　　　　　Contents Marketing Team 이정순, 김미영
외부스태프 교정교열 신은실, 디자인 霖

펴낸곳 (주)다산북스
주소 서울시 마포구 서교동 395-27번지
전화 02-702-1724(기획편집) 02-703-1725(마케팅) 02-704-1724(경영지원)
팩스 02-703-2219
이메일 dasanbooks@hanmail.net
홈페이지 www.dasanbooks.com
출판등록 2005년 12월 23일 제313-2005-00277호

필름 출력 스크린그래픽센터　**종이** 월드페이퍼(주)　**인쇄·제본** (주)현문

ISBN 978-89-6370-593-4　14740
　　　　978-89-6370-592-7　14740 (세트)

* 책값은 표지 뒤쪽에 있습니다.
* 파본은 구입하신 서점에서 교환해 드립니다.
* 이 책은 저작권법에 의하여 보호를 받는 저작물이므로 무단 전재와 복제를 금합니다.